北大版普通话学习与培训书系

对粤港澳普通话教程
（第2版）

高　然　陈佩瑜　张燕翔　编著

彭小川　审订

图书在版编目(CIP)数据

对粤港澳普通话教程 / 高然等编著. —2版. —北京:北京大学出版社,
2010.11
(北大版普通话学习与培训书系)
ISBN 978-7-301-16523-2

Ⅰ. 对… Ⅱ. 高… Ⅲ. 普通话-教材 Ⅳ. H102
中国版本图书馆 CIP 数据核字(2009)第 230970 号

书　　　名:	对粤港澳普通话教程(第2版)
著作责任者:	高然　陈佩瑜　张燕翔 编著
责 任 编 辑:	吕幼筠
标 准 书 号:	ISBN 978-7-301-16523-2/H·2405
出 版 发 行:	北京大学出版社
地　　　址:	北京大学海淀区成府路 205 号　100871
网　　　址:	http://www.pup.cn
电 子 邮 箱:	lvyoujun99@yahoo.com.cn
电　　　话:	出版部 62752015　发行部 62750672　编辑部 62752028
	出版部 62754962
印 刷 者:	北京大学印刷厂
经 销 者:	新华书店
	890 毫米×1240 毫米　A5　11.375 印张　324 千字
	1998 年 7 月第 1 版　2010 年 11 月第 2 版
	2010 年 11 月第 1 次印刷
定　　　价:	35.00 元(附 MP3 一张)

未经许可,不得以任何方式复制或抄袭本书之部分或全部内容。
版权所有,侵权必究　举报电话:010-62752024
　　　　　　　　　　　电子邮箱:fd@pup.pku.edu.cn

目 录

第2版前言 …………………………………………………… 1
汉语拼音方案 ………………………………………………… 1
广州话拼音方案 ……………………………………………… 4

第一课
一　正音专题　　声母 ｂｐｍｆ ………………………… 7
二　句型操练　　判断句(附:人称代词) ………………… 11
三　课文练习 …………………………………………… 15
四　听说欣赏　　散文《荷塘月色》(节选)(朱自清) …… 17

第二课
一　正音专题　　声母 ｄｔｎｌ ………………………… 19
二　句型操练　　代词(指示代词、疑问代词) …………… 23
三　课文练习 …………………………………………… 27
四　听说欣赏　　英国电影《简·爱》录音片断:简·爱与罗彻
　　　　　　　　斯特的对话 ………………………… 29

第三课
一　正音专题　　声母 ｇｋｈ …………………………… 32
二　句型操练　　数词(基数词、序数词) ………………… 36
三　课文练习 …………………………………………… 40
四　听说欣赏　　京剧《甘露寺》选段:劝千岁杀字休出口 … 42

第四课
一　正音专题　　声母 ｆｈ ……………………………… 44
二　句型操练　　量词(名量词) ………………………… 48
三　课文练习 …………………………………………… 52

· 1 ·

四	听说欣赏	1. 伊索寓言《乌鸦和狐狸》	53
		2. 歌曲《在那遥远的地方》	54

第五课

一	正音专题	声母 j q x	56
二	句型操练	量词（动量词）	60
三	课文练习		64
四	听说欣赏	法国电影《悲惨世界》录音片断：冉·阿让与米里埃主教	66

第六课

一	正音专题	声母 zh ch sh r	69
二	句型操练	时间、方位词	73
三	课文练习		77
四	听说欣赏	电视解说词片断：高山猩猩	79

第七课

一	正音专题	声母 z c s	81
二	句型操练	形容词	85
三	课文练习		89
四	听说欣赏	法国电影《巴黎圣母院》录音片断：刚果瓦闯入乞丐王国	91

第八课

一	正音专题	声母 zh ch sh r z c s	95
二	句型操练	副词（时间、范围、频率）	100
三	课文练习		104
四	听说欣赏	1. 捷克电影《非凡的埃玛》录音片断：埃玛与维克多的对话	106
		2. 歌曲《游击队歌》（贺绿汀）	107

第九课

一	正音专题	声母 zh ch sh r j q x	109
二	句型操练	副词（语气、否定）	114

三	课文练习	···	118
四	听说欣赏	相声《戏剧与方言》选段(侯宝林、郭启儒) ·········	120

第十课

一	正音专题	零声母和其他 ·································	124
二	句型操练	助动词(能愿动词) ·····························	128
三	课文练习	···	133
四	听说欣赏	美国电影《魂断蓝桥》录音片断： 罗伊·克鲁宁与玛拉的对话 ···························	135

第十一课

一	正音专题	韵母 a ia ua ·································	137
二	句型操练	动词的体(开始体、进行体、持续体) ·············	141
三	课文练习	···	145
四	听说欣赏	1. 古诗《泊秦淮》(杜牧)/《天净沙·秋思》(马致远) ··············	147
		2. 歌曲《香格里拉》 ····························	148

第十二课

一	正音专题	韵母 e o uo ··································	149
二	句型操练	动词的体(完成体、经历体) ·····················	153
三	课文练习	···	157
四	听说欣赏	歌曲《明天你是否依然爱我》 ···················	159

第十三课

一	正音专题	韵母 u uai uei ································	161
二	句型操练	助词(结构助词) ································	165
三	课文练习	···	168
四	听说欣赏	广播：简短新闻三则 ····························	170

第十四课

一	正音专题	韵母 i ü ie üe ································	171
二	句型操练	介词句 ··	177
三	课文练习	···	180

四	听说欣赏	1. 诗歌《假如生活欺骗了你》(普希金)	182
		2. 古诗《满江红》(岳飞)	183

第十五课

一	正音专题	韵母 ai ei	184
二	句型操练	疑问句	188
三	课文练习		192
四	听说欣赏	1. 古诗《十一月四日风雨大作》(陆游)	194
		2. 歌曲《蔷薇花》	195

第十六课

一	正音专题	韵母 ao ou iao iou	196
二	句型操练	比较句	202
三	课文练习		206
四	听说欣赏	1. 歌曲《只要你过得比我好》	207
		2. 现代京剧《红灯记》选段:浑身是胆雄赳赳	208

第十七课

一	正音专题	韵母 an ian	209
二	句型操练	"把"字句	213
三	课文练习		217
四	听说欣赏	1. 古诗《浪淘沙》(李煜)/《无题》(李商隐)/《饮酒》(陶渊明)	218
		2. 京剧《苏三起解》	220

第十八课

一	正音专题	韵母 ua üan	221
二	句型操练	被动句	224
三	课文练习		228
四	听说欣赏	1. 歌曲《黄河颂》(光未然)	229

第十九课
一　正音专题　韵母 en in uen ün ························ 231
二　句型操练　双宾语句 ····························· 236
三　课文练习 ··································· 240
四　听说欣赏　1. 古诗《夜宿山寺》(李白)/
　　　　　　　　《浣溪纱》(辛弃疾) ················ 242
　　　　　　　2. 歌曲《牧歌》(内蒙古民歌) ··············· 243

第二十课
一　正音专题　韵母 ang iang uang ······················ 244
二　句型操练　祈使句 ····························· 248
三　课文练习 ··································· 252
四　听说欣赏　1. 现代京剧《沙家浜》选段：智斗 ············· 253
　　　　　　　2. 古诗《静夜思》(李白) ··················· 255

第二十一课
一　正音专题　韵母 ing eng ueng ······················ 256
二　句型操练　语序 ······························ 259
三　课文练习 ··································· 263
四　听说欣赏　1. 杂文《立论》(鲁迅) ····················· 265
　　　　　　　2. 歌曲《草原之夜》(田歌) ·················· 266

第二十二课
一　正音专题　韵母 ong iong ·························· 267
二　句型操练　联合复句(并列、承接、递进、
　　　　　　　选择) ······························ 270
三　课文练习 ··································· 274
四　听说欣赏　1. 歌曲《南屏晚钟》 ······················ 276
　　　　　　　2. 古诗《题西林壁》(苏轼) ·················· 277

第二十三课
一　正音专题　声调 ······························ 278
二　句型操练　偏正复句(因果、转折) ···················· 285
三　课文练习 ··································· 289

· 5 ·

四	听说欣赏	英国电影《王子复仇记》录音片断:哈姆	
		雷特在古堡上关于生与死的独白	290

第二十四课

一	正音专题	轻声	292
二	句型操练	偏正复句(条件、假设、让步)	297
三	课文练习		301
四	听说欣赏	1. 寓言《乌鸦和猪的"谅解"》	303
		2. 歌曲《美丽的姑娘》(哈萨克民歌)	304

第二十五课

一	正音专题	儿化	305
二	句型操练	语气助词	310
三	课文练习		315
四	听说欣赏	歌曲《阿拉木汗》(新疆民歌)	317

附录

附录1:部分常用姓氏表 ……………………………… 318
附录2:部分粤港澳地名表 …………………………… 320
附录3:听说欣赏材料及汉字文本 …………………… 324
附录4:主要参考文献 ………………………………… 352

第 2 版前言

　　《对粤港澳普通话教程（第 2 版）》是面对广东、广西、香港、澳门以及海外粤语背景人士编写的普通话口语教材，适用于大、中学普通话课程教学，也适用于其他普通话课程教学或自学。

　　这部教材的编写指导原则是要教会学习者"怎么说"而不是"说什么"，因此各部分内容紧扣口耳进行训练，如每课的"正音专题"、"句型（语法）操练"、"课文练习"和"听说欣赏"四部分，均要求学习者的口耳技能（尤其是口头技能）训练达到最饱和状态，以期完成本教材的学习任务。

　　每课的"正音专题"是就普通话的声母、韵母、声调以及儿化、轻声、变调等语音特征对学习者进行专题正音。这部分中近六十个绕口令都分别与各专题语音相配，是练好普通话口头表达的一项很适用而且是很基本的操练方法。"听说欣赏"也尽可能与"正音专题"相配（除开某些电影录音片断、相声、散文、杂文和寓言等），使学习者在先大略地学会《汉语拼音方案》之后，集中学习"正音专题"。学习者还应首先了解《广州话拼音方案》，以便更好地学习课文中粤语与普通话语音差异对比部分。

　　"句型（语法）操练"部分包含七个小部分：①基本句型、②常用句型、③习惯用语、④句型替换、⑤短小课文、⑥词语注释、⑦语言常识。这部分是本教程学习口语的核心部分，每课平均出现 50 个左右词语（包括习惯用语里的短语和句子），是以词法或句法为单位，对普通话口语里一些常用句型或惯用法做专题操练。其中"句型替换"和"短小课文"又是本部分里的学习重点，既可用来模仿学习，又可用来作为测试材料。"语言常识"简单地介绍了本专题内容以及与粤语做简单的比较，是具有一定实用性的参考资料。

　　"课文练习"中的"语音练习"用以配合"正音专题"，"句型练习"用以配合"句型（语法）操练"，建议学习者在课余时间或在教师指导下完成。

"听说欣赏"选用的大都是普通话口语听说材料,范围包括古今中外名篇,大都是脍炙人口的口头作品,体裁多样,如:相声、戏剧、诗歌、寓言、广告词、电影片断和歌曲等。为了让学习者能更集中操练听和跟说(跟唱),同时学好汉语拼音,本部分只标汉语拼音(书后附有相应的汉字文本,以便查阅)。

附录中有"部分常用姓氏表"、"部分粤港澳地名表"、"听说欣赏材料汉字文本",供学习者参考。

本教材配有一张 MP3,与教材配套销售,由北京大学音像出版社出版。

本书编著者大多是普通话和粤语课教师。本书初稿曾在大学普通话课里试讲过,可以说本书是编著者多年来普通话教学、粤语教学、普通话与粤语对比研究的成果体现。

本教材初版编写始于 1996 年 1 月,是在集体充分讨论下分工执笔编写的:高然负责总体设计和课文中"句型操练"(包括"课文练习"中的"句型练习")以及附录中的一部分;陈佩瑜负责课文中"正音专题"(包括"课文练习"中的"语音练习");张燕翔负责"听说欣赏"以及附录的一部分;彭小川负责全面审阅和校订。本教材第 2 版编写始于 2008 年 12 月,主要对"句型(语法)操练"部分进行较大规模的修订,改写了绝大部分"短小课文",使之篇幅长短大致相当(150 字左右),语言更口语化;"替换练习"部分也增加了许多成分,使句子更加完整合理。"习惯用语"则增加了不少较长的惯用说法(谚语、歇后语等)等。在初版以及第 2 版编写过程中,编写组自始至终得到北京大学出版社编辑郭力老师和吕幼筠老师的热情支持和鼓励,本教材采纳了她们不少的合理意见和建议,在此表示衷心感谢。

高然

2009 年 6 月

于广州暨南园

汉语拼音方案

字母表

字母	Aa	Bb	Cc	Dd	Ee	Ff	Gg	Hh	Ii
名称	ㄚ	ㄅㄝ	ㄘㄝ	ㄉㄝ	ㄜ	ㄝㄈ	ㄍㄝ	ㄏㄚ	ㄧ
	Jj	Kk	Ll	Mm	Nn	Oo	Pp	Qq	Rr
	ㄐㄧㄝ	ㄎㄝ	ㄝㄌ	ㄝㄇ	ㄋㄝ	ㄛ	ㄆㄝ	ㄑㄧㄡ	ㄚㄦ
	Ss	Tt	Uu	Vv	Ww	Xx	Yy	Zz	
	ㄝㄙ	ㄊㄝ	ㄨ	ㄪㄝ	ㄨㄚ	ㄒㄧ	ㄧㄚ	ㄗㄝ	

v 只用来拼写外来语、少数民族语言和方言。
字母的手写体依照拉丁字母的一般书写习惯。

声母表

b	p	m	f	d	t	n	l
ㄅ玻	ㄆ坡	ㄇ摸	ㄈ佛	ㄉ得	ㄊ特	ㄋ讷	ㄌ勒

g	k	h		j	q	x	
ㄍ哥	ㄎ科	ㄏ喝		ㄐ基	ㄑ欺	ㄒ希	

zh	ch	sh	r	z	c	s	
ㄓ知	ㄔ蚩	ㄕ诗	ㄖ日	ㄗ资	ㄘ雌	ㄙ思	

在给汉字注音的时候，为了使拼式简短，zh,ch,sh 可以省做 ẑ,ĉ,ŝ。

韵母表

	i ㄧ 衣	u ㄨ 乌	ü ㄩ 迂
a ㄚ 啊	ia ㄧㄚ 呀	ua ㄨㄚ 蛙	
o ㄛ 喔		uo ㄨㄛ 窝	
e ㄜ 鹅	ie ㄧㄝ 耶		üe ㄩㄝ 约
ai ㄞ 哀		uai ㄨㄞ 歪	
ei ㄟ 欸		uei ㄨㄟ 威	
ao ㄠ 熬	iao ㄧㄠ 腰		
ou ㄡ 欧	iou ㄧㄡ 忧		
an ㄢ 安	ian ㄧㄢ 烟	uan ㄨㄢ 弯	üan ㄩㄢ 冤
en ㄣ 恩	in ㄧㄣ 因	uen ㄨㄣ 温	ün ㄩㄣ 晕
ang ㄤ 昂	iang ㄧㄤ 央	uang ㄨㄤ 汪	
eng ㄥ 亨的韵母	ing ㄧㄥ 英	ueng ㄨㄥ 翁	
ong ㄨㄥ 轰的韵母	iong ㄩㄥ 雍		

(1) "知、蚩、诗、日、资、雌、思"等音节的韵母用i。

(2) 韵母ㄦ写成er,用做韵尾的时候写成r。

(3) 韵母ㄝ单用的时候写成ê。

(4) i行的韵母,前面没有声母的时候,写成 yi(衣),ya(呀),ye(耶),yao(腰),you(忧),yan(烟),yin(因),yang(央),ying(英),yong(雍)。

u行的韵母,前面没有声母的时候,写成 wu(乌),wa(蛙),wo(窝),wai(歪),wei(威),wan(弯),wen(温),wang(汪),weng(翁)。

ü行的韵母,前面没有声母的时候,写成yu(迂),yue(约),yuan(冤),yun(晕)。ü上的两点省略。

ü行的韵母跟声母j,q,x拼的时候,写成ju(居),qu(区),xu(虚),ü上两点也省略;但是跟声母l,n拼的时候,仍然写成lü(吕),nü(女)。

(5) iou,uei,uen前面加声母的时候,写成iu,ui,un,例如niu(牛),gui(归),lun(论)。

(6) 在给汉字注音的时候,为了使拼式简短,ng可以省做ŋ。

声调符号

阴平	阳平	上声	去声
ˉ	ˊ	ˇ	ˋ

声调符号标在音节的主要母音上。轻声不标。例如:

妈 mā　　麻 má　　马 mǎ　　骂 mà　　吗 ma
(阴平)　 (阳平)　 (上声)　 (去声)　 (轻声)

隔音符号

a,o,e开头的音节连接在其他音节后面的时候,如果音节的界限发生混淆,用隔音符号(')隔开,例如pi'ao(皮袄)。

广州话拼音方案

字母表

a b c d e f g h i j k l m n o p q r s t u
v w x y z

注:(1) r、v 两个字母用来拼写普通话和外来语,拼写广州话时不用。

(2) 广州话拼音字母有三个带有附加符号:ê、é、ü,其中 é 和汉语拼音字母不同。由于这几个字母是 e、u 两个字母的变体,故不列入字母表内。

声母表

b 波	p 婆	m 摸	f 科	d 多	t 拖	n 挪	l 罗	g 哥
k 卡	ng 我	h 何	z 左	c 初	s 梳	j 知	q 雌	x 思
gu 姑	ku 箍	y 也	w 华					

注:(1) z,c,s 和 j,q,x 两组声母,广州话的读音没有区别,只是在拼写韵母时有不同,z,c,s 拼写 a,o,é 及 a,o,e,é,ê,u 等字母开头的韵母,例如:za(渣),ca(茶),sa(沙)。j,q,x 拼写 i,ü 及 i,ü 字母开头的韵母,例如:ji(知),qi(次),xi(思)。

(2) gu(姑),ku(箍)是圆唇的舌根音,作为声母使用,不能单独注音,单独注音时是音节,不是声母。

(3) y(也),w(华)拼音时作为声母使用,拼写出来的音节相当于汉语拼音方案的复韵母,但由于广州话当中这些韵母前面不再拼声母,因此只作为音节使用。

韵母表

a 呀		o 柯	u 乌	i 衣	ü 于	ê 靴*	é 诶	m 唔	ng 五
ai 挨	ei 矮	oi 哀	ui 煨	iu 妖			éi 非*		
ao 拗	eo 欧	ou 奥				êu 去*			
am 监*	em 庵			im 淹					
an 晏	en 恩*	on 安	un 碗	in 烟	ün 冤	ên 春			
ang 罂	eng 莺	ong 康*	ung 瓮	ing 英		êng 香*	éng 镜		
ab 鸭	eb 急*			ib 叶					
ad 押	ed 不*	od 渴*	ud 活	id 热	üd 月	êd 律*			
ag 客*	eg 德*	og 恶	ug 屋	ig 益		êg 约	ég 尺*		

注：（1）例字加 * 号的，只取其韵母。

（2）i 行的韵母，前面没有声母的时候，写成 yi(衣)，yiu(妖)，yim(淹)，yin(烟)，ying(英)，yib(叶)，yid(热)，yig(益)。

u 行的韵母，前面没有声母的时候，写成 wu(乌)，wui(煨)，wun(碗)，wud(活)。

ü 行的韵母，前面没有声母的时候，写成 yu(于)，yun(冤)，yud(月)；ü 上两点省略。

ü 行的韵母，跟声母 j，q，x 相拼的时候，写成 ju(珠)，qu(处)，xu(书)；ü 上两点省略。

（3）êu(去)本来写成 êü(去)，为了减少字母的附加符号，ü 上两点省略。

（4）m(唔)和 ng(五)是自成音节的鼻音韵母。

声调表

名称：	阴平	阴上	阴去	阳平	阳上	阳去
	阴入	中入				阳入
符号：	1	2	3	4	5	6
例字：	诗		试			事
	史			时	市	
	色	锡				食

注：声调符号标在音节的右上角，例如：

诗 xi^1 史 xi^2 试 xi^3

说明：(1) 本方案基本上是根据 1960 年广东省教育行政部门正式公布的《广州话拼音方案》修订的。为了便于群众学习和掌握，增加了两个自成音节的鼻音韵母 m(唔)和 ng(五)，更改了四个韵母，即把 ou(欧)、ô(奥)、ông(康)、ong(瓮)改为 eo(欧)、ou(奥)、ong(康)、ung(瓮)。另外，还换了一个韵母的代表字，即把"ei 翳"改为"ei 矮"。

(2) 粤方言以广州话为代表，本方案以广州音为依据，其他粤方言地区可以根据这个方案做适当的调整。

第一课

一 正音专题 声母 b p m f

b,p,m 是双唇音,即由双唇阻塞而形成的音。

b 发音时,双唇闭合,软腭上升,堵塞鼻腔通路,声带不颤动,让较弱气流突然冲开双唇的阻碍迸发而出,爆破成音,如"标本"(biāoběn)、"奔波"(bēnbō) 等。粤语"巴闭"ba¹bei³(大惊小怪;厉害)、"爆煲"bao³bou¹(漏馅儿)中的 b 与普通话的 b 发音基本相同。

p 与 b 的发音方式相近,只是发 p 时要有一股强气流冲开双唇,b 是不送气清塞音,p 是送气清塞音,如"偏僻"(piānpì)、"批评"(pīpíng) 等。粤语"披牌"pé¹pai²(扑克)、"批皮"pei¹péi⁴(削皮)中的 p 与普通话的 p 发音基本相同。

m 是双唇浊塞音。发音时,双唇闭合,软腭下降,气流振动声带从鼻腔通过,如"美满"(měimǎn)、"秘密"(mìmì) 等。粤语"妈咪"ma¹mi⁴(妈妈)、"埋尾"mai⁴méi⁵(收尾)中的 m 与普通话的 m 发音基本相同。

f 是个唇齿音。发音时下唇靠近上齿,稍稍接触,形成窄缝,气流从唇齿间摩擦出来,声带不颤动,是个清擦音,如"丰富"(fēngfù)、"非凡"(fēifán) 等。粤语"发火"fat³fo²(发脾气)、"翻风"fan¹fung¹(刮风)中的 f 与普通话的 f 发音基本相同。

1. 字 例

b

宝贝 bǎobèi　　冰雹 bīngbáo　　辨别 biànbié　　背包 bēibāo
爸爸 bàba　　　包庇 bāobì　　　北边 běibian　　不必 búbì

p

| 乒乓 pīngpāng | 偏偏 piānpiān | 批评 pīpíng | 婆婆 pópo |
| 批判 pīpàn | 偏僻 piānpì | 匹配 pǐpèi | 澎湃 pāngpài |

m

| 盲目 mángmù | 茂密 màomì | 牧民 mùmín | 面貌 miànmào |
| 埋没 máimò | 买卖 mǎimài | 眉毛 méimao | 妹妹 mèimei |

f

| 吩咐 fēnfù | 仿佛 fǎngfú | 纷飞 fēnfēi | 非分 fēifèn |
| 风帆 fēngfān | 粪肥 fènféi | 放风 fàngfēng | 非凡 fēifán |

2. 拼读下列读音

脉搏 màibó	爆破 bàopò	白发 báifà	帆布 fānbù
漂白 piǎobái	抛锚 pāomáo	磨坊 mòfáng	抚摸 fǔmō
毙命 bìmìng	复辟 fùbì	拼搏 pīnbó	分布 fēnbù
棉布 miánbù	浮萍 fúpíng	牌坊 páifāng	表面 biǎomiàn
蜜蜂 mìfēng	贩卖 fànmài	拜访 bàifǎng	帮忙 bāngmáng
缤纷 bīnfēn	奔赴 bēnfù	风暴 fēngbào	麻痹 mábì
皮肤 pífū	模仿 mófǎng	明白 míngbai	门牌 ménpái
毛笔 máobǐ	爆发 bàofā	面包 miànbāo	伐木 fámù

3. 特别对照操练

　　普通话里读 b, p, m, f 的字与粤语的字并不完全对等。粤语与普通话有些字的读法不同,虽然它们仍有对应关系,如粤语里读 b 声母的,在普通话里大多数读 b,但有少部分读 p, m 和 f。其他读音也或多或少有这类现象。请拼读下列各对应读音。

第一课

(1) 粤语读 b 声母的(括号里是粤语读音)

胖 pàng(bun⁶)肥⋯　　畔 pàn(bun⁶)湖⋯　　叛 pàn(bun⁶)变
品 pǐn(bén²)味⋯　　迫 pò(big¹)被⋯　　埔 pǔ(bou³)黄⋯
啤 pí(bé¹)酒⋯　　坡 pō(bo¹)斜⋯　　瀑 pù(bug⁶)布⋯
泌 mì(béi³)分⋯　　秘 mì(béi³)密⋯　　缚 fù(bog³)束⋯

(2) 粤语读 p 声母的

柏 bǎi(pag³)树⋯　　抱 bào(pou⁵)负⋯　　豹 bào(pao³)虎⋯
倍 bèi(pui⁵)八⋯　　编 biān(pin¹)排⋯　　蚌 bàng(pong⁵)壳⋯
被 bèi(péi⁵)子⋯　　刨 bào(pao⁴)子⋯　　傍 bàng(pong⁴)晚

(3) 粤语读 m 声母的

晚 wǎn(man⁵)傍⋯　　万 wàn(man⁶)百⋯　　网 wǎng(mong⁵)法⋯
忘 wàng(mong⁴)本⋯　　望 wàng(mong⁶)盼⋯　　亡 wáng(mong⁴)命⋯
微 wēi(méi⁴)妙⋯　　尾 wěi(méi⁵)部⋯　　味 wèi(méi⁶)美⋯
未 wèi(méi⁶)免⋯　　文 wén(men⁴)明⋯　　闻 wén(men⁴)名⋯
蚊 wén(men¹)子⋯　　问 wèn(men⁶)顾⋯　　无 wú(mou⁵)非⋯
巫 wū(mou⁴)婆⋯　　舞 wǔ(mou⁵)伴⋯　　武 wǔ(mou⁵)比⋯
务 wù(mou⁶)服⋯　　物 wù(med⁶)品⋯　　雾 wù(mou⁶)晨⋯
剥 bō(mog¹)皮⋯

(4) 粤语读 f 声母的

乎 hu(fu²)在⋯　　花 huā(fa¹)瓣⋯　　谎 huǎng(fong²)话⋯
灰 huī(fui¹)白⋯　　海 huì(fui³)教⋯　　昏 hūn(fen¹)迷⋯
火 huǒ(fo²)花⋯　　货 huò(fo³)物⋯　　科 kē(fo¹)目⋯
课 kè(fo³)文⋯　　苦 kǔ(fu²)味⋯　　款 kuǎn(fun²)罚⋯
魁 kuí(fui¹)梧⋯　　阔 kuò(fud⁸)宽⋯　　勋 xūn(fen¹)功⋯
训 xùn(fen³)培⋯　　薰 xūn(fen¹)草⋯　　蓬 péng(fung⁴)勃⋯
剖 pōu(feo²)面⋯　　虎 hǔ(fu²)老⋯　　埠 bù(feo⁶)蚌⋯

普通话里的 m 和 f 声母字在粤语里分别都读做 m 和 f 声母。但是普通话中 b,p 声母的字在粤语中就不仅有读 b,p 的,还有读 m,f 的。请注意:

(1) 粤语里以下的字在普通话里读做 b 声母

八 bā（bad⁸）…月　　白 bái（bag⁶）…色　　帮 bāng（bong¹）…助
北 běi（beg¹）…方　　笔 bǐ（bed¹）…记　　表 biǎo（biu²）…演
棒 bàng（pang⁵）…球　倍 bèi（pui⁵）…数　　傍 bàng（pong⁴）…晚
剥 bō（mog¹）…夺　　埠 bù（feo⁶）华…

(2) 粤语里以下的字在普通话里读做 p 声母

平 píng（ping⁴）…均　朋 péng（peng⁴）…友　跑 pǎo（pao²）…步
普 pǔ（pou²）…通　　票 piào（piu³）…车…　皮 pí（péi⁴）…革
迫 pò（big¹）…使　　胖 pàng（bun⁶）…子　品 pǐn（ben²）…种
瀑 pù（bug⁶）…布　　埔 pǔ（bou³）…黄…　畔 pàn（bun⁶）…湖
蓬 péng（fung⁴）…勃　剖 pōu（feo²）…析

4. 绕口令

bà ba bān bái bù　bó bo bān bái mù　bà ba bù bān bǎi mù bān bái bù
爸爸搬白布,伯伯搬柏木,爸爸不搬柏木搬白布,
bó bo bù bān bái bù bān bǎi mù
伯伯不搬白布搬柏木。

第一课

MÈI MEI MÓ MÒ
2. 妹妹磨墨

mèi mei mó mò　 mò mǒ mèi mei yì mǒ mò　 mā ma tiān méi　 méi bào mā ma
妹妹磨墨，墨抹妹妹一抹墨；妈妈添煤，煤爆妈妈
liǎng méi méi
两眉煤。

FĒNGFENG HÉ FĀNGFANG
3. 丰丰和芳芳

fēng feng hé fāng fang　fǎng fáng mǎi hùn fǎng　 hóng hùn fǎng　fěn hùn fǎng
丰丰和芳芳，纺坊买混纺。红混纺，粉混纺，
huáng hùn fǎng　huī hùn fǎng　hóng huā hùn fǎng zuò qún zi　fěn huā hùn fǎng zuò yī
黄混纺，灰混纺，红花混纺做裙子，粉花混纺做衣
shang　 hóng　fěn　huáng　huī huā yàng r　duō wǔ yán liù sè hǎo hùn fǎng
裳。红、粉、黄、灰花样儿多，五颜六色好混纺。

二　句型操练　判断句（附：人称代词）

1. 基本句型

我是广东人。
我不是香港人。
你是不是澳门人呢？
你是香港人还是澳门人呢？
咱们（全）都是中国人。
她算是福建人吧。
他真（的确）是读书人。
我们就是广西人。
他们想必是（好像是、恐怕是、似乎是、可能是、大概是、也许是）外地

人吧。

2. 常用句型

谁 shuí(shéi)（边个）
哪一位 nǎ yí wèi（边位）
我 wǒ
你 nǐ
他 tā（佢）
我们 wǒmen（我哋）
你们 nǐmen（你哋）
他们 tāmen（佢哋）
咱们(咱) zánmen(zán)（我哋）
哥哥 gēge（大佬）
弟弟 dìdi（细佬）
姐姐 jiějie（家姐）
妹妹 mèimei（妹）
父亲 fùqin（老窦）
母亲 mǔqin（老母）
男孩儿 nánháir（男仔）
女孩儿 nǚháir（女仔）
小伙子 xiǎohuǒzi（后生仔）
姑娘 gūniang（后生女）
先生 xiānsheng
小姐 xiǎojie
爸爸 bàba（老窦；哆地）
妈妈 māma（老母；妈咪）
大婶 dàshěn
大哥 dàgē
大姐 dàjiě
太太 tàitài

叔叔 shūshu（阿叔）
阿姨 āyí
大伯 dàbó(bāi)（阿伯）
大妈 dàmā（阿婶）
中国人 Zhōngguórén
广东人 Guǎngdōngrén
广西人 Guǎngxīrén
福建人 Fújiànrén
外国人 wàiguórén（鬼佬）
外地人 wàidìrén（外江佬）
本地人 běndìrén
读书人 dúshūrén
买卖人 mǎimàirén（生意佬）
香港人 Xiānggǎngrén
澳门人 Àoménrén
教书的 jiāoshūde
隔壁 gébì（隔篱）
对门儿 duìménr
老(是) lǎo(shì)（成日；经常）
叽哩咕噜 jīligūlū（唥咳哦哦）
南宁 Nánníng
既…也… jì...yě...（又…又…）
两口子 liǎngkǒuzi（两公婆）
闽南话 Mǐnnánhuà
说话 shuōhuà（讲嘢；讲）
穿着 chuānzhuó（着衫）
斯文 sīwen

得体 détǐ
口音 kǒuyīn
好像 hǎoxiàng（似；好似）
似乎 sìhū（似乎；似）

大概 dàgài
可能 kěnéng
恐怕 kǒngpà（可能；或者）
也许 yěxǔ（可能；或者）

3. 习惯用语

谢谢 xièxie（唔该；多谢）
没关系 méi guānxi（唔紧要）
不(甭)客气 bú(béng) kèqi（唔使客气）
一回生，二回熟 yì huí shēng, èr huí shóu
恭敬不如从命 gōngjìng bùrú cóngmìng
回头见 huí tóu jiàn（再见；系咁先）

4. 句型替换

| 他们
父亲
妈妈 | 是 | 外地人
读书人
买卖人 | 。 |

| 我们
他
我 | 不是 | 外国人
小伙子
女孩儿 | 。 |

| 小伙子
小姐
大妈 | 是不是 | 广东人
本地人
广西人 | 呢？ |

5. 短小课文

爸爸是广西人,是广西南宁人;妈妈是澳门人;我呢,既不是广西人也不是澳门人,我生在香港,我算是香港人了,我们都是中国人。隔壁林先生是个买卖人,他跟林太太都是福建人,两口子老是叽哩咕噜讲闽南话。对门儿的苏阿姨可能是个教书的,她说话斯文,穿着得体。不过,说句实话吧,还是不太容易看出她是本地人还是外地人。听她那口音,似乎是外地人吧!

6. 词语注释

(1) 常用词汇表中括号里的读音更口语化一些,如"谁"shéi 比 shuí 更口语化。

(2) 词汇表中轻音词很多,是本课单词的学习要点。

(3) 判断句式里的问句还有相应的回答,做练习时可酌情操练。
(4) 粤语的判断句式有个非常典型的"係……嚟嘅"格式,如"佢係岑生嚟嘅(他是岑先生)"、"呢个係胶擦嚟嘅(这是橡皮擦)"等。因此,说普通话时要避免出现"他是岑先生来的"、"这是橡皮擦来的"等这样的句式。
(5) 叽哩咕噜:拟声词,形容说话别人听不清楚或听不懂,如"他俩叽哩咕噜地说半天,旁人一句也没听懂"等。

7. 语言常识

粤语的判断句式大都用"系 hei⁶"(是)来表示,"不是"相应的是"唔系","是不是"是"系唔系","是……还是……"是"系……定(系)……";"想必是"一类表猜测的形式在粤语中是"好似系、可能系、或者系"等等。普通话与粤语的判断句肯定式都可不用"是"或"系",如说"我,广东人",但其他形式都得使用"是"或"系"。

三 课文练习

1. 语音练习
拼读下列音节

爸爸 bàba	伯伯 bóbo	斑斑驳驳 bānbānbóbó
胖胖 pàngpang	婆婆 pópo	劈劈啪啪 pīpipāpā
妈妈 māma	猫猫 māomāo	密密麻麻 mìmìmámá
纷纷 fēnfēn	愤愤 fènfèn	反反复复 fǎnfǎnfùfù

被迫 bèipò	排比 páibǐ	奔跑 bēnpǎo	布匹 bùpǐ
陪伴 péibàn	蓬勃 péngbó	漂泊 piāobó	避免 bìmiǎn
北方 běifāng	覆灭 fùmiè	目标 mùbiāo	毛病 máobing
贫民 pínmín	保姆 bǎomǔ	报名 bàomíng	闭幕 bìmù

2. 句型练习
替换练习

(1) 我们就是本地人哪。

| 妹妹
丰丰
大妈 | 广东人
福建人
澳门人 |

(2) 你是香港人还是澳门人呢？

| 大姐
芳芳
他们 | 本地人
中国人
广东人 | 外地人
外国人
广西人 |

(3) 他想必是外地人吧。

| 阿姨
大伯
叔叔 | 买卖人
本地人
教书的 |

四 听说欣赏

散　文

HÉTÁNG YUÈSÈ（JIÉXUĂN）
荷　塘　月　色　（节选）
ZHŪ ZÌQĪNG
朱自清

　　Zhè jǐ tiān xīnli pō bù níngjìng. Jīnwǎn zài yuànzili zuòzhe chéngliáng, hūrán xiǎngqǐ rìrì zǒuguò de hétáng, zài zhè mǎnyuè de guānglǐ, zǒng gāi lìng yǒu yì fān yàngzi ba. Yuèliang jiànjiàn de shēnggāo le, qiáng wài mǎlù shang háizimen de huānxiào, yǐjīng tīngbujiàn le. Qī zài wūli pāizhe Rùn'ér, mímihūhu de hēngzhe miángē. Wǒ qiāoqiāo de pīle dàshān, dàishàng mén chūqu.
　　Yánzhe hétáng, shì yì tiáo qūzhé de xiǎo méixiè lù, zhè shì yì tiáo yōupì de lù, báitiān yě shǎo rén zǒu, yèwǎn gèngjiā jìmò. Hétáng sìmiàn, zhǎngzhe xǔduō shù, wēngwěngyùyù de. Lù de yìpáng, shì xiē yángliǔ, hé yìxiē bù zhīdào míngzi de shù. Méiyǒu yuèguāng de wǎnshang, zhè lùshang yīnsēnsēn de, yǒuxiē pà rén. Jīnwǎn què hěn hǎo, suīrán yuèguāng yě háishi dàndàn de.
　　Lùshang zhǐ wǒ yí ge rén bèizhe shǒu duózhe. Zhè yí piàn tiāndì hǎoxiàng shì wǒde, wǒ yě xiàng chāochū le píngcháng de zìjǐ, dàole lìng yí shìjiè li. Wǒ ài rènao, yě ài lěngjìng; ài qúnjū, yě ài dúchǔ.

Xiàng jīn wǎnshang, yí ge rén zài zhè cāngmáng de yuèxià, shěnme yě kěyǐ xiǎng, shènme yě kěyǐ bù xiǎng, biàn jué shì ge zìyóu de rén. Báitiānli yídìng yào zuò de shì, yídìng yào shuō de huà, xiànzài dōu kě bù lǐ, zhè shì dúchǔ de miàochù, wǒ qiě shòuyòng zhè wúbiān de héxiāng yuèsè hǎo le.

第二课

一 正音专题 声母 d t n l

d, t, n, l 是舌尖音,即舌尖阻塞而形成的音。

发 d 音时,舌尖先顶住上齿背后齿龈,堵塞气流,然后让气流冲开舌尖的阻塞,爆破成音,如"大胆"(dàdǎn)、"电灯"(diàndēng)等。粤语"大胆"dai⁶ dam² 和"电灯"din⁶ deng¹ 中的 d 与普通话的 d 发音基本相同。发这个音时,声带不振动,和英语中"dad"的 d 有所区别,英语 d 发音的时候,声带是振动的。

t 与 d 的发音方式相近,只是发 t 时,要让强烈的气流从舌尖的阻塞中冲出,形成送气音,如"体坛"(tǐtán)、"妥帖"(tuǒtiē)等。粤语"体坛" tei² tan⁴ 和"妥帖"tuo⁵ tib³,还有"它调"ta¹ tiu⁴(闲逸)中的 t 与普通话的 t 发音基本相同。

n 是舌尖浊鼻音。发音时,舌尖也是顶住上齿齿龈,但软腭下垂,堵塞口腔通路,气流振动声带,从鼻腔通过,如"男女"(nánnǚ)、"牛奶"(niúnǎi)等。粤语"男女"nam⁴ nêu⁵,还有"衲能"na¹ neng³(关系)中的 n 与普通话的 n 发音基本相同。

l 是舌尖浊边音,舌尖的位置比 n 稍微靠后。发音时,气流从舌尖两边出来,舌尖自然放下成音,不形成爆破,声带振动。如"罗列"(luóliè)、"玲珑"(línglóng)等。粤语"罗列"lo⁴ lid⁶ 和"玲珑"ling⁴ lung⁴ 中的 l 与普通话的发音基本相同。

1. 字　例

d
单调 dāndiào　　当地 dāngdì　　到底 dàodǐ　　得到 dédào
等待 děngdài　　地点 dìdiǎn　　搭档 dādàng　　对待 duìdài

t
谈天 tántiān　　探讨 tàntǎo　　淘汰 táotài　　疼痛 téngtòng
天堂 tiāntáng　　体贴 tǐtiē　　团体 tuántǐ　　统统 tǒngtǒng

n
奶奶 nǎinai　　男女 nánnǚ　　恼怒 nǎonù　　能耐 néngnai
扭捏 niǔnie　　泥泞 nínìng　　呢喃 nínán　　年年 niánnián

l
力量 lìliàng　　流利 liúlì　　留恋 liúliàn　　联络 liánluò
来临 láilín　　理论 lǐlùn　　料理 liàolǐ　　利落 lìluo

2. 拼读下列读音

代替 dàitì　　地图 dìtú　　冬天 dōngtiān　　当年 dàngnián
东南 dōngnán　　电脑 diànnǎo　　大量 dàliàng　　锻炼 duànliàn
电力 diànlì　　特点 tèdiǎn　　土地 tǔdì　　推动 tuīdòng
妥当 tuǒdang　　头脑 tóunǎo　　同年 tóngnián　　讨论 tǎolùn
铁路 tiělù　　脱离 tuōlí　　难道 nándào　　脑袋 nǎodai
内地 nèidì　　念头 niàntou　　难题 nántí　　农田 nóngtián
能力 nénglì　　努力 nǔlì　　年龄 niánlíng　　朗读 lǎngdú
流动 liúdòng　　冷淡 lěngdàn　　旅途 lǚtú　　聊天 liáotiān
流通 liútōng　　留念 liúniàn　　连年 liánnián　　冷暖 lěngnuǎn

3. 特别对照操练

粤语里读 d, t, n, l 的字在普通话里并不都读 d, t, n, l, 也可能读做其他声母。请注意：

(1) 粤语读 d 声母的字在普通话里读做以下声母（括号里是粤语读音，下同）

特 tè(deg^6)…别　　突 tū(ded^6)…出　　秩 zhì(did^6)…序
悌 tì(dei^6)孝…　　踏 tà(dab^6)…步　　琢 zhuó(dêg^3)…磨
凸 tū(ded^6)凹…　　隶 lì(dei^6)奴…　　纠 jiū(deo^2)…正

(2) 粤语读 t 声母的字在普通话里读做以下声母

贷 dài(tai^3)…款　　盾 dùn(tên^5)矛…　　提 dī(tei^4)…防
怠 dài(toi^5)…慢　　舵 duò(to^4)…掌…　　堤 dī(tei^4)…长
调 diào(tiu^4)…查　　疸 dǎn(tan^2)黄…　　肚 dù(tou^5)…子
凼 dàng(tem^5)水…　　祷 dǎo(tou^2)祈…　　肚 dǔ(tou^5)猪…

(3) 粤语读 n 声母的字在普通话里读做以下声母

瓤 ráng(nong^4)瓜…　　弥 mí(nei^4)…补
朽 xiǔ(neo^2)不…　　凹 āo(neb^1)…凸

粤语里的 l 声母在普通话里也读做 l 声母，但粤语里有不同声母的字在普通话里读做 d, t, n 声母。请注意：

(1) 粤语里以下的字在普通话里读做 d 声母

大 dà(dai^6)…家　　灯 dēng(deng^1)…光　　对 duì(dêu^3)…待
单 dān(dan^1)…位　　低 dī(dei^1)…温　　电 diàn(din^6)…流
贷 dài(tai^3)…款　　肚 dù(tou^5)…子　　堤 dī(tei^4)…坝
盾 dùn(tên^4)…牌　　舵 duò(to^4)…掌　　祷 dǎo(tou^2)祈…

(2) 粤语里以下的字在普通话里读做 t 声母

他 tā(ta¹)…们　　天 tiān(tin¹)…气　　头 tóu(teo⁴)…脑
通 tōng(tung¹)…过　台 tái(toi⁴)…风　　体 tǐ(tei²)…力
踏 tā(dab⁶)…实　　特 tè(deg⁶)…点　　突 tū(ded⁶)…出

(3) 粤语里以下的字在普通话里读做 n 声母

逆 nì(yig⁶)…流　　虐 nüè(yêg⁶)…待　　酿 niàng(yêng⁶)…酒
拟 nǐ(yi⁵)…订　　疟 nüè(yêg⁶)…疾　　凝 níng(ying⁴)…固
孽 niè(yib⁶)造…　牛 niú(ngeo⁴)…奶　　霓 ní(ngei⁴)…虹灯
倪 ní(ngei⁴)端　　拗 niù(ngao³)…不过

4. 绕口令

niú niu yào chī hé biān liǔ　niū niu gǎn niú niú bù zǒu　niū niu hù liǔ niú
牛牛要吃河边柳，妞妞赶牛牛不走。妞妞护柳牛
niǔ tóu　niú niu niǔ tóu chǒu niū niu　niū niu niǔ niú niú gèng niù　niú niu yào dǐng
扭头，牛牛扭头瞅妞妞。妞妞扭牛牛更拗，牛牛要顶
xiǎo niū niu　niū niu jiǎn qǐ xiǎo shí tou　xià de niú niu niǔ tóu zǒu
小妞妞。妞妞捡起小石头，吓得牛牛扭头走。

lǎo dà niáng yù shàng le lǎo dà láng　lǎo dà láng yào chī lǎo dà niáng
老大娘遇上了老大狼，老大狼要吃老大娘。
lǎo dà niáng jiào lái lóu liù láng　yì qǐ dǎ sǐ le lǎo dà láng
老大娘叫来娄六郎，一起打死了老大狼。

<small>nán lǚ kè de shàng yī yǒu lán niǔ kòu　nǚ lǚ kè de mào zi yǒu lǜ liǔ</small>
男旅客的上衣有蓝纽扣，女旅客的帽子有绿柳
<small>qiú　nán lǚ kè zǒu jìn le jiǔ lóu　nǚ lǚ kè yǒng rù le rén liú</small>
球。男旅客走进了酒楼，女旅客涌入了人流。

二 句型操练　代词（指示代词、疑问代词）

1. 基本句型

这（那）是什么呢？
这（那）是面包。
这（那）些是什么呢？
这（那）些是水果。
哪种水果好吃呢？
荔枝和芒果好吃吧。
哪儿有水果店呢？
胡同口儿上有家水果店。
多会儿开门呢？
早上九点吧。
这么着吧，吃了早饭就去买。

2. 常用句型

这（个）zhè, zhèi（ge）（呢（个））　　哪（个）nǎ, něi（ge）（边（个））
　　　　　　　　　　　　　　　　　　什么 shénme（乜嘢）
那（个）nà, nèi（ge）（吽（个））　　这些 zhèixiē（呢啲）

那些 nèixiē（吓啲）
哪些 něixiē（边啲）
这种 zhèizhǒng（呢种）
那种 nèizhǒng（吓种）
哪种 něizhǒng（边种）
这会儿 zhèhuǐr（呢阵时；依家）
那会儿 nèihuǐr（吓阵时）
这么、那么 zhème, nàme（噉；咁（样））
多会儿 duōhuǐr（几时）
冰激凌 bīngjilíng（雪糕）
水果 shuǐguǒ（生果）
水果店 shuǐguǒdiàn（生果档）
荔枝 lìzhī
芒果 mángguǒ
黄皮果 huángpíguǒ（黄皮）
胡同 hútòng（巷仔；横巷）
（一）家（yì）jiā（间）
开门 kāimén（开市）
好吃 hǎochī（好食）
这么着 zhèmezhāo（噉；噉样）
早饭 zǎofàn（早餐）
早上 zǎoshang（朝早）
理发 lǐfà（飞发）

理发店 lǐfàdiàn（飞发铺）
看电影儿 kàn diànyǐngr（睇戏）
上班 shàngbān（翻工）
桌子 zhuōzi（台）
椅子 yǐzi（凳）
钥匙 yàoshi（锁匙）
电池 diànchí（电芯）
光盘 guāngpán（光碟；碟）
唱片儿 chàngpiānr（碟；唱碟）
耐用 nàiyòng（襟用）
便宜 piányi（平）
市场 shìchǎng（街市）
饭馆儿 fànguǎnr（餐馆；大排档）
底儿 dǐr（底）
边儿上 biānrshang（旁边）
后头(边儿) hòutou(bianr)（后边）
哦 ò
嗯 ń
呃 è
哎 āi
噢 ō

3. 习惯用语

有意思 yǒuyìsi（几得意）
开玩笑 kāi wánxiào（讲笑；搞笑）
没啥（什么）méishá(shénme)（冇乜）

有鼻子有眼儿 yǒu bízi yǒu yǎnr（似模似样）
省点儿力气吧 shěng diǎnr lìqi ba（悭啲力啦；悭翻啲啦）
打了盆说盆，打了罐说罐 dǎle pén shuō pén, dǎle guàn shuō guàn
（有一讲一，有二讲二；有乜讲乜）

4. 句型替换

(1) 这是什么呢？ 这是 | 冰激凌 / 水果 / 黄皮果 / 芒果 / 胡同 / 水果店 | 。

(2) 那些是什么呢？那些是 | 光盘 / 桌子 / 椅子 / 钥匙 / 电池 | 。

(3) 哪种 | 光盘 / 水果 / 冰激凌 / 电池 / 唱片儿 | | 好用 / 好吃 / 便宜 / 耐用 / 好听 | 呢？

(4) 哪儿有 | 水果店 商场 理发店 市场 饭馆儿 | 呢？ | 商场 市场 饭馆儿 水果店 理发店 | 边上 对面 隔壁 西边 后边 | 有 | 水果店 商场 理发店 市场 饭馆儿 | 。

(5) | 什么时候 啥时 多会儿 什么时候 多会儿 | 上商场 去看电影 去上班 去买水果 去理发 | 呢？ | 吃完早饭后 吃完晚饭后 早上七点 吃早饭前 下午三点半 | 吧。

5. 短小课文

　　这些是什么？哦，您问的是这个啊，是荔枝和芒果哇，全都是南方来的水果。嗯？哪种水果好吃？我心里也没个底儿。呃……大概是荔枝好吃吧。您问哪儿有水果店，哎，这不，胡同口儿上就有一家水果店，有荔枝也有芒果，还有那叫啥来着……噢！对了，叫黄皮果。什么？多会儿开门？好像是早上九点吧。想吃？吃了早饭就可以去买。得了，就这么着吧，回头见！

6. 词语注释

(1) 多会儿、什么时候：也说"啥时（候）"，"啥"是"什么"的合音形式。

(2) "就这么着"意即"就这样"，指示动作或情况。粤语也说"系噉啦"等。

(3) 家：在这儿是个量词，如"一家商店"、"一家医院"、"一家宾馆"、"一家酒店"等，粤语对应的常用"间"，如"一间铺头"、"一间士多"等，应注意区别使用。

(4) 桌子:"桌"在普通话里构词能力很强,如"书桌"、"方桌"、"八仙桌"、"乒乓球桌"等,粤语里相应使用"台",如"饭台"、"书台"等,"桌"字用得不多。普通话只有"讲台"等少数词使用"台"。

(5) 椅子:是指有靠背的坐具,"椅"即"倚"。粤语里不论靠不靠背一律称"凳"(除开"交椅"等少数词外),需注意这种区别。

(6) 本课有多个叹词:哦 ò,表示领会,醒悟;嗯 ń,表示疑问;呃 è 表示该话还有下文;哎 āi,表示提醒;噢 ō 表示了解,醒悟。叹词的用法较复杂,常常是一个叹词表示多种感情色彩。如"哎 āi"还表示惊讶:"哎,我怎么把票给忘了呢?"还表示不满,如:"哎,小点儿声行不?"因此叹词要根据上下文来判断词义。

7. 语言常识

代词是具有指别、称代作用的词,其指代的具体内容只有在一定语言环境下才能确定。指示代词中最基本的是近指"这"和远指"那"。其他指示代词基本上是由它们派生出来的,如"这里"、"这儿";"那里"、"那儿"等等。粤语指示代词的最基本词是"呢"和"吤",其他也大多由它们派生出来,如"呢度"、"吤度";"呢啲"、"吤啲"等,与普通话的表达方式相近。疑问代词用来表示疑问,是构成疑问句的一种手段。问人或事物、方法或性状等都有不同的词,如"什么"、"哪儿"等。粤语这类词的词形也与普通话不同,如"点"(怎样)、"点解"(为什么)等等,但构句方式却很相近,如:"你是谁?"(你系边个?)"哪会儿去?"(几时去?)等等,都有相应的表达。

三 课文练习

1. 语音练习

拼读下列音节

弟弟 dìdi　　单单 dāndān　　叮叮当当 dīngdingdāngdāng

天天 tiāntiān　　偷偷 tōutōu　　吞吞吐吐 tūntūntǔtǔ

闹闹 nàonao　　年年 niánnián　　扭扭捏捏 niǔniǔniēniē
冷冷 lěnglěng　　朗朗 lǎnglǎng　　零零落落 línglíngluòluò

独特 dútè　　牛肚 niúdǔ　　糾纷 jiūfēn　　啄木鸟 zhuómùniǎo
大堤 dàdī　　突变 tūbiàn　　踏板 tàbǎn　　农贷 nóngdài
弥漫 mímàn　　朽木 xiǔmù　　弄堂 nòngtáng　　咯痰 kǎtán
地铁 dìtiě　　替代 tìdài　　逆风 nìfēng　　挑剔 tiāotī
脑力 nǎolì　　拟定 nǐdìng　　骆驼 luòtuo　　来年 láinián

2. 句型练习

替换练习

(1) 哪儿有饭馆儿呢？胡同里头有饭馆儿。

| 光盘
水果
荔枝
理发店
水果店 | 桌子上
商场里
水果店里
胡同口上
饭馆儿后边 | 光盘
水果
荔枝
理发店
水果店 |

(2) 多会儿去上街呢？吃完晚饭后吧。

| 去买黄皮果
去买芒果
去上班
上市场 | 吃完午饭后
吃晚饭前
早上九点
早饭后 |

四 听说欣赏

> **英国电影《简·爱》录音片断**
>
> JIǍN AÌ YǓ LUÓCHÈSĪTÈ DE DUÌHUÀ
> 简·爱与罗 彻斯特的 对话

Luó: Hái méi shuì ya?
Jiǎn: Méi jiàn nǐ píng'ān huílai zěnme néng shuì? Méisēn xiānsheng zěnmeyàng?
Luó: Tā méi shì, yǒu yīshēng zhàogù.
Jiǎn: Zuó wǎnshang nǐ shuō yào yùdào de wēixiǎn guòqu le?
Luó: Méisēn bù líkāi Yīngguó, hěn nán bǎozhèng. Dànyuàn yuè kuài yuè hǎo.
Jiǎn: Tā bú xiàng shì yí ge xùyì yào hài nǐ de rén.
Luó: Dāngrán bù. Tā hài wǒ yě kěnéng chūyú wúyì. Zuò xià.
Jiǎn: Gěruìsīpǔ jiūjìng shì shuí? Nǐ wèi shénme yào liúzhe tā?
Luó: Wǒ bié wú bànfǎ.
Jiǎn: Zěnme huì?
Luó: Nǐ rěnnài yíhuìr, bié bīzhe wǒ huídá. Wǒ...wǒ xiànzài duōme yīlài nǐ.
...Hāi, gāi zěnme bàn, Jiǎn? Yǒu zhèyàng yí ge lìzi: Yǒu ge qīngniánrén, tā cóngxiǎo jiù bèi chǒng'ài huài le, tā fànxiàle yí ge jídà de cuòwù, bú shì zuì'è, shì cuòwù. Tā de hòuguǒ shì kěpà de. Wéiyī de táobì shì xiāoyáo zài wài, xúnhuān-zuòlè. Hòulái, tā yùjiàn

ge nǚrén, yí ge èrshí nián li tā cóng méi jiànguò de gāoshàng nǚrén, tā chóngxīn zhǎodàole shēnghuó de jīhuì, kěshì shìgù rénqíng zǔ'ài le tā. Nà ge nǚrén néng wúshì zhèxiē ma?
Jiǎn: Nǐ zài shuō zìjǐ, Luóchèsītè xiānsheng?
Luó: Shì de.
Jiǎn: Měi gè rén yǐ zìjǐ de xíngwéi xiàng Shàngdì fùzé, bù néng yāoqiú biéren chéngdān zìjǐ de mìngyùn, gèng bù néng yāoqiú Yīnggélǎngmǔ xiǎojiě.
Luó: M, nǐ bù juéde wǒ qǔle tā, tā kěyǐ shǐ wǒ huòdé wánquán de xīnshēng?
Jiǎn: Jìrán nǐ wèn wǒ, wǒ xiǎng bú huì.
Luó: Nǐ bù xǐhuan tā? Shuō shíhuà.
Jiǎn: Wǒ xiǎng tā duì nǐ bù héshì.
Luó: Ǎ hng, nàme zìxìn? Nàme shuí héshì? Nǐ yǒu méiyǒu shénme kěyǐ tuījiàn? M hài, nǐ zài zhèr yǐjīng zhùguàn le?
Jiǎn: Wǒ zài zhèr hěn kuàihuó.
Luó: Nǐ shěde líkāi zhèr ma?
Jiǎn: Líkāi zhèr?
Luó: Jiéhūn yǐhòu, wǒ bú zhù zhèr.
Jiǎn: Dāngrán, Ātài'ěr kěyǐ shàngxué, wǒ kěyǐ lìng zhǎo ge shìr. Wǒ yào jìnqu le, wǒ lěng.
Luó: Jiǎn!
Jiǎn: Ràng wǒ zǒu ba!
Luó: Děngdeng!
Jiǎn: Ràng wǒ zǒu!
Luó: Jiǎn!
Jiǎn: Nǐ wèi shénme yào gēn wǒ jiǎng zhèxiē? Tā gēn nǐ yǔ wǒ wú guān. Nǐ yǐwéi wǒ qióng, bù hǎokàn, jiù méiyǒu gǎnqíng ma? Wǒ yě huì de. Rúguǒ Shàngdì fùyǔ wǒ cáifù hé měimào, wǒ yídìng yào shǐ nǐ nányǐ líkāi wǒ, jiù xiàng xiànzài wǒ nányǐ líkāi

nǐ. Shàngdì méiyǒu zhèyàng. Wǒmen de jīngshén shì tóngděng de, jiù rútóng nǐ gēn wǒ jīngguò fénmù jiāng tóngyàng de zhànzài Shàngdì miànqián.

Luó: Jiǎn!
Jiǎn: Ràng wǒ zǒu ba!
Luó: Wǒ ài nǐ! Wǒ ài nǐ!
Jiǎn: Bù, bié ná wǒ qǔxiào le.
Luó: Qǔxiào? Wǒ ài nǐ! Bólánqí yǒu shénme? Wǒ duì tā búguò shì tā fùqin yào yí kuài tǔdì de běnqian. Jiàgěi wǒ, Jiǎn, nǐ jià wǒ.
Jiǎn: Shì zhēnde?
Luó: Āi, nǐ ya, nǐ de huáiyí zhémó zhe wǒ, dāyìng ba! Dāyìng ba! Shàngdì céng shuōguò: "Bié ràng rènhé rén gānrǎo wǒ." Tā shì wǒde, wǒde.

第三课

一 正音专题 声母 g k h

g,k,h 是舌根音,即由舌根阻塞而形成的音。

g 发音时,舌根先抬起顶住软腭,堵塞气流,然后放下,让气流通过,爆破成音,如:"哥哥"(gēge)、"刚刚"(gānggāng)等。粤语"哥哥"go⁴go¹、"刚刚"gong¹gong¹ 中的 g 与普通话的 g 发音基本相同。g 发音时声带不振动,与英语"good"中的 g 不同,英语发这个音的时候,声带是振动的。

k 与 g 发音方式相近,只是发 k 时,要让一股强气流从舌根和软腭构成的阻塞中冲出,形成送气音,如"可口"(kěkǒu)、"框框"(kuàngkuang)等。粤语"框框"kuang¹kuang¹、"禽渠"kem⁴kêu²(癞蛤蟆)中的 k 与普通话的发音基本相同。

h 是舌根擦音。发音时,舌根向软腭抬起,与软腭之间形成窄缝,让气流从窄缝中摩擦而出,声带不振动,如"绘画"(huìhuà)、"航海"(hánghǎi)等。粤语"航海"hong⁴hoi²、"虚撼"hêu¹hem⁶(热闹)中的 h 与普通话的 h 发音很相近,但是粤语的 h 摩擦部位比较靠后,窄缝也比较宽,摩擦不明显,发普通话的 h 时,摩擦部位比较靠前,窄缝比较狭小,摩擦明显。粤语区人说普通话时要注意这个差别。

1. 字 例

g

| 公共 gōnggòng | 广告 guǎnggào | 改革 gǎigé | 巩固 gǒnggù |
| 观光 guānguāng | 更改 gēnggǎi | 规格 guīgé | 古怪 gǔguài |

k

可靠 kěkào	刻苦 kèkǔ	开课 kāikè	开垦 kāikěn
开阔 kāikuò	慷慨 kāngkǎi	宽阔 kuānkuò	旷课 kuàngkè

h

好好儿 hǎohāor	后悔 hòuhuǐ	会话 huìhuà	含糊 hánhu
荷花 héhuā	合伙 héhuǒ	欢呼 huānhū	缓和 huǎnhé

2. 拼读下列读音

可观 kěguān	宽广 kuānguǎng	开关 kāiguān	看管 kānguǎn
控告 kònggào	苦瓜 kǔguā	开会 kāihuì	口号 kǒuhào
快活 kuàihuó	考核 kǎohé	开户 kāihù	宽厚 kuānhòu
顾客 gùkè	公开 gōngkāi	概括 gàikuò	赶快 gǎnkuài
港口 gǎngkǒu	观看 guānkàn	挂号 guàhào	搞活 gǎohuó
更换 gēnghuàn	工会 gōnghuì	关怀 guānhuái	规划 guīhuà
海关 hǎiguān	黄瓜 huángguā	好感 hǎogǎn	合格 hégé
后果 hòuguǒ	回顾 huígù	航空 hángkōng	会客 huìkè
汇款 huìkuǎn	好看 hǎokàn	好客 hàokè	何况 hékuàng

3. 特别对照操练

跟其他声母一样，粤语里声母读 g, k, h 的字在普通话里不一定就读 g, k, h，它们可能读做其他声母。请注意：

(1) 粤语读 g 声母的字，在普通话里除了读 g 声母以外，还读 j 声母

鸡 jī(gei[1]) ⋯公⋯	机 jī(géi[1]) ⋯飞⋯	计 jì(gei[3]) ⋯划
己 jǐ(géi[2]) ⋯自⋯	技 jì(géi[6]) ⋯巧	举 jǔ(gêu[2]) ⋯办
价 jià(ga[3]) ⋯格	假 jià(ga[3]) ⋯期	救 jiù(geo[3]) ⋯护
觉 jué(gog[3]) ⋯得	捐 juān(gün[1]) ⋯献	均 jūn(guen[1]) ⋯衡
今 jīn(gem[1]) ⋯后	经 jīng(ging[1]) ⋯过	江 jiāng(gong[1]) ⋯湖

基金 jījīn(géi¹ gem¹) 　　　究竟 jiūjìng(geo³ ging²)
结局 jiéjú(gid³ gug⁶) 　　　家具 jiājù(ga¹ gêu⁶)
加急 jiājí(ga¹ geb¹) 　　　夹角 jiājiǎo(gab³ gog³)
简介 jiǎnjiè(gan² gai³) 　　　见解 jiànjiě(gin³ gai²)
讲解 jiǎngjiě(gong² gai²) 　　　荆棘 jīngjí(ging¹ gig¹)

(2) 粤语读 k 声母的字，在普通话里除了读 k 声母以外，还读以下声母

期 qī(kéi⁴)…间　　　骑 qí(ké⁴)…兵　　　企 qǐ(kéi⁵)…图
启 qǐ(kei²)…动　　　曲 qǔ(kug¹)…调　　　区 qū(kêu¹)…别
求 qiú(keo⁴)…救　　　琴 qín(kem⁴)钢…　　　桥 qiáo(kiu⁴)…梁
奇缺 qíquē(kéi⁴ küd³) 　崎岖 qíqū(kéi¹ kêu¹) 　级 jí(keb¹)…等
给 jǐ(keb¹)供…　　　舅 jiù(keo⁵)…舅　　　距 jù(kêu⁵)…离
剧 jù(kég⁶)话…　　　揭 jiē(kid³)…开　　　近 jìn(ken⁵)…远
鲸 jīng(king⁴)…鱼　　　决 jué(küd³)…定　　　概 gài(koi³)…括
溉 gài(koi³)灌…　　　沟 gōu(keo¹)…通　　　构 gòu(keo³)…件
购 gòu(keo³)…货　　　钙 gài(koi³)…质　　　规 guī(kuei¹)…格
箍 gū(ku¹)…紧　　　吸 xī(keb¹)呼…　　　溪 xī(kei¹)…水
蝎 xiē(kid³)…子　　　绘 huì(kui²)…画　　　豁 huò(küd³)…免
壑 hè(kog³)沟…

(3) 粤语读 h 声母的字，在普通话里除了也读 h 声母以外，还读以下声母

稀 xī(héi¹)…罕　　　喜 xǐ(héi²)…好　　　雄 xióng(hung⁴)…厚
下 xià(ha⁶)…降　　　狭 xiá(hab⁶)…窄　　　香 xiāng(hêng¹)…蕉
限 xiàn(han⁶)…期　　　兴 xìng(hing³)…趣　　　项 xiàng(hong⁶)…目
效 xiào(hao⁶)…果　　　虚 xū(hêu¹)…假　　　许 xǔ(hêu²)…可
乡下 xiāngxia(hêng¹ ha²) 　看 kàn(hon³)…见　　　恳 kěn(hen²)…求
空 kōng(hung¹)…旷　　　刊 kān(hon¹)…期　　　肯 kěn(heng²)…定
慷 kāng(hong²)…慨　　　堪 kān(hem¹)…不　　　考 kǎo(hao²)…核
康 kāng(hong¹)…健　　　开 kāi(hoi¹)…户　　　哭 kū(hug¹)…泣

坑 kēng(hang¹)···道　　可 kě(ho²)···观　　客 kè(hag³)···观
壳 ké(hog³)蛋···　　　口渴 kǒukě(heo² hod³)　坎坷 kǎnkě(hem¹ ho¹)
苛刻 kēkè(ho¹ hag¹)　　庆 qìng(hing³)···贺　　恰 qià(heb¹)···好
气 qì(héi³)···候　　　歉 qiàn(hib³)···意　　牵 qiān(hin¹)···挂
欠 qiàn(him³)···款　　器 qì(héi³)···械　　劝 quàn(hün³)···告
欺 qī(héi¹)···骗　　　氢气 qīngqì(hing¹ héi³)　轻巧 qīngqiǎo(hing¹ hao²)
侥 jiǎo(hiu¹)···幸　　酵 jiào(hao¹)发···

　　除了g,k,h声母的字在普通话里可能读做g,k,h声母外,粤语里还有各种声母的字在普通话里读做g,k,h声母。请注意:

(1)粤语里还有以下的字在普通话里读做 g 声母

概 gài(koi³)···念　　给 gěi(keb¹)···以　　构 gòu(keo³)···造
汞 gǒng(hung³)红···　钩 gōu(ngeo¹)···子　　锅 guō(wo¹)···炉

(2)粤语里还有以下的字在普通话里读做 k 声母

开 kāi(hoi¹)···始　　看 kàn(hon³)···见　　可 kě(ho²)···以
康 kāng(hong¹)健···　肯 kěn(heng²)···定　　空 kōng(hung¹)···气
科 kē(fo¹)···技　　　课 kè(fo³)···间　　　款 kuǎn(fun²)公···
库 kù(fu³)金···　　　快 kuài(fai³)···活　　魁 kuí(fui¹)···梧
柯 kē(o¹)姓···　　　凯 kǎi(hoi²)···歌　　轲 kē(o¹)荆···
夸 kuā(kua¹)···奖　　溃 kuì(kui²)···疡　　括 kuò(kud³)···号
馈 kuì(guei⁶)···赠　　宽阔 kuānkuò(fun¹ fud³)　苦况 kǔkuàng(fu² fong³)

(3)粤语里还有以下的字在普通话里读做 h 声母

还 huán(wan⁴)···价　　和 hé(wo⁴)···好　　黄 huáng(wong⁴)···河
华 huá(wa⁴)···侨　　　胡 hú(wu⁴)···子　　横 héng(wang⁴)···行
货 huò(fo³)···款　　　欢 huān(fun¹)···快　荒 huāng(fong¹)···唐
虎 hǔ(fu²)···口　　　灰 huī(fui¹)···尘　　婚 hūn(fen¹)···礼
壑 hè(kog³)沟···　　　绘 huì(kui²)···画　　轰 hōng(gueng¹)···动

4. 绕口令

(1) 幸福和劳苦

láo kǔ bú shì lǎo hǔ, xìng fú bú shì xīn kǔ, dǎ lǎo hǔ jiù děi láo kǔ,
劳苦不是老虎，幸福不是辛苦，打老虎就得劳苦，
yǒu xīn kǔ cái yǒu xìng fú
有辛苦才有幸福。

(2) 苦和福

xiǎng xiǎng fú xiān chī kǔ xiān chī kǔ hòu xiǎng fú xiǎng xiǎng
想享福，先吃苦，先吃苦，后享福。想享
fú zhōng fú xiān chī kǔ zhōng kǔ bù chī kǔ zhōng kǔ mò xiǎng fú zhōng
福中福，先吃苦中苦。不吃苦中苦，莫享福中
fú
福。

二 句型操练 数词(基数词、序数词)

1. 基本句型

2009年7月1号。

妈妈50岁上下。

这些李子20来斤重。

三叔今年40来岁。

逛趟公园花费七十块左右。

大哥每月交通费占收入的17.3%。

他个把月就得回一次家。
二弟的电话号码是87560869转5448。
父亲在家排行老幺。

2. 常用句型

四 sì
七 qī
十二 shí'èr
四十九 sìshíjiǔ
八十 bāshí
一百零二 yìbǎi líng èr（百零二）
二百三（十）èrbǎi sān(shí)
一万二（千）yíwàn èr (qiān)（万二）
第七 dì-qī
老大 lǎodà
老幺 lǎoyāo（孻仔(女)）
一斤四两 yì jīn sì liǎng（斤四）
二（两）斤半 èr (liǎng) jīn bàn
二两 èr liǎng
二尺 èr chǐ
好些个 hǎoxiē ge（好多个）
十多个 shí duō ge（十几个）
十来个 shí lái ge（十零个）
百把个 bǎibǎ ge（百零个）
22号 èrshí'èr hào
上下 shàngxià

左右 zuǒyòu
个把月 gèbǎ yuè（个零月）
李子 lǐzi（李；布冧）
重 zhòng
今年 jīnnián
逛公园儿 guàng gōngyuánr
花费 huāfèi（使；使费）
交通费 jiāotōngfèi
占 zhàn
收入 shōurù
得 děi（就要；都要）
光 guāng（净；单单）
回家 huíjiā（翻屋企）
电话 diànhuà
号码 hàomǎ（冧巴）
转 zhuǎn
排行 páiháng
照相 zhàoxiàng（影相）
扫地 sǎodì
值（夜）班 zhí(yè)bān
洗澡 xǐzǎo（冲凉）
开会 kāihuì
单位 dānwèi（机构）
于姐姐 Yú jiějie
俞小姐 Yú xiǎojie

喻先生 Yù xiānsheng　　　尹小姐 Yǐn xiǎojie

3. 习惯用语

说一不二 shuō yī bú'èr
数得着 shǔdezháo（算得上）
一步一个脚印儿 yí bù yí ge jiǎoyìnr
三棍子打不出个闷屁 sān gùnzi dǎ bù chū ge mèn pì
说三道四 shuōsān-dàosì（噏三噏四）
八九不离十 bājiǔbùlíshí（都唔争得几多啰）
你有七算,人有八算 nǐ yǒu qī suàn, rén yǒu bā suàn

4. 句型替换

(1) 要没 | 弄 说 搞 猜 算 | 错的话, | 归大爷 贺叔叔 龙大哥 于姐姐 尤妹妹 | 80 60 30 20 10 | 岁上下吧。

(2) | 这些芒果 这条胡同 那个公园儿 那些李子 一个月 | 二十 九十 十 五十 三十 | 来 | 斤重 米长 里远 块钱 天 | 。

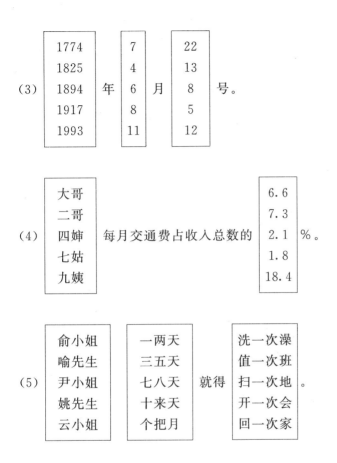

5. 短小课文

　　小儿子呀,二十(岁)上下,体重百来斤,身高 1.72 米,2005 年 12 月 27 号参加工作。从家里到单位大概有 50 来里路,他一年 365 天几乎天天是搭头班车走,坐末班车回到家里,光车票钱就花去他总收入的 15.6%,而且两三天就得值一次夜班。他每月挣三千二百块钱左右,其中五分之一得用于吃饭。他那单位不大,只有百把人,但每年可赚三五千万,还行吧。

6. 词语注释

(1) 7月1号:口语里通常不说"7月1日",多用"号"来表示日期。

(2) 李子:在粤语里有两种表达形式:国产李子叫"李",进口李子称"布冧";"布冧"是音译自英语 plum(李子)。

(3) 17.3%:得读做"百分之十七点三",粤语常有"十七点三个巴仙"的说法,需注意此处说法的不同。

(4) 洗澡:北方人洗澡多指洗热水,南方(粤语区)多指洗凉水,因此说"冲凉",近来也有"冲热水凉"或"冲冻水凉"的说法。

7. 语言常识

数词是表示数目的词,包括基数词"一"、"三"、"十二"和序数词"第一"、"第五十"、"老大"、"老四"等。普通话与粤语的数词差异不大,如"×十×"中的"十"都可以有快读语音形式(合音形式);其他个别表达方式上略有差异,最明显的是粤语"百三"(一百三)、"千三"(一千三)等都可省略前面的"一"字,普通话不能省。还有与数词搭配使用表示概数的词语也有些小差别,如"十来个"粤语说成"十零个"、"一百多人"说成"百零人"、"个把月"说成"个零月"等。这里的"来"、"把"、"多"粤语都用"零"容括了,但"个把人"却不说"个零人"。序数词里,如亲属排行、子女排行、公共汽车班次等都有些小差异,如"末班车"粤语说成"尾班车"等。

三 课文练习

1. 语音练习

拼读下列音节

哥哥 gēge	滚滚 gǔngǔn	古古怪怪 gǔgǔguàiguài
框框 kuàngkuang	开开 kāikai	宽宽阔阔 kuānkuānkuòkuò
昏昏 hūnhūn	黑黑 hēihēi	哼哼哈哈 hēnghēnghāhā

苛刻 kēkè	空旷 kōngkuàng	可贵 kěguì	客观 kèguān
葵花 kuíhuā	看护 kānhù	困惑 kùnhuò	括号 kuòhào
公告 gōnggào	功课 gōngkè	隔阂 géhé	合乎 héhū
悔改 huǐgǎi	好客 hàokè	讲究 jiǎngjiu	计较 jìjiào
胶卷儿 jiāojuǎnr	紧急 jǐnjí	开阔 kāikuò	穷苦 qióngkǔ
口渴 kǒukě	恐慌 kǒnghuāng	计价 jìjià	兴建 xīngjiàn
京剧 jīngjù	结构 jiégòu	夏季 xiàjì	近期 jìnqī

2. 句型练习

替换练习

(1) 小儿子今年20来岁，在大学念书。

叔叔	40	工厂干活儿
阿姨	30	学校教书
大妈	50	市场卖菜
小姐	20	饭馆儿工作
大伯	70	家里闲着

(2) 近来买斤荔枝10块钱左右。

眼下	理个发	10
最近	看场电影	30
今年	买斤芒果	4
去年	吃顿饭	60
现在	坐趟车	2

(3) 大哥的电话号码是85816578。

二叔	87560889
三嫂	88334210
二弟	83427748
大儿子	87765510
小儿子	86334192

四 听说欣赏

[Qiáo Xuán] Quàn qiānsuì shā zì xiū chūkǒu,
　　　　　　lǎochén yǔ zhǔ shuō cóng tóu.
　　　　　　Liú Bèi běn shì Jìngwáng hòu,
　　　　　　Hàndì xuánsūn yí mài liú.
　　　　　　Tā yǒu ge èrdì Hànshòu tíng(na)hóu,
　　　　　　qīnglóng yànyuè shén guǐ jiē chóu.
　　　　　　Báimǎ Pō qián zhū Wén Chǒu,
　　　　　　zài gǔchéng céng zhǎnguò lǎo Cài Yáng de tóu.
　　　　　　Tā sāndì Yìdé wēifēng yǒu,
　　　　　　zhàng bā shémáo guànzhì yānhóu.
　　　　　　Céng pò Huángjīn bīng bǎiwàn,

第三课

Hǔláo Guān qián zhàn Wēnhóu.
Dāngyáng Qiáo qián yì shēng hǒu,
hèduànliǎo qiáo(wa)liáng shuǐ dào liú.
Tā sìdì Zǐlóng yīngxióng jiàng,
gàishì yīng(na)xióng(e)guàn jiǔzhōu.
Chángbǎn Pō qián jiù Ādǒu,
shāde cáobīng gègè chóu.
Zhè yì bān wǔjiàng nǎ guó yǒu,
hái yǒu Zhūgě yòng jìmóu.
Nǐ shā Liú Bèi bú yào(wa)jǐn,
tā dìxiong wénzhī jiù qǐ kěn bàxiū?
Ruòshì lǐngbīng lái zhēngdòu,
Dōngwú nǎ ge gǎn chū(wa)tóu?
Wǒ niǔtóu huíshēn zòu tàihòu,
jiāngjì-jiùjì jié luánchóu.

第四课

一 正音专题 声母 f h

f 和 h 都是擦音,发音时,相关的发音器官靠近,形成窄缝,气流从窄缝间通过,摩擦而成音。

如第一课所述,f 是唇齿音,发音时上齿和下唇靠近,稍稍接触,形成窄缝,气流从唇齿间摩擦出来而成音,h 则是一个舌根音,如第三课所述,h 发音时,舌根与软腭靠近,形成窄缝,气流从窄缝摩擦出来而成音。

粤语里这两个音都有,只是普通话里的 h 比粤语里的 h 发音部位靠后,摩擦更明显。

要特别注意的是,粤语里 f,h 声母的字与普通话里 f,h 声母的字并不对等。如第一课和第三课所示,粤语里的 f,h 声母在普通话里都可能读做 h,k,x 声母,而粤语里的 w 声母在普通话里也可能读做 h 声母,因此,说粤语的人学习普通话的时候要特别注意区分 f 声母和 h 声母。

1. 字　例

f

吩咐 fēnfù	发愤 fāfèn	方法 fāngfǎ	反复 fǎnfù
丰富 fēngfù	仿佛 fǎngfú	放飞 fàngfēi	犯法 fànfǎ

h

好汉 hǎohàn	浩瀚 hàohàn	红海 hónghǎi	恒河 hénghé
很黑 hěnhēi	喊号 hǎnhào	回合 huíhé	含糊 hánhu

2. 拼读下列读音

符合 fúhé	负荷 fùhè	风寒 fēnghán	愤恨 fènhèn
符号 fúhào	饭盒 fànhé	复核 fùhé	分毫 fēnháo
耗费 hàofèi	合法 héfǎ	后方 hòufāng	洪峰 hóngfēng
浩繁 hàofán	何妨 héfáng	海防 hǎifáng	洪福 hóngfú

3. 特别对照操练

下面是粤语区人说普通话时容易说错的词语：

(1) 粤语里两个字都是 f 声母的词语

恍惚 huǎnghū	欢呼 huānhū	挥霍 huīhuò	昏花 hūnhuā
火花 huǒhuā	货款 huòkuǎn	欢快 huānkuài	宽阔 kuānkuò
挥发 huīfā	花费 huāfèi	化肥 huàféi	恢复 huīfù
发挥 fāhuī	防火 fánghuǒ	反悔 fǎnhuǐ	腐化 fǔhuà
库房 kùfáng	付款 fùkuǎn	方块 fāngkuài	

(2) 粤语里一个字是 f 声母、一个字是 h 声母的词语

合乎 héhū	合伙 héhuǒ	后悔 hòuhuǐ	化合 huàhé
悔恨 huǐhèn	火候 huǒhou	何苦 hékǔ	虎口 hǔkǒu
火坑 huǒkēng	晦气 huìqì	火气 huǒqì	化学 huàxué
诙谐 huīxié	藿香 huòxiāng	方向 fāngxiàng	放学 fàngxué
飞行 fēixíng	废墟 fèixū	房客 fángkè	防空 fángkōng
封口 fēngkǒu	副刊 fùkān	放弃 fàngqì	废气 fèiqì
风气 fēngqì			

(3) 粤语里两个字都是 h 声母的词语

| 烘烤 hōngkǎo | 河口 hékǒu | 毫克 háokè |
| 浩气 hàoqì | 航向 hángxiàng | 很咸 hěnxián |

(4) 粤语里一个字是 w 声母、一个字是 f 声母的词语

辉煌 huīhuáng　　花卉 huāhuì　　谎话 huǎnghuà　　昏黄 hūnhuáng
黄昏 huánghūn　　黄花 huánghuā　　汇款 huìkuǎn　　回访 huífǎng
汇费 huìfèi　　划分 huàfēn　　混纺 hùnfǎng　　繁华 fánhuá
凤凰 fènghuáng　　复活 fùhuó　　附和 fùhè

(5) 粤语里一个字是 w 声母、一个字是 h 声母的词语

后患 hòuhuàn　　喊话 hǎnhuà　　好话 hǎohuà　　皇后 huánghòu
护航 hùháng　　汇合 huìhé　　浑厚 húnhòu　　怀恨 huáihèn
户口 hùkǒu　　华夏 huáxià　　回乡 huíxiāng　　回响 huíxiǎng

(6) 粤语里两个字都是 w 声母的词语

互换 hùhuàn　　缓和 huǎnhé　　毁坏 huǐhuài　　互惠 hùhuì
横祸 hénghuò　　胡话 húhuà　　会话 huìhuà

4. 比较下面各对词的读音

呼吸 hūxī——复习 fùxí　　　　忽然 hūrán——夫人 fūrén
花展 huāzhǎn——发展 fāzhǎn　　化肥 huàféi——发挥 fāhuī
欢呼 huānhū——反复 fǎnfù　　恢复 huīfù——肺腑 fèifǔ
婚礼 hūnlǐ——分离 fēnlí　　　荒唐 huāngtáng——方糖 fāngtáng
火力 huǒlì——浮力 fúlì　　　货币 huòbì——复辟 fùbì
糊涂 hútu——浮图 fútú　　　护照 hùzhào——负疚 fùjiù
画报 huàbào——发报 fābào　　环境 huánjìng——房间 fángjiān
华语 huáyǔ——法语 fǎyǔ　　　划艇 huátǐng——法庭 fǎtíng
坏处 huàichu——废除 fèichú　　恍惚 huǎnghū——仿佛 fǎngfú
汇率 huìlǜ——费力 fèilì　　　回收 huíshōu——肥瘦 féishòu

5. 绕口令

(1) 红凤凰 HÓNG FÈNG HUÁNG

红凤凰，黄凤凰，粉红墙上画凤凰；凤凰飞，飞凤凰，红黄凤凰飞北方。

(2) 肥和灰 FÉI HÉ HUĪ

村头一堆肥，村里一堆灰；灰是肥，肥不是灰。不知灰比肥肥，还是肥比灰肥。

(3) 老傅和老扈 LǍO FÙ HÉ LǍO HÙ

傅家屯儿老扈会养虎，扈家庄老傅会养狐；老扈致富多养虎，老傅致富多养狐。养虎致富，养狐致富，老扈和老傅都成了富户。

二 句型操练 量词(名量词)

1. 基本句型

一块石头。
一大(小)把瓜子儿。
一大(小)块肥皂。
一平(满、大、小)勺面粉。
条条道路通罗马。
个个都是好样儿的。
桌上搁着一盘一盘的水果。
他穿过一条条马路来到医院。
她把题目一道一道(地)做完。

2. 常用词汇

块：肥皂、石头 kuài：féizào, shítou（旧：番枧、石）

件：毛衣、大衣 jiàn：máoyī, dàyī（件：冷衫、大楼）

勺：汤、面粉 sháo：tāng, miànfěn（壳：汤、面粉）

床(条)：被子、毯子 chuáng (tiáo)：bèizi, tǎnzi（张：被、毡）

个：商店、房间 gè：shāngdiàn, fángjiān（间：铺头、房）

根：头发、绳子 gēn：tóufa, shéngzi（条：头发、绳）

双：球鞋、手套儿 shuāng：qiúxié, shǒutàor（对：波鞋、手袜）

辆：公共汽车、自行车 liàng：gōnggòngqìchē, zìxíngchē（架：巴士、单车）

窝：耗子、蚂蚁 wō：hàozi, mǎyǐ（窦：老鼠、蚁）

挂(串)：葡萄、鞭炮 guà (chuàn)：pútao, biānpào（抽：菩提子、炮仗）

把：大米、瓜子儿 bǎ：dàmǐ,

guāzǐr（揸：米、瓜子儿）
盘：菜、烤鸭　pán: cài, kǎoyā（碟：馔：烧鸭）
颗：星星、珠子　kē: xīngxing, zhūzi（粒：星、珠仔）
棵：树、草　kē: shù, cǎo（禽：树、草）
道：痕迹、题目　dào: hénjì, tímù（条：痕、题）

所：学校、房子　suǒ: xuéxiào, fángzi（间：学校、屋）
家：银行、医院　jiā: yínháng, yīyuàn（间：银行、医院）
通 tōng
搁 gē（放、摆）
穿过 chuānguò（横过）
挪 nuó（搬；移）

3. 习惯用语

七手八脚 qīshǒu-bājiǎo

三句话不离本行 sān jù huà bù lí běnháng

丢三落四 diūsān-làsì（擸头撒尾）

歪七扭八 wāiqī-niǔbā

二百五 èrbǎiwǔ（十三点）

一颗老鼠屎，坏了一锅汤 yì kē lǎoshǔshǐ, huàile yì guō tāng

一把钥匙开一把锁 yì bǎ yàoshi kāi yì bǎ suǒ

人不能在一棵树上吊死 rén bù néng zài yì kē shùshang diàosǐ

4. 句型替换

(2)					。
	她掉 我丢 你买 他嗑 我盛	了一	大大 小 大 满 平	把 块 床 盘 勺	头发 肥皂 被子 瓜子儿 米

(3)					都		。
	我这儿 他那儿 你这儿 他们那儿 我们这儿		根根 窝窝 颗颗 盘盘 道道	绳子 蚂蚁 珠子 菜 题（目）	都	很长 很大 好看 好吃 好做

(4)		把		地	了。
	卫二叔 巫大哥 韦三姨 伍小姐 闻先生	把	菜 石头 肥皂 商店 电影儿	一盘一盘 一块一块 一块一块 一个一个 一场一场	吃 挪 用 逛 看

(5) 一			在	。
	辆辆 串串 棵棵 只只 盘盘 把把	自行车 鞭炮 树 蚂蚁 瓜子儿 椅子	在	楼下停着 竿子上挂着 路边长着 地上爬着 桌子上放着 院子里搁着

5. 短小课文

一串葡萄,一挂鞭炮;两所学校,两棵小草;
三把大米,三窝蚂蚁;四条毯子,四床被子;
五座房子,五窝耗子;六个电池;六把钥匙;
七盘烤鸭,七根头发;八个单位,八辆汽车;
九个光盘,九张唱片儿;十家医院,十个商店。
条条道道、挂挂把把、个个颗颗、窝窝所所,
一双一对、一架一辆、世界奇妙、包罗万象。

6. 词语注释

(1) 数词与量词间通常可以加上某些形容词,如"大"、"小"、"满"、"平"等,用来修饰或限定名词的范围和性状,如"一块面包"和"一大块面包",后者指明面包是"大"的,"一满勺水"指明水是"满"的,"一长条面包"则说面包是"长"的等。这种用法普通话和粤语都有。

(2) 量词也同样可以重叠,如"盘盘"、"一盘盘"、"一盘一盘"等,普通话与粤语都有这些重叠式。

7. 语言常识

量词表示事物的数量单位(名量词)或与动作有关的数量单位(动量词)。量词是汉语的特征之一,常用的量词有数百个。除了成语或某些特殊用法外,数词一般不直接与名词连用,如不说"一犁",中间需加量词"张"。一般情况下,不同名词有不同量词固定搭配使用,普通话与粤语都是这样。粤语里的量词与普通话不同的差不多有40%,如"一床被子"说成"一张被"、"一些人"说成"一啲人"、"一所学校"说成"一间学校"、"一颗星"说成"一粒星"等等。另外,粤语量词与名词的组合很自由,在句子中分布的范围很广,使用频率很高,如,"啲人客走咗喇"(那些客人都走了)、"件衫嘅色水几好"(这件衣服的颜色挺好的)、"将本书还翻畀佢"(把这本书还给他)、"仲未饮完杯茶"(那杯茶还没喝完)等。这几种情况,普通话

不能直接用"量＋名"来表示，仍得加上指示代词"这"、"那"或略去量词。

三　课文练习

1. 语音练习

（1）拼读下列音节

飞快 fēikuài　　　　　妇科 fùkē
父系 fùxì　　　　　　父兄 fùxiōng
发还 fāhuán　　　　　犯浑 fànhún
返回 fǎnhuí　　　　　防护 fánghù
回合 huíhé　　　　　和好 héhǎo
风化 fēnghuà　　　　发货 fāhuò
芳香 fāngxiāng　　　拂晓 fúxiǎo
废话 fèihuà　　　　　肺活量 fèihuóliàng
和风 héfēng　　　　　回复 huífù
祸害 huòhài　　　　　祸患 huòhuàn

（2）比较下列各对词的读音

花生 huāshēng—发生 fāshēng　　花园 huāyuán—法院 fǎyuàn
欢迎 huānyíng—反应 fǎnyìng　　化验 huàyàn—发言 fāyán
灰尘 huīchén—飞船 fēichuán　　昏迷 hūnmí—分明 fēnmíng
伙食 huǒshí—腐蚀 fǔshí　　　　护士 hùshi—复述 fùshù
负伤 fùshāng—互相 hùxiāng　　会同 huìtóng—沸腾 fèiténg
会话 huìhuà—废话 fèihuà　　　皇后 huánghòu—房后 fánghòu

2. 句型练习

替换练习

(1) 这是一<u>个</u><u>电池</u>,不是一<u>把</u><u>钥匙</u>。

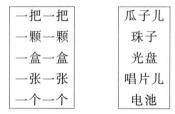

(2) 桌上搁着<u>一盘一盘</u>的<u>烤鸭</u>。

一把一把 一颗一颗 一盒一盒 一张一张 一个一个	瓜子儿 珠子 光盘 唱片儿 电池

四 听说欣赏

Shàngdì cìgěi wūyā yí kuài nǎilào. Wūyā gāogāo de xiēzài dàshù shang, tā yǐjīng zhǔnbèi kāishǐ yòng zǎocān le, nǎilào xiánzài zuǐli, hái yào zhuómó yíxiàr.

Búxìng shùxià pǎoguò yì zhī Húli. Húli wéndào nǎilào de xiāngwèir, tūrán tíngle xiàlai: Tā kànjiànle nǎilào, bèi nǎilào mízhù le.

Jiǎohuá de piànzi nièshǒu-nièjiǎo de zǒujìn dàshù, yáozhe wěiba, yì yǎn bù zhǎ de dīngzhe wūyā, chénzhù qì, nàyàng tiányánmìyǔ de shuō:

"Qīn'ài de, duō měi a! Bózi duō měi! Yǎnjing duō qiào! Duōme fēngmǎn de yǔmáo! Duōme língqiǎo de xiǎo zuǐ! Jiǎngqǐ huà lái jiù xiàng tónghuà yíyàng! Xiǎngbì yǒu tiānshēng wǎnzhuǎndòngrén de gēhóu! Chàng ba, qīn'ài de, bié hàixiū! Xiǎo mèimei, nǐ shì zhèyàng měilì, rúguǒ chànggē zài shì néngshǒu, nà nǐ zhēn gòudeshàng niǎo zhōng zhī wáng le!"

Wūyā bèi zànměi de piāopiāorán, gāoxìng de lián qì dōu tòu bú guòlái, tīngle húli de gōngwéi huà, jiù qíngbúzìjīn de zhāngkāi hóulóng dà jiào yì shēng. Nǎilào diàole xiàlai——jiǎohuá de piànzi dàizhe tā pǎo le.

Zài nà yáoyuǎn de dìfang, yǒu wèi hǎo gūniang; rénmen zǒuguòle tā de zhàngfáng dōu yào huítóu liúliàn de zhāngwàng.

Tā nà fěnhóng de xiào liǎn, hǎoxiàng hóng tàiyang; tā nà huópō dòngrén de yǎnjing hǎoxiàng wǎnshang míngmèi de yuèliang.

Wǒ yuàn pāoqì nà cáichǎn, gēn tā qù fàngyáng; měi tiān kànzhe tā fěnhóng de xiào liǎn hé nà měilì jīnbiān de yīshang.

　　Wǒ yuàn zuò yì zhī xiǎo yáng, gēnzài tā shēnpáng; wǒ yuàn tā názhe xìxì de píbiān, búduàn qīngqing dǎzài wǒ shēnshang.

第五课

一 正音专题 声母 j q x

j,q,x 是舌面音,即由舌面前部与硬腭构成阻塞而形成的音。

j 发音时,舌尖在下齿背后,舌面前部先向硬腭隆起,贴住硬腭,阻塞气流,然后下移,放出气流,爆破成音,声带不振动,如:"即将"(jíjiāng)、"酒精"(jiǔjīng)等。粤语"知"(ji¹)中的 j 与普通话"机"(jī)的 j 发音基本相同。

q 的发音方式和 j 相近,只是发 q 时,要让较强气流冲出阻塞,形成送气音,如"齐全"(qíquán)、"亲切"(qīnqiè)等。粤语"耻"(qi²)中的 q 与普通话"旗"(qí)的 q 发音基本相同。

x 是一个擦音,发音时舌尖在下齿背后,舌面前部向硬腭隆起,与硬腭之间形成一条窄缝,气流从窄缝中摩擦而出,如:"小心"(xiǎoxīn)、"新鲜"(xīnxiān)等。粤语"思"(xi¹)中的 x 与普通话"西"(xī)的 x 发音基本相同。

1. 字 例

j

| 即将 jíjiāng | 酒精 jiǔjīng | 寂静 jìjìng | 聚集 jùjí |
| 剪接 jiǎnjiē | 就近 jiùjìn | 经济 jīngjì | 基金 jījīn |

q

| 齐全 qíquán | 亲切 qīnqiè | 悄悄 qiāoqiāo | 秋千 qiūqiān |
| 情趣 qíngqù | 全球 quánqiú | 乔迁 qiáoqiān | 恰巧 qiàqiǎo |

X

细心 xìxīn　　　相信 xiāngxìn　　消息 xiāoxi　　新鲜 xīnxiān
星星 xīngxing　　小学 xiǎoxué　　下旬 xiàxún　　形象 xíngxiàng

2. 拼读下列读音

进取 jìnqǔ　　　技巧 jìqiǎo　　　健全 jiànquán　　接洽 jiēqià
进修 jìnxiū　　　精细 jīngxì　　　机械 jīxiè　　　　经销 jīngxiāo
情节 qíngjié　　　前进 qiánjìn　　抢救 qiǎngjiù　　请柬 qǐngjiǎn
取消 qǔxiāo　　　清晰 qīngxī　　　气象 qìxiàng　　　确信 quèxìn
小姐 xiǎojiě　　　先进 xiānjìn　　薪金 xīnjīn　　　修建 xiūjiàn
选取 xuǎnqǔ　　　限期 xiànqī　　　兴趣 xìngqù　　　需求 xūqiú
郊区 jiāoqū　　　见效 jiànxiào　　奇迹 qíjì　　　　倾斜 qīngxié
削减 xuējiǎn　　　辛勤 xīnqín　　　检修 jiǎnxiū　　　香蕉 xiāngjiāo

3. 特别对照操练

从上面的例词里我们已经发现，普通话声母读 j, q, x 的字和粤语声母读 ji(知), qi(雌), xi(思) 的字并不对等，粤语声母是 j, q, x 的字，虽然大部分在普通话里也相应地读 j, q, x 声母，但还可能读做其他声母，请注意：

(1) 粤语里读 j, z 声母的字, 在普通话里还读以下声母

知 zhī (ji¹)　···道　　　中 zhōng (zung¹)　···部　　周 zhōu (zeo¹)　···围
寺 sì (ji⁶)　···院　　　诵 sòng (zung⁶)　···读　　俗 sú (zug⁶)　···话
习 xí (zab⁶) 学···　　　席 xí (jig⁶)　···位　　　夕 xī (jig⁶)　···阳
谢 xiè (zé⁶) 感···　　　序 xù (zêu⁶)　···幕　　　袖 xiù (zeo⁶)　···子
续 xù (zug⁶) 继···　　　象 xiàng (zêng⁶) ···大　　雀 què (zêg³) ···麻

(2) 粤语里读 q,c 声母的字,在普通话里还读以下声母

车 chē（cé¹）…辆　　初 chū（co¹）…步　　穿 chuān（qun¹）…梭
似 sì（qi⁵）…乎　　　赛 sài（coi³）…跑　　速 sù（cug¹）…度
始 shǐ（qi²）…终　　 设 shè（qid³）…备　　柿 shì（qi²）…子
辑 jí（ceb¹）…编　　 缉 jí（ceb¹）…通　　 践 jiàn（qin⁵）…实
诊 zhěn（cen²）…断　柱 zhù（qu⁵）…子　　重 zhòng（cung⁵）…点
畜 xù（cug¹）…牧　　详 xiáng（cêng⁴）…细　纤 xiān（qim¹）…维
循 xún（cên⁴）…环　　斜 xié（cé⁴）…坡

(3) 粤语里读 x,s 声母的字,在普通话里还读以下声母

诗 shī（xi¹）…歌　　　书 shū（xu¹）…报　　　沙 shā（sa¹）…漠
成 chéng（xing⁴）…熟　常 cháng（sêng⁴）…务　船 chuán（xun⁴）…只
窃 qiè（xid³）…盗　　 倩 qiàn（xin⁶）…影　　岑 cén（sem⁴）…姓

除了 j,q,x 声母的字在普通话里读 j,q,x 声母外,粤语里还有其他声母的字在普通话里读 j,q,x 声母,请注意:

(1) 粤语里还有以下声母的字在普通话里读 j 声母

机 jī（géi¹）…关　　　　己 jǐ（géi²）自…　　　 监 jiān（gam¹）…督
兼 jiān（gim¹）…职　　　简 jiǎn（gan²）…单　　教 jiào（gao³）…育
基金 jījīn（géi¹ gem¹）　计较 jìjiào（gei³ gao³）　究竟 jiūjìng（geo³ ging²）
加急 jiājí（ga¹ geb¹）　 见解 jiànjiě（gin³ gai²）　经纪 jīngjì（ging¹ géi²）
炯 jiǒng（guing²）…炯　 掘 jué（gued⁶）…进　　　倔 juè（gued⁶）…强
级 jí（keb¹）…别　　　　揭 jiē（kid³）…晓　　　 决 jué（küd³）…定
给 jǐ（keb¹）…供…　　　距 jù（kêu⁵）…离　　　 拘 jū（kêu¹）…束
缉 jí（ceb¹）…通…　　　辑 jí（ceb¹）…编　　　 践 jiàn（qin⁵）…踏
侥 jiǎo（hiu¹）…幸　　　酵 jiào（hao¹）…发　　 菌 jūn（kuen²）…细
圾 jī（sab³）…垃　　　　纠 jiū（deo²）…正　　　舰 jiàn（lam⁶）…艇

（2）粤语里还有以下声母的字在普通话里读 q 声母

其 qí（kéi⁴）…他　　区 qū（kêu¹）…地…　　球 qiú（keo⁴）…环…
权 quán（kün⁴）…利　　强 qiáng（kêng⁴）…大　　穷 qióng（kung⁴）…困
气 qì（héi³）…力　　庆 qìng（hing³）…贺　　欠 qiàn（him³）…拖
去 qù（hêu³）…回…　　劝 quàn（hün³）…告　　圈 quān（hün¹）…圆…
钦 qīn（yem¹）…佩　　铅 qiān（yun⁴）…笔　　蚯 qiū（yeo¹）…蚓
杞 qǐ（géi²）…枸…　　迄 qì（ged¹）…收…　　撳 qìn（gem⁶）…门铃
窃 qiè（xid³）…盗…　　群 qún（kuen⁴）…体　　鹊 què（zêg³）…喜
屈 qū（wed¹）…服　　迄 qì（nged⁶）…今

（3）粤语里还有以下声母的字在普通话里读 x 声母

系 xì（hei⁶）…关…　　闲 xián（han⁴）…谈　　向 xiàng（hêng³）…方
虚 xū（hêu¹）…心　　学 xué（hog⁶）…习　　协 xié（hib³）…调
休 xiū（yeo¹）…息　　现 xiàn（yin⁶）…在　　形 xíng（ying⁴）…状
县 xiàn（yun²）…城　　嫌 xián（yim⁴）…弃　　弦 xián（yin⁴）…琴
贤 xián（yin⁴）…惠　　欣 xīn（yen¹）…喜　　旭 xù（yug¹）…日
膝 xī（sed¹）…盖　　寻 xún（cem⁴）…求　　旬 xún（cên⁴）…中
序 xù（zêu⁶）…列　　袖 xiù（zeo⁶）…子　　夕 xī（jig⁶）…阳
溪 xī（kei¹）…小…　　吸 xī（keb¹）…呼…　　熏 xūn（fen¹）…黑
勋 xūn（fen¹）…章　　训 xùn（fen³）…练　　淆 xiáo（ngao⁴）…混
携 xié（kuei⁴）…带　　朽 xiǔ（neo²）…木　　罅 xià（la³）…隙

4. 绕口令

XĪ QÍ ZHĒN XĪ QÍ
1. 稀奇真稀奇

xī qí xī qí zhēn xī qí　má què cǎi sǐ lǎo mǔ jī　mǎ yǐ shēn cháng
稀奇稀奇真稀奇，麻雀 踩死老母鸡，蚂蚁身　长

sān chǐ qī, lǎo hàn qī shí yá chǐ cái chū qí
三尺七,老汉七十牙齿才出齐。

2. 锡匠和漆匠

dōng bian lái le ge xī jiàng mài xī   xī bian lái le ge qī jiàng mài
东边来了个锡匠卖锡,西边来了个漆匠卖
qī   xī jiàng shuō qī jiàng ná le tā de xī   qī jiàng shuō xī jiàng ná le tā
漆,锡匠说漆匠拿了他的锡,漆匠说锡匠拿了他
de qī   dào bù zhī shì qī jiàng ná le xī jiàng de xī   hái shi xī jiàng ná le
的漆。倒不知是漆匠拿了锡匠的锡,还是锡匠拿了
qī jiàng de qī
漆匠的漆。

3. 鞋子和茄子

yí ge hái zi ná shuāng xié zi   kàn jiàn qié zi fàng xià xié zi   shí qǐ
一个孩子拿双鞋子,看见茄子放下鞋子,拾起
qié zi wàng le xié zi
茄子忘了鞋子。

二 句型操练 量词(动量词)

1. 基本句型

他去了(一)趟(回)医院。

雨下了一阵又一阵。

洗了个澡,她打了三个电话。

他只要走一遭,见一面,看一眼,然后聊它两句,事儿就可以定下来了。
他家顿顿吃米饭。
回回逛街都少不了她。
一场(一)场的球赛,把他累坏了。
她一趟一趟(地)给客人倒茶。

2. 常用句型

趟(遭) tàng(zāo)(匀,次)
次 cì
回 huí(匀;次)
下 xià
顿 dùn(餐)
阵 zhèn
场 chǎng
遍 biàn
番 fān(下;次)
眼 yǎn
口 kǒu(唥)
脚 jiǎo
面 miàn
拳 quán
找 zhǎo(揾)
看 kàn(睇)
吵架 chǎojià(闹交)
来 lái (嚟)
骂 mà (闹)
下雨 xiàyǔ(落雨)
哭 kū(喊)
温习 wēnxí(温;温习)
说 shuō(讲;话)

亲 qīn(锡)
歇脚 xiējiǎo(停低;歇)
歇手 xiēshǒu(停手;歇)
歇气 xiēqì(停低;停手;歇)
熬不住 áobuzhù(捱唔到)
踢 tī
见 jiàn
打(人) dǎ(啷;打)
心里 xīnli(心入便)
读 dú
名字 míngzi(名)
扑空 pūkōng(摸门钉)
碰上 pèngshang(撞到)
折腾 zhēteng(玩嘢;乱搞;捱)
甭 béng(唔好;唔使)
聊 liáo(倾;倾偈)
米饭 mǐfàn(饭)
客人 kèren(人客)
倒茶 dàochá(斟茶)
凉 liáng(凉;寒)
默默(地) mòmò(de)(静静哋)
宿舍楼 sùshèlóu
要么…要么… yàome…

yàome...（一係…一係…）
没门儿 méiménr（唔得；冇可能）
莫非 mòfēi（唔通）
缘分 yuánfèn

费劲儿 fèijìnr（难；冇咁易）
你倒是说呀 nǐ dàoshì shuō ya（你都係出声吖）

3. 习惯用语

一步错,步步错 yí bù cuò, bùbù cuò

有两下子 yǒu liǎng xiàzi（有啲料到）

剃头挑子一头热 tìtóu tiāozi yì tóu rè

躲得过初一,躲不过十五 duǒdeguò chūyī, duǒbuguò shíwǔ（避得过今日,避唔过听日）

宁吃鲜桃儿一口,不吃烂杏儿一筐 nìng chī xiān táor yì kǒu, bù chī làn xìngr yì kuāng

4. 句型替换

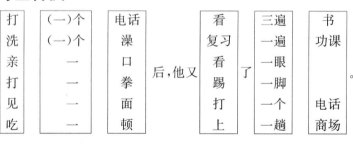

架	吵	一次又一次	吵得心都凉
电话	打	一个又一个	打得耳朵都疼
功课	复习	一遍又一遍	复习得滚瓜烂熟
他	去	一趟又一趟	去得人家都认得他
电影	看	一场又一场	看得眼睛都熬不住
饭	吃	一顿又一顿	吃得人都吃厌
茶	倒	一回又一回	倒得人家喝不下去

，了。

回来	去	次
歇脚	走	遭
停下	读	遍
歇手	折腾	番
午饭	聊	阵
歇气	哭	场
下课	温习	遍

后，他又 …… 了一 …… 。

5. 短小课文

都打了好几个电话了，心里在默默地、一遍遍地读着他的名字，还一趟一趟地往他宿舍楼跑；要么扑了个空，要么几次都碰上下雨，下了一阵又一阵，下得心都凉了。就这样儿来一回去一次地狠狠折腾了几番，这会儿甭说是想亲他一口，打他一拳，踢他一脚，骂他一顿，就是想见个面都没门儿！莫非跟他就是没缘分，要不干吗连见一面、看一眼都那么费劲儿呢？你倒是说呀！

6. 词语注释

(1) 因为动量词与动词配合使用，动词与量词之间常有"了"字表示动作行为的完成，如"吃了一顿"、"吵了一架"，粤语相应的助词是

"咗",如"食咗一餐"、"闹咗一交"等。

(2) 动量词前的"一"字,在许多情况下,普通话与粤语都可以省略,如"打(一)个电话"、"吃(一)顿饭",粤语说"打(一)个电话"、"食(一)餐饭";但普通话"亲她一口"、"骂他一顿"不可省略"一",粤语则可省,"锡啖佢"、"闹餐佢"。

(3) 动量词的重叠式粤语与普通话基本格式一致。

(4) 粤语里有不少词的词序跟普通话的正好相反,但意义基本不变,如"客人—人客"、"干菜—菜干"、"喜欢—欢喜"、"公鸡—鸡公"等。

(5) "打个电话"、"洗个澡"中的"个"是个动量词,相当于"次"、"回"、"趟"等,就是"打次电话"、"洗次澡"之意。

(6) "折腾了几番":番、回、次、趟,不光书面语如"三番五次"、"轮番进攻"等常用,口语里也常用,但使用场合相对固定,带有较费力,较费周折的意思。

7. 语言常识

表示动作或变化次数的单位量词叫动量词,动量词也分专用动量词(如"跑了三趟"、"来一次")和借用动量词(如"砍了一刀"、"踢了一脚",借用工具或人体四肢器官的名词等)。动量词的数目不多,但普通话与粤语的动量词(主要是专用动量词)仍有不少差别,如"去一趟"粤语说"去一匀"、"吃一顿"说成"食一餐"、"亲一口"说成"锡一啖"等等。与名量词一样,不同的动词也与不同的动量词固定搭配。

三 课文练习

1. 语音练习

拼读下列音节

姐姐 jiějie　　　见见 jiànjian　　　加加减减 jiājiājiǎnjiǎn
亲亲 qīnqin　　　瞧瞧 qiáoqiao　　　轻轻巧巧 qīngqīngqiǎoqiǎo

谢谢 xièxie　　　星星 xīngxing

权限 quánxiàn　　精确 jīngquè　　检修 jiǎnxiū　　价钱 jiàqián
象棋 xiàngqí　　 心情 xīnqíng　　需求 xūqiú　　　新兴 xīnxīng
气息 qìxī　　　　举行 jǔxíng　　　技巧 jìqiǎo　　　近期 jìnqī
相交 xiāngjiāo　　减轻 jiǎnqīng　　欠缺 qiànquē　　信心 xìnxīn

2. 句型练习

替换练习

(1) 她又折腾了一番。

她	大哭	场
二叔	大吃	顿
三弟	小睡	下
妈妈	大闹	回

(2) 回回看电影儿都少不了他。

回回	吵架
场场	打球
次次	开会
回回	去商场
顿顿	吃饭

四 听说欣赏

[pángbái] Rǎn Āràng hòulái yòu táoguò liǎng cì, dāng zì yóu zhōngyú láidào de shíhou, tā yǐjīng fúle shíjiǔ nián de kǔyì.

Zhǔjiào: Jìnlai!
Rǎn Āràng: Wǎnshang hǎo! Rénjia ràng wǒ lái qiāo nín de mén, néng gěi diǎnr tāng hē, gěi ge dìfang shuì ma?
Zhǔ: Xíng, xíng, jìnlai ba!
Rǎn: Wǒ jiào Rǎn Āràng, cóng kǔyìchǎng lái. Shì, tàitai, cóng kǔyìchǎng lái.
Zhǔ: Kuài guòlai ba!
Rǎn: Wǒ cóng Tǔlún dào zhèr, yílù zǒule sān tiān le, lèijí le.
Zhǔ: Bǎ nín de dōngxi gěi wǒ, Mǎgǔlā tàitai néng gěi nín zhǔnbèi fàn. Wǒmen mǎshang chīfàn, fàn chīwán le, chuáng yě gěi nín pūhǎo le, lái.
Rǎn: Wǒ fù nín qián, wǒ yǒu qián.
Zhǔ: Wǒ bú shì lǎobǎn, qián nín liúzhe, yǐhòu nín hái yòngdezháo de.
Rǎn: Nín dàgài shì zhèr de shénfù ba?

第五课

Zhǔ: Duì nín méiyǒu kě yǐnmán de. Wǒ mèimei Bājīsīdīng xiǎojiě, guǎnjiā Mǎgǔlā tàitai. Gěi zhè wèi xiānsheng bān bǎ yǐzi.
Bājīsīdīng: È!
Zhǔ: Ràng tā qù, Mǎgǔlā tàitai.
Mǎ: Ǒ, zhēn kěwù!
Zhǔ: Méi shénme guānxi. Zuìhǎo yòng yín cānjù, jīntiān yǒu kèren…Qǐng zuò ba!
[pángbái] Yínqì, zhèxiē tāngsháo hé dāochā duōme zhíqián ya! Rǎn Ārang kǒudài li zhuāngzhe yìbǎi líng jiǔ ge Fǎláng, shì shíjiǔ nián kǔyì de bàochóu…Mǐlì'āi zhǔjiào xǐhuan huār. Tā cháng shuō měi xiàng yǒuyòng de dōngxi yíyàng, yěxǔ gèng yǒuyòng. Yí ge rén yǔshìwúzhēng, jiùshì tā rènshi dào, zài zhè ge bǎ gèrén xìngfú jiànzhù zài xǔduō rén tòngkǔ shàng de shìjiè li, yǒuyòng de dōngxi wǎngwǎng shì chǒu'è de. Zhè wèi zhǔjiào zài tā tóngháng de yǎnli, jiù xiàng ge mòshēngrén.
Mǎ: Zhǔjiào dàren! Zhǔjiào dàren! Zhuāng yínqì de lánzi zuótiān wǎnshang wǒ bǎ tā gēzài guìzi li de, tā xiànzài méiyǒu le, bù zhī nǎr qù le.
Zhǔ: Zhè bú shì ma?
Mǎ: Kě lánzi shì kōngde, yínqì dāochā tāngsháo, bù zhī nǎr qù le!
Zhǔ: Zhè wǒ bù zhīdào.
Mǎ: Zhǔn shì zuótiān wǎnshang nà ge rén, nà ge qiúfàn.
Bā: Tā yǐjīng bú zài wūli le. Gāngcái wǒ sòng niúnǎi qù chuángshang méi rén!
Mǎ: Xìngkuī làtái zài wǒ wūli, xiètiān-xièdì.
Shìbīng jiǎ: Zǒu! Kuài diǎnr zǒu! Kuài zǒu! Zhǔjiào dàren, kàn tā kǒudài li zhuāng de shì shénme. Wǒmen bǎ tā jiàozhù, jiǎnchá tā de zhèngjiàn, chāo tā de shēn, fāxiànle zhèxiē dōngxi. Wǒmen zhīdào, tā zài nín zhèr zhùguo, ē, tiān na, ē, wǒmen bǎ tā kòuzhù le.

Zhǔ：Tā shuō shénme le… méi yǒu?

Shìbīng yǐ：Méi shuō.

Zhǔ：Nín zěnme bù shuō shì wǒ sònggěi nín de? Nín hái bǎ làtái wàng le. Wǒ bǎ làtái yě sònggěi nín le, gànmá bù názǒu? Mǎgǔlā tàitai, qù bǎ làtái nálai gěi tā. Kuài diǎnr! Qù!

Shìbīng jiǎ：Nín shì zhēnde sònggěi tā de ma?

Zhǔ：Dāngrán la!

Shìbīngjiǎ：Nàme wǒmen bǎ tā fàng le?

Zhǔ：Dāngrán, bǎ dōngxi huángěi tā.

Shìbīng jiǎ：Zūnmìng, zhǔjiào dàren!

Ràng：Zěnme? Tā shì zhǔjiào, bú shì shénfù ma?

Shìbīng yǐ：Bú shì, shì zhèr de zhǔjiào. Názhe!

Zhǔ：Xièxie, Mǎgǔlā tàitai. Nǐmen shìbushì qù hē bēi jiǔ?

Shìbīng yǐ：Èi, wǒmen bù tuīcí, zhǔjiào dàren.

Zhǔ：Nǐ xiān dài tāmen qù.

Mǎ：Hǎo, lái ba.

Zhǔ：Wǒ jiù lái, xièxie.

[pángbái] Rǎn Āràng zhěngtiān piāobó liúlàng, tā nǎohǎi li sīcháo fāngǔn. Liúzài tā jìyì li de shì bèi rén qíshì, qīpiàn, rǔmà. Tā wèi nàxiē ái'è de háizi qù tōu miànbāo, jiéguǒ bèi bǎoshízhōngrì de fǎguān dàishàngle liàokào. Kǔyìchǎng zhǔjiào de qídǎo dàilái de shì bēicǎn, ér xiànzài chūxiànle zhèyàng yí ge yǐdébàoyuàn de rén, zài rén xiàng láng yíyàng shēnghuó de shìjiè li, zuò ge shànliáng de rén yǒu shénme yìyì? Yìxiē rén xiǎng fācái, lìng yìxiē rén jiù děi zìwèi, yīnggāi zěnme qù shēnghuó, yīnggāi zěnme qù shēnghuó?

第六课

一　正音专题　声母 zh ch sh r

zh, ch, sh, r 语音学上称为舌尖后音,通常也称之为翘舌音,指舌尖向硬腭翘起,构成阻塞而发出的音。

发 zh 音时,舌尖先向上顶住硬腭前部,阻塞气流,然后让气流轻轻地冲出阻塞而成音,声带不颤动,如"纸张(zhǐzhāng)"、"正中(zhèngzhōng)"等。

ch 的发音方式与 zh 相近,只是 ch 发音时,要让较强烈的气流冲出阻塞,形成送气音,如"出差(chūchāi)"、"长城(chángchéng)"等。

sh 是一个清擦音,它的发音部位与 zh, ch 一样,但是 sh 发音时,舌尖与硬腭之间不构成阻塞,而是形成一条窄缝,让气流从窄缝中摩擦而出,发音时声带不颤动,如"山水(shānshuǐ)"、"时事(shíshì)"等。

r 是一个浊擦音,它的发音部位与 zh, ch, sh 相同。发音方法与 sh 一样,只是摩擦较 sh 轻,而且声带颤动,如"人人(rénrén)"、"仍然(réngrán)"等。

粤语里没有翘舌音,所以很多说粤语的人说普通话时常用粤语里的 j(z), q(c), x(s)代替普通话的 zh, ch, sh,如把"涨价"误读成"降价",把"吃鸭"误读成"欺压",把"师傅"误叫做"西服"等。说粤语的人在说普通话的时候一定要注意翘舌声母的发音,不要犯这样的错误。

1. 字　例

zh

真正 zhēnzhèng　　主张 zhǔzhāng　　住址 zhùzhǐ　　执照 zhízhào
周折 zhōuzhé　　装置 zhuāngzhì　　中止 zhōngzhǐ　　着重 zhuózhòng

ch
出厂 chūchǎng　　橱窗 chúchuāng　　车床 chēchuáng　　超产 chāochǎn
长城 chángchéng　　惩处 chéngchǔ　　出丑 chūchǒu　　拆除 chāichú

sh
山水 shānshuǐ　　上升 shàngshēng　　生疏 shēngshū　　事实 shìshí
少数 shǎoshù　　手术 shǒushù　　收拾 shōushi　　舒适 shūshì

r
容忍 róngrěn　　忍让 rěnràng　　柔软 róuruǎn　　软弱 ruǎnruò
仍然 réngrán　　闰日 rùnrì　　荣辱 róngrǔ　　如若 rúruò

2. 拼读下列读音

章程 zhāngchéng　　照常 zhàocháng　　真诚 zhēnchéng
支持 zhīchí　　知识 zhīshi　　准时 zhǔnshí
重视 zhòngshì　　展示 zhǎnshì　　收支 shōuzhī
甚至 shènzhì　　始终 shǐzhōng　　设置 shèzhì
商场 shāngchǎng　　输出 shūchū　　时常 shícháng
擅长 shàncháng　　传真 chuánzhēn　　城镇 chéngzhèn
厂长 chǎngzhǎng　　产值 chǎnzhí　　产生 chǎnshēng
尝试 chángshì　　成熟 chéngshú　　承受 chéngshòu
人质 rénzhì　　任职 rènzhí　　热潮 rècháo
日程 rìchéng　　燃烧 ránshāo　　入手 rùshǒu
主人 zhǔrén　　转让 zhuǎnràng　　承认 chéngrèn
传染 chuánrǎn　　湿润 shīrùn　　衰弱 shuāiruò

3. 特别对照操练

(1) 粤语中的 j(z) 声母字在普通话中除一部分读 j 声母外,还有一部分读 zh 声母,此外,粤语里的 q(c), x(s), d 声母在普通话中也有读为 zh 声母的

扎 zhā（zad³）…实	摘 zhāi（zag⁶）…除	展 zhǎn（jin²）…出
章 zhāng（zêng¹）…程	招 zhāo（jiu¹）…标	这 zhè（zé⁵）…里
真 zhēn（zen¹）…实	征 zhēng（jing¹）…收	指 zhǐ（ji²）…示
植 zhí（jig⁶）…物	制 zhì（zei³）…度	中 zhōng（zung¹）…国
主 zhǔ（ju²）…张	祝 zhù（zug¹）…福	注 zhù（ju³）…册
抓 zhuā（za¹）…紧	专 zhuān（jun¹）…门	准 zhǔn（zên²）…确
卓 zhuō（cêd³）…绝	诊 zhěn（cen²）…断	柱 zhù（qu⁵）…子
衷 zhōng（cung¹）…心	贮 zhù（qu⁵）…存	昭 zhāo（qiu¹）…雪
兆 zhào（xiu⁶）吉…	篆 zhuàn（xun⁶）…书	肇 zhào（xiu⁶）…事
琢 zhuó（dêg³）…磨	秩 zhì（did⁶）…序	甄 zhēn（yen¹）…别

(2) 粤语里的 q(c) 声母字在普通话中除了一部分读 q 声母外,还有一部分读 ch 声母,粤语里的 x(s) 声母和 j(z) 声母字在普通话里也有读为 ch 声母的

插 chā（cab³）…座	叉 chā（ca¹）…子	茶 chá（ca⁴）…叶
查 chá（ca⁴）…账	差 chā（ca¹）…别	抄 chāo（cao¹）…写
沉 chén（cem⁴）…重	衬 chèn（cen³）…衫	称 chēng（qing¹）…号
呈 chéng（qing⁴）…报	迟 chí（qi⁴）…到	翅 chì（qi³）…膀
充 chōng（cung¹）…分	抽 chōu（ceo¹）…空	初 chū（co¹）…步
成 chéng（xing⁴）…绩	城 chéng（xing⁴）…市	乘 chéng（xing⁴）…车
常 cháng（sêng⁴）…识	尝 cháng（sêng⁴）…试	承 chéng（xing⁴）…受
崇 chóng（sung⁴）…尚	船 chuán（xun⁴）…只	愁 chóu（seo⁴）…容
垂 chuí（sêu⁴）…直	纯 chún（sên⁴）…洁	晨 chén（sen⁴）…光
禅 chán（xim⁴）…师	刹 chà（sad³）…那	吃 chī（hég³）…喝
触 chù（zug¹）…电	嘲 cháo（zao¹）…笑	颤 chàn（jin³）…抖

(3) 粤语里的 x(s) 声母字在普通话中除了一部分读 x 声母外,还有一部分读为 sh 声母,粤语的 q(c) 和 j(z) 声母字在普通话里也有读成 sh 声母的

睡 shuì（sêu⁶）…觉　　顺 shùn（sên⁶）…序　　说 shuō（xud³）…明
申 shēn（sen¹）…请　　身 shēn（sen¹）…体　　深 shēn（sem¹）…入
声 shēng（xing¹）…势　　石 shí（ség⁶）…柱　　食 shí（xig⁶）…品
式 shì（xig¹）…样　　世 shì（sei³）…界　　使 shǐ（xi³）…馆
设 shè（qid³）…计　　始 shǐ（qi²）…终　　束 shù（cug¹）…结…
奢 shē（cé¹）…侈　　刷 shuā（cad³）…洗…　　杉 shān（cam³）…树
恃 shì（qi⁵）…才　　剩 shèng（jing⁶）…下　　厦 shà（ha⁶）…大

(4) 粤语里 j(z) 声母的字,在普通话中除了相当一部分读为 x(s) 声母外,还有相当一部分读为 r 声母的,而粤语里一些 n 声母以及其他声母的字在普通话里也读做 r 声母

人 rén（yen⁶）…士　　热 rè（yid⁶）…情　　饶 ráo（yiu⁶）…富…
壤 rǎng（yêng⁴）…土…　肉 ròu（yug⁶）…类…　染 rǎn（yim⁵）…料
韧 rèn（yen⁶）…性　　瓤 ráng（nong⁴）瓜…　柔 róu（yeo⁴）和
荣 róng（wing⁴）…幸　　嵘 róng（wing⁴）峥…　瑞 ruì（sêu⁶）…士

4. 绕口令

(1) 石狮子和涩柿子

　　shù shang jiē le sì shí sì ge sè shì zi　shù xia dūn zhe sì shí sì zhī shí shī
树　上　结了四十四个涩柿子,树下　蹲着四十四只石狮
zi　　shù xia sì shí sì zhī shí shī zi　　yào chī shù shang sì shí sì ge sè shì zi
子。树下四十四只石狮子,要吃树上　四十四个涩柿子。
shù shang sì shí sì ge sè shì zi　sè sǐ le shù xia sì shí sì zhī shí shī zi
树　上　四十四个涩柿子,涩死了树下四十四只石狮子。

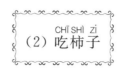

<small>sī zhāng zì zhǐ bāo shì zi　bāo bāo shì zi gěi zhí zi　zhí zi chī le hóng</small>
撕 张 字纸包柿子，包包柿子给侄子，侄子吃了红
<small>shì zi　rēng le bāo shì zi de zì zhǐ</small>
柿子，扔了包柿子的字纸。

二　句型操练　时间、方位词

1. 基本句型

她今儿没上班，她明儿不值班。
他夜里干活儿白天睡大觉。
她是上星期才知道的。
钥匙不是在桌子上头就是在抽屉里头。
理发店在东边还是在西边我不太清楚。
他们晚上都到公园里头走一回。
他走在前头，她跟在后头。
他们一前一后地走着，两个孩子一左一右地跟着他们。
他们对公园的里里外外、前前后后都很清楚。

2. 常用句型

古时候 gǔ shíhou（旧时；旧阵时）
现在（眼下）xiànzài（yǎnxià）（而家）
以前 yǐqián（旧时；旧阵时）

以后 yǐhòu
今天（今儿）jīntiān（jīnr）（今日）
明天（明儿）míngtiān（míngr）（听日）

昨天（昨儿）zuótiān（zuór）（琴日；寻日）
前天 qiántiān（前日）
后天 hòutiān（后日）
大前天 dàqiántiān（大前日）
大后天 dàhòutiān（大后日）
白天 báitiān（日头）
晚上 wǎnshang（夜晚）
夜里 yèli（夜晚黑）
清早 qīngzǎo（朝头早）
上午 shàngwǔ（上昼）
中午 zhōngwǔ（晏昼）
下午 xiàwǔ（下昼）
傍晚 bàngwǎn（挨晚）
左边 zuǒbian（左手便）
右边 yòubian（右手便）
里 lǐ（人便；埋便）
外 wài（出便；开便）
中（间）zhōng(jiān)
旁（边）páng(biān)（侧便；侧边）
内外 nèiwài
前后 qiánhòu
上星期 shàngxīngqī
下半年 xiàbànnián

三天前 sān tiān qián（三日前）
十年后 shí nián hòu
东头（边儿）dōngtou（bianr）（东便）
前头（边儿）qiántou（bianr）（前便）
上头（边儿）shàngtou（bianr）（上便；上高）
地上 dìshang（地下）
抽屉 chōuti（柜筒）
阳光 yángguāng
空气 kōngqì
打 dǎ（由）
世界 shìjiè
歇息 xiēxī（歇；休息）
放假 fàngjià
夫妻 fūqī
父子 fùzǐ
母女 mǔnǚ
兄弟 xiōngdì
尉迟 Yùchí
尉 Wèi
翁 Wēng
甄 Zhēn

3. 习惯用语

东歪西倒 dōngwāi-xīdǎo
东拉西扯 dōnglā-xīchě（指冬瓜话葫芦）
上有老下有小 shàngyǒulǎoxiàyǒuxiǎo
前怕狼后怕虎 qiánpàlánghòupàhǔ
左邻右舍 zuǒlín-yòushè（隔篱邻舍）
一碗不响,两碗叮当 yì wǎn bù xiǎng, liǎng wǎn dīngdāng
过了这个村儿,可没这个店儿 guòle zhèi ge cūnr, kě méi zhèi ge diànr

4. 句型替换

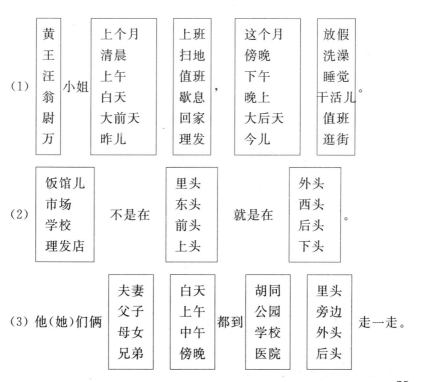

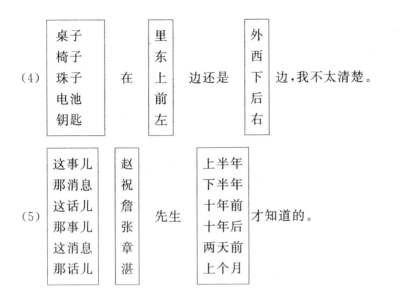

5. 短小课文

古时候到现在,以前到以后,一天里有早上、上午、中午、下午、傍晚、晚上;明儿是今儿的后一天,昨儿是今儿的前一天,后天是明儿的后一天,前天是昨儿的前一天;上星期这样,下半年也这样;十年前这样,十年后还这样。太阳从东头出来,打西边下去,阳光从屋前头照到屋后头,前前后后都照遍了。空气白天有,夜里也有,地上有,抽屉里有,左边有,右边有,旁边有,中间也有,里里外外都有,世界就这样儿了。

6. 词语注释

(1) 今儿、明儿:是口语词,也常说成"今儿个","明儿个",还有"昨儿"和"昨儿个"等。

(2) 晚上:指太阳落了以后至深夜以前的时间,也泛指夜里。"夜里"指天黑到第二天天亮的一段时间。相应粤语是"夜晚"和"晚头黑"。

(3) 前头、后头……:也可说成"前边"、"后边","边"读轻声;更口语化的形式还加儿化,如"前边儿"、"后边儿"等。

(4)"年"的表达法与"天"一致,都在前头加"今"、"明"等等;但"月"、"星期"就不同了,主要是加"这个"、"下个"等,如"这个月"、"下个星期"。

7. 语言常识

在名词中表示方位、时间、处所的词,语法功能与一般名词有所不同。方位词是表示方向和相对位置关系的名称,如"东南"、"左右"、"前边"、"后边"等;时间词是表示时间的名词或短语,如"下午"、"明年"、"两分钟"等;处所词是表示处所的名词或短语,如"中国"、"学校"、"这里"、"桥下"等。普通话与粤语都有大量这类的词,但词形与表达方式有不少差异,特别是时间词差别最大。如"年初"、"年底",粤语说成"年头"、"年尾","五分钟"说成"一个字","十五分钟"说成"一个骨","白天"说成"日头","清早"说成"朝头早"等等。方位与处所词也有些差异,如"左边"、"右边"各说成"左手便"、"右手便"等。较书面语化的词用法大致一样,如"中秋节"、"星期五"、"十年之内"等。

三 课文练习

1. 语音练习

拼读下列音节

整整 zhěngzhěng

正正中中 zhèngzhèngzhōngzhōng

重重 chóngchóng

潺潺 chánchán

时时 shíshí

嚷嚷 rāngrang

柔柔弱弱 róuróuruòruò

种种 zhǒngzhǒng

常常 chángcháng

处处 chùchù

叔叔 shūshu

人人 rénrén

长处 chángchù

正常 zhèngcháng

真实 zhēnshí　　　　上涨 shàngzhǎng　　　市场 shìchǎng
成长 chéngzhǎng　　　常识 chángshí　　　　厂商 chǎngshāng
伸展 shēnzhǎn　　　　传授 chuánshòu　　　船只 chuánzhī
手指 shǒuzhǐ　　　　　认真 rènzhēn　　　　日常 rìcháng
人手 rénshǒu　　　　　商人 shāngrén　　　　上任 shàngrèn
柔弱 róuruò　　　　　 输出 shūchū　　　　　出入 chūrù
出入证 chūrùzhèng　　说明书 shuōmíngshū
出版社 chūbǎnshè　　　插入语 chārùyǔ
肇事者 zhàoshìzhě　　　中山装 zhōngshānzhuāng

2. 句型练习

替换练习

(1) <u>欧阳</u><u>上个月</u>没回家。

东郭	昨儿
端木	今儿
公孙	上星期
皇甫	大前天
尉迟	前两天

(2) <u>方</u>先生在<u>东边</u>，<u>元</u>小姐在<u>西边</u>。

咸	左边	旦	右边
温	上边	韩	下边
皮	下边	毛	上边
王	里边	寇	外边
甄	前边	贾	后边

(3)雷先生里里外外都清楚。

| 夏秋阴阳云 | 上上下下
前前后后
左左右右
里里外外
头头尾尾 |

四　听说欣赏

电视解说词片断

GĀOSHĀN XĪNGXING

高　山　猩　猩

　　Wēilǔjiā huǒshānqún wèiyú bǎojīngyōuhuàn de Fēizhōu dàlù de xīnzàng dìdài, hǎibá sìqiān wǔbǎi mǐ. Zài xībian de huódòng huǒshānqún zhōng, yǒu yí zuò gāosǒngrùyún de shānfēng, jiào Níkǎnlú Fēng. Zhèli yuánlái fùgàizhe màomì de sēnlín, dànshì zài guòqù de jǐqiān nián li, sēnlín de miànjī yǐjīng suōxiǎo. Zài rénjìhǎnzhì de huǒshān shang jūzhùzhe yì qún shìjiè shang xīyǒu de dàxíng bīnwēi bǔrǔ dòngwù——Gāoshān Xīngxing. Tāmen cóng gāogāo de huǒshān shang fǔshìzhe xiàmian shāngǔ li de dòngjing.

　　Huǒshān shang yì tóu èrshí'èr suì, bèibù zhǎngzhe yí piàn

báimáo, míng jiào Ēndēnggǔcí de xīngxing jìchéng tā de fùqin de wèizhi, chéngle běn jiāzú de lǐngtóu xīngxing.

Ēndēnggǔcí bèishang zhǎngzhe yí piàn xǐngmù de báimáo, zhè shì xīngxing chéngshú de biāozhì. Zài zhè yì qún xīngxing li, qítā de xīngxing quánshēn de máo dōu shì hēisè de.

Ēndēnggǔcí de tóudǐng shang lóngqǐle yí ge gǔbāo, tā de ébù qiángyǒulì de jīròuqún jiù liánzài zhè ge gǔbāo shang.

Xīngxing yì tiān yào yòng sān fēnzhī yī de shíjiān mìshí, yí ge chéngnián xióng xīngxing yì tiān yào chī dàyuē shíbā gōngjīn zhíwùxìng shíwù. Tāmen zài línzi li chī wǔshí duō zhǒng bù tóng de zhíwù. Búguò, xiàng zhè zhǒng yánzhuàngjùn rén ǒu'ěr yě huì chī.

第七课

一 正音专题 声母 z c s

z,c,s 是舌尖前音,即由舌尖前端与上齿背构成阻塞而形成的音。

z 发音时,舌尖先顶住上齿背,阻塞气流,然后让气流冲出阻塞,摩擦而出而成音,如"自在(zìzài)"、"祖宗(zǔzong)"等。请注意普通话 z 声母和粤语里"资(zī)"字的声母不同,发普通话的 z 时,舌尖在上齿背上,而发粤语的 z 声母时,舌尖在上齿龈上。

c 的发音方式与 z 相近,只是 c 发音时,要让较强烈的气流冲出阻塞,形成送气音,如"从此(cóngcǐ)"、"草丛(cǎocóng)"等。同样,普通话 c 声母与粤语里"雌(cí)"字的声母不同,发普通话的 c 时,舌尖在上齿背上,而发粤语的 c 声母时,舌尖在上齿龈上。

s 是一个擦音,它的发音部位与 z 和 c 相同,但 s 发音时,舌尖与上齿背之间形成一条窄缝,气流从窄缝中摩擦而出,如"思索(sīsuǒ)"、"琐碎(suǒsuì)"等。同样要注意普通话的这个 s 声母和粤语里"思(sī)"字的声母不同,发普通话的 s 时,舌尖在上齿背上,而发粤语的 s 声母时,舌尖在上齿龈上。

1. 字 例

z

| 在座 zàizuò | 再造 zàizào | 自尊 zìzūn | 宗族 zōngzú |
| 做作 zuòzuo | 总则 zǒngzé | 遭罪 zāozuì | 脏字 zāngzì |

c

猜测 cāicè	草丛 cǎocóng	层次 céngcì	从此 cóngcǐ
粗糙 cūcāo	残存 cáncún	催促 cuīcù	措辞 cuòcí

s

思索 sīsuǒ	搜索 sōusuǒ	诉讼 sùsòng	洒扫 sǎsǎo
色素 sèsù	僧俗 sēngsú	四散 sìsàn	琐碎 suǒsuì

2. 拼读下列读音

早操 zǎocāo	紫菜 zǐcài	总裁 zǒngcái	座次 zuòcì
再三 zàisān	赠送 zèngsòng	子孙 zǐsūn	总算 zǒngsuàn
走私 zǒusī	操纵 cāozòng	参赞 cānzàn	册子 cèzi
错综 cuòzōng	彩色 cǎisè	厕所 cèsuǒ	蚕丝 cánsī
从速 cóngsù	嫂子 sǎozi	塑造 sùzào	孙子 sūnzi
塞子 sāizi	色泽 sèzé	思忖 sīcǔn	酥脆 sūcuì
颂词 sòngcí	酸菜 suāncài	随从 suícóng	素材 sùcái

3. 特别对照操练

(1) 粤语里的 j(z) 声母字在普通话里除了读 j, q, x 和 zh, ch, sh 声母外，还有相当一部分读做 z 声母，一小部分读做 s 声母

杂 zá（zab⁶）…交	资 zī（ji¹）…本	最 zuì（zêu³）…大
左 zuǒ（zo²）…边	钻 zuàn（jun³）…井	嘴 zuǐ（zêu²）…巴
租 zū（zou¹）…借	增 zēng（zeng¹）…加	怎 zěn（zem²）…样
灾 zāi（zoi¹）…害	责 zé（zag³）…任	暂 zàn（zam⁶）…时
颂 sòng（zung⁶）…扬	俗 sú（zug⁶）…话	诵 sòng（zung⁶）…读
僧 sēng（zeng¹）…侣	饲 sì（ji⁶）…料	寺 sì（ji⁶）…院

(2) 粤语里的 q(c) 声母字在普通话里除了读 j,q,x 和 zh,ch,sh 声母以外,还有相当一部分读做 c 声母,一小部分读做 z 或者 s 声母

裁 cái (coi⁴)…判　　　财 cái (coi⁴)…富　　　藏 cáng (cong⁴)…书
曾 céng (ceng⁴)…经　　磁 cí (qi⁴)…盘　　　　刺 cì (qi³)…激
聪 cōng (cung¹)…明　　醋 cù (cou³)…酸　　　寸 cùn (qun³)…尺
噪 zào (cou³)…声　　　燥 zào (cou³)…干…　　澡 zǎo (cou³)…洗
撮 cuō (qud³)…合　　　贼 zéi (cag⁶)抓…　　凑 còu (ceo³)…合
赛 sài (coi³)…跑　　　松 sōng (cung⁴)…树　　速 sù (cug¹)…度
随 suí (cêu⁴) 跟…　　似 sì (qi⁵)…乎　　　　隋 suí (cêu⁴)…朝

(3) 粤语里的 x(s) 声母字在普通话里除了读 q,x 和 ch,sh 声母以外,还有相当一部分读 s 声母,一小部分读 q 声母或者 c 声母

四 sì (sei³)…川　　　缩 suō (sug¹)…小　　　损 sǔn (xun²)…失
虽 suī (sêu¹)…然　　宿 sù (sug¹)…舍　　　送 sòng (sung³)…行
死 sǐ (sei²)…伤　　司 sī (xi¹)…机　　　　撕 sī (xi¹)…破
散 sàn (san³)…布　　伞 sǎn (san³) 雨…　　塑 sù (sog³)…料
篡 cuàn (san³)…改　　粹 cuì (sêu⁶) 纯…　　伺 cì (xi⁶)…候

粤语里不同的声母在普通话里读 z,c,s 声母:

(1) 粤语里很多 j(z) 声母的字和部分 q(c) 声母的字在普通话里读 z 声母

在 zài (zoi⁶)…此　　　早 zǎo (zou²)…上　　走 zǒu (zeo²)…路
则 zé (zeg¹) 否…　　　增 zēng (zeng¹)…加　嘴 zuǐ (zêu²)…巴
噪 zào (cou³)…音　　　嘬 zuō(qud⁵)…奶　　贼 zéi(cag⁶) 盗…

(2) 粤语里很多 q(c) 声母的字和部分 x(c) 声母的字在普通话里读 c 声母

猜 cāi (cai¹)…测　　　草 cǎo(cou²)…案　　词 cí(qi⁴)…句
从 cóng (cung⁴)…事　　层 céng(ceng⁴) 下…　寸 cùn(qun³) 尺
粹 cuì (sêu⁶) 国…　　刺 cì (qi³)…激

(3) 粤语里很多 x(s)声母的字和部分 q(c),j(z)声母的字在普通话里读 s 声母

岁 suì (sêu³)…月　　宿 sù (sug¹)…舍　　塑 sù (sog³)雕…
森 sēn (sem¹)…林　　司 sī (xi¹)…机　　洒 sǎ (sa²)…水
赛 sài (coi³)…跑　　松 sōng (cung⁴)…树　速 sù (cug¹)…度
随 suí (cêu⁴)跟…　　似 sì (qi⁵)相…　　隋 suí (cêu⁴)…朝
颂 sòng (zung⁶)…扬　饲 sì (ji⁶)…料　　寺 sì (ji⁶)…庙

4. 绕口令

fǔ zi záo zi chuí zi hé jù zi zuò chū le zhuō zi yǐ zi hé guì
斧子、凿子、锤子和锯子做出了桌子、椅子和柜
zi míng cí dòng cí fù cí hé xíng róng cí xiě chéng le shī cí gē cí hé
子，名词、动词、副词和形容词写成了诗词、歌词和
chàng cí
唱词。

zuó tiān xīng qī sì qù le tàng guǎng zhōu shì huā le sì bǎi sì shí sì
昨天星期四，去了趟广州市，花了四百四十四
kuài sì máo sì mǎi le sì bǎi sì shí sì jīn xī hóng shì
块四毛四，买了四百四十四斤西红柿。

二 句型操练　形容词

1. 基本句型

你过得好吗？(你好吗？)
(过得)挺好(还行,马马虎虎)。
那人怎(么)样？
他鼻子高高的,眼睛大大的,眉毛长长的,下巴方方的。
他有点儿忙。
他忙得团团转。
他累得很。
他相当勤奋。
他孤零零地过日子。
他实实在在、大大方方,但做事有些马里马虎。

2. 常用句型

累 lèi（瘆）
忙 máng（唔得闲；忙）
马虎 mǎhu（求其；麻麻）
过（日子）guò（rìzi）
勤奋 qínfèn（勤力）
年轻 niánqīng（后生）
稳重 wěnzhòng（稳阵）
实在 shízài
大方 dàfang
高傲 gāo'ào（高窦；沙尘）
团团转 tuántuánzhuàn（凼凼转）

孤零零 gūlínglīng
鼻子 bízi（鼻哥）
眼睛 yǎnjing（眼）
眉毛 méimao（眉）
下巴 xiàba
挺 tǐng（几）
还 hái（仲）
很 hěn（好）
非常 fēicháng（非常之）
太 tài（太过）
相当 xiāngdāng（相当之）
格外 géwài（零舍）

稍微 shāowēi（少少）
多么 duōme（几；几咁）
行 xíng（可以；得）
精神 jīngshen
不赖 búlài（唔差）
不错 búcuò（唔错；唔差）
糟糕 zāogāo（弊）
拖拉 tuōlā
斯文 sīwen
黏糊 niánhu
邋遢 lātā（呢啡；污糟）
啰嗦 luōsuo（嘈气）
糊涂 hútu（乌龙）
傻气 shǎqì（傻更）

咸 xián
玉米 yùmǐ（粟米）
沉 chén（重）
好学 hàoxué
随和 suíhé
讨人嫌（厌）tǎorénxián（yàn）（乞人憎）
猥琐 wěisuǒ
恶心 ěxin（肉酸；噁心）
整个儿 zhěnggèr（成个；总体）
腰板儿 yāobǎnr（腰骨）
慕容 Mùróng
龚 Gōng

3. 习惯用语

糟了 zāo le（惨啰）

太好了 tàihǎo le（好嘢）

够呛 gòuqiàng（顶唔顺）

差劲 chàjìn（水皮）

真逗 zhēn dòu（好得意）

狗嘴里吐不出象牙 gǒu zuǐli tǔ bu chū xiàngyá

聋子爱打岔，哑巴爱说话 lóngzi ài dǎchà, yǎba ài shuōhuà

4．句型替换

(1) | 归小姐 / 袁大爷 / 骆爷爷 / 凤小姐 / 刁二姨 | 模样儿 / 过得 / 显得 / 样子 / 长得 | 挺 | 好 / 不错 / 精神 / 不赖 / 糟糕 | 。

(2) | 桂 / 梅 / 杨 / 柳 / 柏 | 小姐 | 非常 / 相当 / 有点儿 / 太 / 格外 | 不错 / 高傲 / 糊涂 / 稳重 / 年轻 | 。

(3) 哟！这 | 荔枝 / 芒果 / 黄皮果 / 李子 / 葡萄 | 酸 | 死了 / 得要命 / 极了 / 得受不了 / 得不得了 | ！

(4) 你瞧！那 | 玉米 / 杨树 / 菜 / 西瓜 / 草 | 长得 | 沉甸甸 / 孤零零 / 绿油油 / 圆滚滚 / 直挺挺 | 的。

(5)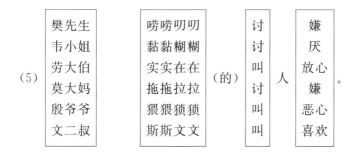

5. 短小课文

慕容先生可是个老实人,人挺随和,也很实在,那么些年来他都是孤零零地一个人过日子,虽然也常看他缺个油少个盐什么的,但整个儿看来他日子还是过得不赖。他嘛人长得挺精神:鼻子高高的,眼睛大大的,下巴方方的,都快四十的人儿了,那腰板儿还是直挺挺的。他每天忙得团团转,累得不得了。他格外勤奋和好学,做人大大方方,规规矩矩,可惜呀,就是有点邋里邋遢。

6. 词语注释

(1) 形容词有一般式与重叠式,各有许多语法功能,如当谓语、定语、补语、状语等。一般形容词多数可受程度副词修饰。

(2) "大大的"、"高高的"等等相当于粤语加"哋"字的重叠式,如"大大哋"、"高高哋"均表示"比较……"之意。

(3) 许多词用做形容词时得读成轻声(后一字),但做名词或其他词时仍读本调,如"精神" jīngshén 是名词,jīngshen 是形容词(有时也当名词),还有"斯文"等。

7. 语言常识

汉语里形容词的构成方式最丰富,而且由于构成方式的不同,语法特点也不同。大体上可以有四种形式:单音节形容词、双音节形容词、带词缀(前加与后加)形容词和复合形容词。普通话与粤语都有这四种类型,但各有不同的表达方式。如带词缀形容词如何重叠、带什么词缀,都有各自的特色。粤语的形容词重叠式比普通话略微丰富些,如单音形容词可以重叠成"咸咸"(很咸)、"瘦瘦"(很瘦),加个"哋"缀程度减弱了很多,如"薄薄哋"(有点薄)、"瘦瘦哋"(有点瘦)等。另外,两种话中与形容词搭配使用的副词差别较大,表达方式也有许多差异,如"他累得很",粤语没有这种格式,说成"佢好癐"、"佢癐到鬼咁"、"他累得要命"说成"佢癐到死"等。

三　课文练习

1. 语音练习
拼读下列音节

足足 zúzú	早早儿 zǎozāor	自自在在 zìzizàizai
草草 cǎocǎo	匆匆 cōngcōng	琐琐碎碎 suǒsuǒsuìsuì
森森 sēnsēn	丝丝 sīsī	

造作 zàozuo	自在 zìzai	棕子 zòngzi	仓促 cāngcù
摧残 cuīcán	葱翠 cōngcuì	松散 sōngsǎn	操纵 cāozòng
自从 zìcóng	造次 zàocì	自私 zìsī	棕色 zōngsè
操作 cāozuò	存在 cúnzài	错字 cuòzì	才子 cáizǐ
才思 cáisī	测算 cèsuàn	沧桑 cāngsāng	粗俗 cūsú
嗓子 sǎngzi	所在 suǒzài	桑蚕 sāngcán	素菜 sùcài

2. 句型练习

替换练习

(1) <u>陶小姐</u><u>高傲</u><u>得不得了</u>。

爸爸	累	得很
弟弟	忙	得不得了
姐姐	啰嗦	得受不了
妹妹	勤奋	极了
哥哥	邋遢	得要命

(2) <u>乔先生</u><u>有点儿</u><u>傻气</u>。

岳	非常	马虎
丘	格外	精神
山	很	实在
凌	相当	糊涂
邱	太	黏糊

(3) <u>老童</u><u>马里马虎</u>的。

小丁	傻里傻气
老孙	啰里啰嗦
小翁	糊里糊涂
老龚	邋里邋遢

四 听说欣赏

> 法国电影《巴黎圣母院》录音片断
>
> GĀNGGUǑWǍ CHUǍNGRÙ QǏGÀI WÁNGGUÓ
> 刚果瓦 闯入 乞丐 王国

[pángbái] Liúlàng shīrén Gāngguǒwǎ shì yí ge yìpínrúxǐ de qīngniánrén, tā wèi xúnzhǎo guòyè de qīshēn zhī chù láidàole pínmínkū. Méi xiǎngdào, zhèli shì qǐgàiwáng Kèlǔbā de lǐngdì, shì qǐgàimen de qíjì wángcháo.

Zhòng qǐgài: Hahaha…!

Nán qǐgài jiǎ: Qiáo, yí ge shúzuì de!

Nán qǐgài yǐ: Zhè jiāhuo shāosǐ bù héshì, yòng shéngzi diàosǐ zuì hǎo.

Gāngguǒwǎ: Zhè shì nǎr a?

Nán qǐgài jiǎ: Shì qíjì wángcháo.

Gāngguǒwǎ: Ǎ, wǒ yě bú wèn le, wǒ xìn. Gāngcái, ē, yǒu rén tōule wǒ de màozi.

Nán qǐgài yǐ: Tōu ma? Hē! Zhè jiāhuo lái zhèr bàoyuàn màozi bèi tōu le!

Zhòng qǐgài: Hahaha…!

Nán qǐgài jiǎ: Zhǐ guài Shàngdì gěi nǐ de dàodé tài duō le!

Gāng: Dàodé tài duō? Bù gǎn dāng. Búguò, wǒ cónglái méiyǒu hài-guò rén.

Nán qǐgài jiǎ: Bùxǔ chuīniú! Nǐ fànjì le. Nǐ lái wǒmen hēihuà wángguó bù jiǎng hēihuà!

Nán qǐgài bǐng: Tā shì chuǎng jìnlai de!

Kèlǔbā: Nǐ shì jízhe lái zhǎosǐ!

Gāng: Zhème shuō, nǐmen dǎsuan bǎ wǒ chǔsǐ?

Kè: Hāhāhā! Shēnshì tàozài jiǎosuǒ shang de nà fù zuǐliǎn, wǒmen yīnggāi duō kànkan, nà cái zhēn jiào tǐmiàn ya! Nǐ shì gàn nǎ háng de?

Gāng: Ǎ, wǒ, wǒ shì shīrén.

Kè: Ó? Hā! Jiùshì ná rénjia de shì jiǎnggěi rénjia tīng, hái xiàng rénjia yàoqián de rén. Yí tàoshang jiǎosuǒ, bùguǎn nǐ shì guówáng háishi shīrén, shēnchū de shétou gēn zéi yí ge yàng. Kěshì nǐ fàngxīn, zài diàosǐ zhī qián, yě yào shěnpàn nǐ, yílù píngděng!

Nǚ qǐgàimen: Hāhāhā...!

Kè: Ó? Yí ge rén yào chǔsǐ le, búxìng de rén. Hǎo ba, wǒ de xiǎo māo, jì yào shěnpàn jiù děi shēnzhāng zhèngyì, wǒmen de zhèngyì guówáng Lùyì shíyī shì bú huì xiànmù de.

Nǚ qǐgài jiǎ: Guówáng de zhèngyì jiùshì jiānyù zhī àomiào. Tā zìjǐ zhīdào. Hāhāhā...!

Kè: Guówáng de jiānyù tài xiǎo le, tā gēbuxià wǒ, lái ba, xiǎo guāiguai, zhèngyì huì gǎibiàn wǒ de guānniàn.

Nǚ qǐgàimen: Hāhāhā...!

Nán qǐgài yǐ: Āndéliè, zhè xià kàn nǐ de la.

Gāng: Wǒ... wǒ shì wúzuì de.

Nán qǐgài dīng: Xiàng gāoyáng yíyàng, wúzuì de gāoyáng zuò kǎo yángtuǐr zuì hǎo!

Zhòng qǐgài: Hāhāhā...!

Kè: Ò, wǒ xiǎng qǐlai le, shì nǐ, shì nà ge shīrén, zhùmíng zōngjiàojù de zuòzhě.

Gāng: Duì, jiùshì wǒ, jiù shì *Shèngmǔ de Shěnpàn* de zuòzhě, wǒ... wǒ

第七课

  shì Bǐ'āi Gāngguǒwǎ.
Kè: Yīnwèi zǎochen yǎnle nǐ de xì, wǎnshang jiù bù néng diàosǐ nǐ
  ma?
Zhòng: Hāhāhā...!
Nán qǐgài bǐng: Zhè jiào nǐ fǎngǎn? Nǐmen zhèxiē shìmín jiù huì
      xiǎotídàzuò. Rúguǒ nǐ shì qǐgài...
Gāng: Kěshì, wǒ hěn yuànyì zuò qǐgài, rúguǒ kěnéng dehuà.
Kè: Nǐ huì gàn shénme? Nǐ shāguò rén ma?
Gāng: Kěxī méiyǒu. Búguò, zǎo zhī yǒu jīntiān, wǒ yěxǔ huì shìyishì.
Zhòng: Hāhāhā...!
Kè: Tā dàoshì hěn yǒu zhìqì, bǎ tā jiǎosǐ fēicháng héshì. Kàn nǐ de,
  Āndéliè! Gěi tā jìn zuìhòu de yìwù ba!
Nán qǐgài dīng: Děngyiděng! Zhèr yǒu ge guīju, děi wènwen yǒu méi-
      yǒu nǚrén yào tā. Yǒu rén yào, jiù bú shàng jiǎojià.
Nán qǐgài jiǎ: Shénme a! Qiǎng wǒ zuǐli de miànbāo ma?
Zhòng: Hāhāhā...!
Kè: Nǐ fàngxīn, jué bú huì èzhao nǐ de. Gāoxìng la? Nǐ zhè dǎoméidàn!
  Zhèxià nǐ de yùnqì lái la. Yàome gēn qǐgài pèiduìr, yàome gēn
  jiǎosuǒ pānqīn.
Gāng: Fǎnzhèng dōu gòu yàomìng. Búguò wǒ háishi yǒu diǎnr piān'
   ài——
Kè: Tǎo ge lǎopo! Zhùyì, nǚrén dōu guòlai! Nǐmen yǒu nǎ wèi xiǎng
  yào zhè ge nánrén de? Zhùyì, Shāluónà, Yīlìshābái, Mǎlìjīfā'ěr,
  Zhùyì! Yīshābódìyàlì, nǐmen yí ge yí ge guòlai, guòlai kànkan, yí
  ge méiyòng de rén, shuí xiǎng yào?
Shā: Tài dānbáo, yì niē jiù suì le.
Yī: Yěli tā yěxǔ hěn wēncún, dàn wǒ guòle huāngtáng de suìshu le, wǒ
  xiǎng yào ge néng yǎnghuo wǒ de rén.
Mǎ: Wǒ zhēn xiǎng yào tā, nǐ huì dùji de.

Yī：Nà qiē liǎng bàn, yì rén yí bàn.
Shā：Mìng bù hǎo ya, xiǎng shénme piānpiān débudào.
Kè：Huǒji, nǐ zhēn dǎoméi a! Méiyǒu rén yào ma? Yí xià, liǎng xià, sān xià... pāibǎn shàng jiǎojià.
Àisīmǐlādá：Děngyiděng!
Gāng：Āisīmǐlādá?
Ài：Nǐmen yào diàosǐ tā?
Kè：Shì a! Nǐ zǒng bú huì ràng tā zuò zhàngfu?
Zhòng：Hāhāhā...!
Ài：Wǒ yào tā.
Kè：Bù kěnéng, kāi wánxiào ma?
Ài：Bù, yǒu rén yào sǐ, nǐmen jiù gāoxìng. Wǒ bù.
Nán qǐgài bǐng：Yéxǔ tā ài tā.
Ài：Yàoshi bǎ nǐ jiǎosǐ, wǒ cái gāoxìng ne!
Zhòng：Hāhāhā...!
Kè：Zhǔnbèi jǔxíng yíshì!
[Qǐgàimen náchū yí ge wǎguàn, dìgěi Gāngguǒwǎ]
Ài：Shuāizài dìshang.
[Gāngguǒwǎ shuāizài dìshang, wǎguàn lièchéng sì kuài]
Kè：Sì kuài! Xiōngdi, tā shì nǐ qīzi. Tā shì nǐ zhàngfu, wéiqī sì nián, qù ba!

第八课

一 正音专题 声母 zh ch sh r　z c s

分辨普通话里的 zh,ch,sh,r 和 z,c,s 两组声母,是说粤语的人学说普通话的一个难点。怎样分辨这两组声母?首先,记住声母是 z,c,s 的字(见第七课),这些字数量有限;然后,把 zh,ch,sh,r 和 z,c,s 声母的词做比较,注意它们的读音及其意义的区别;最后,熟读那些由 zh,ch,sh,r 声母的字和 z,c,s 声母的字组成的词。

1. 特别对照操练

z—zh

(1) z 声母字和 zh 声母字的对照

杂 zá—炸 zhá　　　择 zé—折 zhé　　　子 zǐ—纸 zhǐ
组 zǔ—主 zhǔ　　　栽 zāi—摘 zhāi　　造 zào—照 zhào
奏 zòu—咒 zhòu　　赞 zàn—占 zhàn　　怎 zěn—诊 zhěn
脏 zāng—张 zhāng　增 zēng—争 zhēng　宗 zōng—中 zhōng
昨 zuó—浊 zhuó　　最 zuì—坠 zhuì　　钻 zuān—砖 zhuān
尊 zūn—谆 zhūn

(2) z 声母词和 zh 声母词的对照

站住 zhànzhù—藏族 zàngzú　　　重镇 zhòngzhèn—总则 zǒngzé
追逐 zhuīzhú—罪责 zuìzé　　　周正 zhōuzhèng—走卒 zǒuzú
指正 zhǐzhèng—自在 zìzài　　　中止 zhōngzhǐ—粽子 zòngzi
折中 zhézhōng—祖宗 zǔzong　　茁壮 zhuózhuàng—做作 zuòzuo

主力 zhǔlì—阻力 zǔlì　　　　　治理 zhìlǐ—自理 zìlǐ
摘花 zhāihuā—栽花 zāihuā　　　站住 zhànzhù—赞助 zànzhù
志愿 zhìyuàn—自愿 zìyuàn　　　正品 zhèngpǐn—赠品 zèngpǐn
吉兆 jízhào—急躁 jízào

(3) 由 z 声母字和 zh 声母字组成的词

z—zh　杂志 zázhì　　载重 zàizhòng　总之 zǒngzhī　赞助 zànzhù
　　　　阻止 zǔzhǐ　　尊重 zūnzhòng　作者 zuòzhě　做主 zuòzhǔ
zh—z　正在 zhèngzài　制造 zhìzào　　种族 zhǒngzú　准则 zhǔnzé
　　　　知足 zhīzú　　职责 zhízé　　　转载 zhuǎnzài 主宰 zhǔzǎi

c—ch

(1) c 声母字和 ch 声母字的对照

擦 cā—差 chā　　　　策 cè—撤 chè
财 cái—柴 chái　　　词 cí—池 chí
操 cāo—抄 chāo　　　凑 còu—臭 chòu
参 cān—掺 chān　　　岑 cén—陈 chén
藏 cáng—常 cháng　　层 céng—成 chéng
丛 cóng—虫 chóng　　粗 cū—出 chū
挫 cuò—辍 chuò　　　催 cuī—吹 chuī
窜 cuàn—串 chuàn　　存 cún—纯 chún

(2) c 声母词和 ch 声母词的对照

拆车 chāichē—猜测 cāicè　　　城池 chéngchí—参差 cēncī
超出 chāochū—粗糙 cūcāo　　　惩处 chéngchǔ—从此 cóngcǐ
铲除 chǎnchú—残存 cáncún　　长处 chángchù—仓促 cāngcù
重重 chóngchóng—匆匆 cōngcōng
猖狂 chāngkuáng—仓皇 cānghuáng

鱼翅 yúchì—鱼刺 yúcì　　　木柴 mùchái—木材 mùcái
推迟 tuīchí—推辞 tuīcí　　　电池 diànchí—电磁 diàncí
初春 chūchūn—出村 chūcūn　　一成 yìchéng—一层 yìcéng
插手 chāshǒu—擦手 cāshǒu

(3) 由 c 声母字和 ch 声母字组成的词

c—ch　财产 cáichǎn　操场 cāochǎng　促成 cùchéng　错处 cuòchù
　　　　餐车 cānchē　　操持 cāochí　　存储 cúnchǔ　磁场 cíchǎng
ch—c　尺寸 chǐcùn　　纯粹 chúncuì　　车次 chēcì　　吃醋 chīcù
　　　　冲刺 chōngcì　筹措 chóucuò　　揣测 chuǎicè　船舱 chuáncāng

s—sh

(1) s 声母字和 sh 声母字的对照

洒 sǎ—傻 shǎ　　　　色 sè—设 shè　　　　四 sì—是 shì
赛 sài—晒 shài　　　搔 sāo—烧 shāo　　　搜 sōu—收 shōu
三 sān—山 shān　　　森 sēn—深 shēn　　　桑 sāng—商 shāng
僧 sēng—生 shēng　　速 sù—束 shù　　　　缩 suō—说 shuō
岁 suì—睡 shuì　　　算 suàn—涮 shuàn　　损 sǔn—吮 shǔn

(2) s 声母词和 sh 声母词的对照

收税 shōushuì—搜索 sōusuǒ　　生疏 shēngshū—僧俗 sēngsú
摄氏 shèshì—色素 sèsù　　　　世上 shìshang—四散 sìsàn
硕士 shuòshì—琐碎 suǒsuì　　　失守 shīshǒu—思索 sīsuǒ
是谁 shìshuí—撕碎 sīsuì　　　书市 shūshì—素色 sùsè
世纪 shìjì—四季 sìjì　　　　　失利 shīlì—私利 sīlì
失事 shīshì—私事 sīshì　　　　诗人 shīrén—私人 sīrén
熟食 shúshí—素食 sùshí　　　　收集 shōují—搜集 sōují
述说 shùshuō—诉说 sùshuō

(3) 由 s 声母字和 sh 声母字组成的词

s—sh 四十 sìshí　　宿舍 sùshè　　岁数 suìshu　　损伤 sǔnshāng
　　　 丧失 sàngshī　琐事 suǒshì　　算术 suànshù　松树 sōngshù
sh—s 十四 shísì　　 上算 shàngsuàn 生死 shēngsǐ　输送 shūsòng
　　　 上司 shàngsi　伸缩 shēnsuō　 声速 shēngsù　疏散 shūsàn

2. 综合练习：拼读下列音节

z—ch 早晨 zǎochen　增产 zēngchǎn　嘴唇 zuǐchún　组成 zǔchéng
z—sh 再说 zàishuō　 暂时 zànshí　 遭受 zāoshòu　增设 zēngshè
　　　总数 zǒngshù　 钻石 zuànshí　 遵守 zūnshǒu　自身 zìshēn
z—r 责任 zérèn　　 早日 zǎorì　　 自然 zìrán　　最热 zuìrè
zh—c 致词 zhìcí　　 制裁 zhìcái　　注册 zhùcè　　中餐 zhōngcān
zh—s 住所 zhùsuǒ　 周岁 zhōusuì　 折算 zhésuàn　致死 zhìsǐ

c—zh 参照 cānzhào　　　　从中 cóngzhōng
　　　挫折 cuòzhé　　　　 侧重 cèzhòng
c—sh 草率 cǎoshuài　　　　从事 cóngshì
　　　磋商 cuōshāng　　　 措施 cuòshī
c—r 残忍 cánrěn　　　　　从容 cóngróng
　　　脆弱 cuìruò　　　　　窜扰 cuànrǎo
ch—z 吵嘴 chǎozuǐ　　　　赤字 chìzì
　　　出租 chūzū　　　　　创作 chuàngzuò
　　　插座 chāzuò　　　　 超载 chāozài
　　　迟早 chízǎo　　　　　禅宗 chánzōng
ch—s 场所 chǎngsuǒ　　　　出色 chūsè
　　　传送 chuánsòng　　　沉思 chénsī

s—zh 散装 sǎnzhuāng　　　扫帚 sàozhou
　　　算账 suànzhàng　　　诉状 sùzhuàng
s—ch 赛车 sàichē　　　　　速成 sùchéng

	四处 sìchù	思潮 sīcháo
s—r	私人 sīrén	松软 sōngruǎn
	骚扰 sāorǎo	散热 sànrè
sh—z	擅自 shànzì	实在 shízài
	手足 shǒuzú	水灾 shuǐzāi
sh—c	上层 shàngcéng	生存 shēngcún
	收藏 shōucáng	蔬菜 shūcài

r—z 人造 rénzào 　 让座 ràngzuò 　 绕嘴 ràozuǐ 　 润泽 rùnzé
r—c 人才 réncái 　 仁慈 réncí 　 如此 rúcǐ 　 认错 rèncuò
r—s 染色 rǎnsè 　 肉松 ròusōng 　 乳酸 rǔsuān 　 润色 rùnsè

3. 绕口令

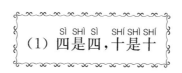
（1）四是四，十是十

sì shì sì, shí shì shí, shí sì shì shí sì, sì shí shì sì shí。要想
说对四和十，得靠舌头加牙齿。谁说四十是戏习，谁
的舌头没用力；谁说四十是事实，谁的舌头没伸直；
要想说对常练习，十四、四十、四十四。

(2) 报纸和刨子
BÀO ZHǏ HÉ BÀO ZI

<u>报纸</u>是<u>报纸</u>，<u>刨子</u>是<u>刨子</u>。<u>报纸</u>能 包 <u>刨子</u>，不
bào zhǐ shì bào zhǐ   bào zi shì bào zi   bào zhǐ néng bāo bào zi   bù

能 包 <u>桌子</u>。<u>刨 子</u> 能 <u>刨</u> 桌 子，不 能 <u>刨</u> <u>报纸</u>。
néng bāo zhuō zi   bào zi néng bào zhuō zi   bù néng bào bào zhǐ

二 句型操练　副词（时间、范围、频率）

1. 基本句型

他们刚刚见过面。

他们早已经认识了。

他经常这样，甚至随时这样。

她只是偶然买买东西，并不总是操这份心。

他们曾经是朋友，但早就不来往了。

学校正在开晚会。

天忽然下起大雨，人群顿时不见了。

他老是迟到，而且往往是五分钟左右。

统统加起来，他总共挣七百二十块钱。

2. 常用句型

刚（刚刚）gāng（gānggāng）
　（啱；啱啱）

已（已经）yǐ（yǐjīng）（经已）

曾经 céngjīng

早 zǎo（一早；早）

就 jiù

正（正在，在）zhèng（zhèngzài，
　zài）（喺度；响度）

将（将要）jiāng（jiāngyào）（就
　嚟）

立刻（马上，顿时）lìkè
　（mǎshàng，dùnshí）（即刻）

100

第八课

也 yě（都；亦）
起初（原先）qǐchū（yuánxiān）（原嚟；开初）
从来（向来，一直，一向）cónglái（xiànglái, yìzhí, yíxiàng）（一直以来；不溜；一路）
随时 suíshí
偶尔（偶然）ǒu'ěr（ǒurán）（间中；耐唔中；唔耐中）
老（总）lǎo（zǒng）（成日）
忽然（突然）hūrán（tūrán）（突然间）
全（都，统统）quán（dōu, tǒngtǒng）（冚唪唥）
共（一共，总共）gòng（yígòng, zǒnggòng）（加埋；加加埋）
净 jìng（都）
只（仅仅）zhǐ（jǐnjǐn）（净；净系）
又（再）yòu（zài）（又试）
往往 wǎngwǎng
来往 láiwǎng
常常（经常，时常）chángcháng（jīngcháng, shícháng）（时时；周时；周不时）
认识 rènshi（识）

和好 héhǎo（好翻）
晚会 wǎnhuì（派对）
结束 jiéshù
在意 zàiyì（介意）
眼皮儿 yǎnpír（眼皮）
卞 Biàn
缪 Miù
屈 Qū
意识 yìshi
甚至 shènzhì（甚至乎）
不由自主 bùyóuzìzhǔ（由唔得你）
操心 cāoxīn（忧；忧心）
迟到 chídào
忘 wàng（忘记）
脏 zāng（污糟）
连累 liánlèi（佗衰；佗累）
嚷嚷 rāngrang（叫；嗌；大声讲）
碰面 pèngmiàn（撞倒）
冷不防 lěngbufáng（突然；冇留意）
撞(个)满怀 zhuàng(ge)mǎnhuái（相撞）
哈腰 hāyāo
道歉 dàoqiàn
好玩儿 hǎowánr（好玩；滑稽）

3. 习惯用语

太棒了 tài bàng le（真系劲）
怪不得 guàibude（唔怪（至）得）
差远了 chàyuǎn le
不瞒您说 bù mán nín shuō（老实同你讲）
人靠衣服马靠鞍 rén kào yīfu mǎ kào ān（人用衣装，髻用花傍）
旧的不去,新的不来 jiùde bú qù, xīnde bù lái
来得早不如来得巧　láidezǎo bùrú láideqiǎo

4. 句型替换

(1) | 范先生
蔡小姐
汤先生
周小姐
唐先生 | 刚刚
曾经
早就
刚
已经 | 吃过饭
上过街
看过电影
吵过架
洗过澡 | ,他(她)不想再 | 吃
去
看
吵
洗 | 了。

(2) 他们曾经 | 吵过架
开过会
扫过地
照过相
聊过天儿 | ,但早就 | 和好
忘
脏
不记得
不认识 | 了。

(3) | 全
都
统统
全都
全部 | 加起来, | 老江
小何
大胡
老海
小奚 | 总共
共
一共
总计
一共 | 回过三次家
挣一千块钱
打了八个电话
吵了七回架
倒了三趟茶 | 。

(4) | 史先生 廖小姐 卞先生 | 早就 常常 从来 | 这样,甚至 | 只 随时 仅仅 | 这样。

(5) | 包小姐 留大姐 缪姐 寇大婶 屈小姐 | 老总是 总 老是 经常 | 逛街 折腾 回家 吵架 哭 | ,而且 | 随时 往往 常常 从来 总是 | 买便宜货 连累别人 迟到 没输过 没完没了 | 。

5. 短小课文

他俩刚一碰面就都嚷嚷早已经认识了,老熟人了。他俩的确曾经见过,只不过很偶然,总共就那么一回。那是学校正在开晚会,就在晚会快要结束的时候,她冷不防地跟他撞了个满怀,两人又是哈腰又是道歉,那场景才真叫好玩儿呢。待人走后他顿时发现他左眼皮儿老跳个不停,所谓"左眼跳福,右眼跳祸"。他立马意识到了什么,因为这玩艺儿一向很准,碰到啥事儿,那眼皮儿随时跳起来,而且往往不由自主……

6. 词语注释

(1) 有些副词有几个同义词,意思大体上一样,但又有色彩上、语气上的差别,例如"从来"比"向来"在语意上稍重些,"向来"轻些。

(2) "不由自主"即由不得自己做主,控制不住自己,粤语说"由唔得你"。

(3) "冷不防"也说"冷不丁"、"突然"、"猛然"。如:"她走着走着,冷不丁摔了一跤。"

(4) "撞了个满怀":"满怀",前胸部分,面对面相撞。

(5) "哈腰":弯腰。如:"他一哈腰把帽子给掉到地上了。"

7. 语言常识

　　副词主要用来修饰动词或形容词,说明行为动作或状态性质等所涉及的范围、时间、程度、频率以及肯定、否定的情况等。时间副词表示时间,常用的有"刚"、"刚刚"、"已经"、"早先"、"正在"等;范围副词表示范围,如"都"、"全"、"一"、"共"、"仅仅"等;频率副词表重复、频率,有"又"、"再"、"还"、"常常"、"不断"等。普通话与粤语的这些副词差异很大,词形与表达方式均有许多不同点,如"刚"、"刚刚"说成"啱"、"啱啱";"早先"、"正在"、"在"粤语没有此表达法;"常常"说成"时时";"立刻"说成"即刻";"回头再说"说成"再讲"或"再倾过";"总共"、"一共"、"统统"、"一起"、"一块儿"说成"冚嚹唥";"他老(总)是打瞌睡"说成"佢成日瞌眼瞓"。这些都要特别注意区别学习。

三　课文练习

1. 语音练习
拼读下列音节

啧啧称羡 zézéchēngxiàn　　　蒸蒸日上 zhēngzhēngrìshàng
草草收兵 cǎocǎoshōubīng　　　楚楚动人 chǔchǔdòngrén
三三五五 sānsān-wǔwǔ　　　　善善从长 shànshàncóngcháng
自知之明 zìzhīzhīmíng　　　　择善而从 zéshàn'ércóng
尺短寸长 chǐduǎncùncháng　　差三错四 chàsān-cuòsì
常用字 chángyòngzì　　　　　处女作 chǔnǚzuò
十目所视,十手所指 shímùsuǒshì, shíshǒusuǒzhǐ

组织 zǔzhī	自制 zìzhì	种子 zhǒngzi	扫除 sǎochú
松树 sōngshù	沙子 shāzi	身材 shēncái	神采 shéncǎi
神色 shénsè	次数 cìshù	才识 cáishí	承载 chéngzài
神速 shénsù	制作 zhìzuò	申诉 shēnsù	储藏 chǔcáng

2. 句型练习
替换练习

(1) 他经常迟到。

你 / 我 / 他 / 你们 / 他们	常常 / 总是 / 净 / 将要 / 正	逛公园 / 操心 / 折腾 / 上班 / 洗澡

(2) 里头正在开会呢。

里 / 外 / 前 / 后 / 上	扫地 / 照相 / 吵架 / 聊天儿 / 开会

(3) 她从来不看电影,只逛街。

魏小姐 / 武大哥 / 吴大爷 / 小韦 / 老卫	一向 / 向来 / 从来 / 一直 / 一向	不吃桃儿 / 不打电话 / 不吵架 / 不回家 / 不逛街	吃李子 / 写信 / 聊天儿 / 打电话 / 逛公园

四 听说欣赏

> 捷克电影《非凡的埃玛》录音片断
> ĀIMǍ YǓ WÉIKÈDUŌ DE DUÌHUÀ
> 埃玛与维克多的对话

Āi: Nǐ zěnme bú dào chēzhàn lái jiē wǒ? Sānyuè yǐhòu nǐ méi xiěguo xìn? Nǐ yǒu xīnhuān le? Wǒ kàn zhèyàng yě hǎo, miǎnde dǔqián bǎ wǒ shūgěi biéren…Zhè shì shénme?

Wéi: Cízhíxìn. Qǐng nǐ tóngyì ba!

Āi: Tā duō dà le? Piàoliang ma?

Wéi: Wǒ juédìng yào zǒu le.

Āi: Nǐ shì shuōzhewánr ba?

Wéi: Shì zhēnde.

Āi: Bù, Wéikèduō, wǒ búzài líkāi nǐ. Nǐ gēn wǒ qù Měiguó. Wǒmen tiāntiān zài yìqǐ.

Wéi: Dāng ge suícóng? Ràng rénjia jiào wǒ Désītíng xiānsheng? Bù, Āimǎ, wǒ bú yuànyì cìhou nǐ.

Āi: Hǎo ba, wǒ búzài chūguó le. Wǒ gēn nǐ dāizài yìqǐ.

Wéi: Wǒ kě bú yào nǐ wèile wǒ xīshēng nǐ zìjǐ.

Āi: Nà nǐ xiǎng zěnmeyàng? Shuō ba! Wǒ yídìng zhàobàn, zhào nǐ de bàn.

Wéi: Nǐ bù néng fàngqì nǐ de yìshù, wǒ bù néng dāng nǐ shēnbiān de diǎnzhuì. Wǒ yào jiā, qīzi, háizi.

Āi: Yuánmǎn de jiātíng. Nǐ yǒu zhè quánlì, wǒ yīnggāi gěi nǐ. Nǐ yǒu méiyǒu xiǎngguo, wǒ yě yǒu quánlì? Wǒ tiāntiān guòzhe gūgūdāndān de shēnghuó, zhè nǐ xiǎngdedào ma? Zhǐyǒu zhèyàng cáinéng pāndēng yìshù gāofēng. Qīn'āide, wǒ bù néng xiǎngshòu yí ge pǔtōng nǚrén yīnggāi xiǎngshòu de xìngfú, zěnme néng yǒu háizi ne? Yì nián zhǐyǒu liǎng ge yuè gēn nǐ zài yìqǐ, ràng wǒmen hǎohāo zài yìqǐ.

Wéi: Yǐhòu zěnmebàn?

Āi: Hǎo ba hǎo ba, wǒmen yǐhòu mànmānr shuō ba. Wǒ zhǐyǒu gēn nǐ zài yìqǐ cái gǎndào xìngfú, zìyóu. Zhǐyào gēn nǐ zài yìqǐ, wǒ shēnglǎobìngsǐ dōu bú pà. Xiànzài wǒ yào nǐ, xiànzài wǒ yào nǐ. Hǎo le, bié zhémo wǒ le, bié zhémo wǒ le. Wéikèduō, nǐ lái, bàozhe wǒ, Wéikèduō, Wéikèduō!

Wéi: Wǒ bù néng xiàng nǐ, bù tōng rénqíng!

Āi: Nǐ bú yào shuō le, bié xiǎng zhèxiē le.

Wéi: Wǒ bù xūyào zhèyàng de ài.

Āi: Wéikèduō, ò... Wéikèduō, wǒ shénme dōu kěyǐ gěi nǐ, zhǎo ge nǚrén, chéng ge jiā, wǒ yǎnghuo tāmen!

Wéi: Zàihuì!

Āi: Wéikèduō!

Wǒmen dōu shì shénqiāngshǒu, měi yì kē zǐdàn xiāomiè yí ge

dírén. Wǒmen dōu shì fēixíngjūn, nǎ pà nà shān gāo shuǐ yòu shēn. Zài mìmì de shùlín li, dàochù dōu ānpái tóngzhìmen de sùyíngdì. Zài gāogāo de shāngāngshang, yǒu wǒmen wúshù de hǎo xiōngdì. Méiyǒu chī, méiyǒu chuān, zì yǒu nà dírén sòngshàng qián. Méiyǒu qiāng, méiyǒu pào, dírén gěi wǒmen zào. Wǒmen shēngzhǎng zài zhèli, měi yí cùn tǔdì dōushì wǒmen zìji de, wúlùn shuí yào qiángzhàn qù, wǒmen jiù hé tā pīn dàodǐ.

第九课

一 正音专题 声母 zh ch sh r j q x

说粤语的人说普通话时,往往爱用粤语里的 j(知),q(雌),x(思)代替普通话的 zh、ch、sh、z、c、s 和 j、q、x 声母,所以注意区分普通话里的这几组声母,对说粤语的人来说特别重要。区分这几组声母的办法,除了尽量记忆带这些声母的字以外,还应通过比较对照这几组声母所组成的词语,区分它们发音和意义的异同,并习惯和记住由这几组声母组成的词语。

1. 特别对照操练

zh—z—j

(1) z, zh, j 声母词的对照

zh—j	z—j
杂志 zázhì—杂技 zájì	自信 zìxìn—寄信 jìxìn
绘制 huìzhì—汇集 huìjí	资格 zīgé—及格 jígé
展销 zhǎnxiāo—检修 jiǎnxiū	资本 zīběn—基本 jīběn
招手 zhāoshǒu—交手 jiāoshǒu	遭受 zāoshòu—交售 jiāoshòu
秩序 zhìxù—继续 jìxù	自费 zìfèi—寄费 jìfèi
折合 zhéhé—结合 jiéhé	自由 zìyóu—机油 jīyóu
震区 zhènqū—禁区 jìnqū	自愿 zìyuàn—妓院 jìyuàn
制度 zhìdù—季度 jìdù	字据 zìjù—机具 jījù
征收 zhēngshōu—经受 jīngshòu	字母 zìmǔ—继母 jìmǔ
涨价 zhǎngjià—讲价 jiǎngjià	赞成 zànchéng—建成 jiànchéng

zh—z—j
质地 zhìdì—子弟 zǐdì—基地 jīdì
实质 shízhì—识字 shízì—实际 shíjì
争执 zhēngzhí—增值 zēngzhí—荆棘 jīngjí
知己 zhījǐ—自己 zìjǐ—积极 jījí
站住 zhànzhù—赞助 zànzhù—建筑 jiànzhù
昼夜 zhòuyè—奏乐 zòuyuè—就业 jiùyè
指示 zhǐshì—仔细 zǐxì—几世 jǐshì
支柱 zhīzhù—资助 zīzhù—积聚 jījù
知道 zhīdào—子弹 zǐdàn—鸡蛋 jīdàn
智者 zhìzhě—自己 zìjǐ—记者 jìzhě

(2) 由 z,zh,j 声母字组成的词

z—j	自己 zìjǐ	最近 zuìjìn	资金 zījīn	杂技 zájì
zh—j	直接 zhíjiē	着急 zháojí	证件 zhèngjiàn	照旧 zhàojiù
j—z	饺子 jiǎozi	急躁 jízào	讲座 jiǎngzuò	及早 jízǎo
j—z—h	家长 jiāzhǎng	纠正 jiūzhèng	紧张 jǐnzhāng	集中 jízhōng
	建筑 jiànzhù	进展 jìnzhǎn	记者 jìzhě	价值 jiàzhí

ch—c—q

(1) c,ch,q 声母词的对照

ch—q
茶蛋 chádàn—洽谈 qiàtán
长度 chángdù—强度 qiángdù
超过 chāoguò—敲过 qiāoguò
称赞 chēngzàn—侵占 qīnzhàn
彻底 chèdǐ—切题 qiètí
成天 chéngtiān—晴天 qíngtiān
程序 chéngxù—情绪 qíngxù

c—q
伺候 cìhou—气候 qìhòu
磁石 císhí—其实 qíshí
此事 cǐshì—启示 qǐshì
参政 cānzhèng—签证 qiānzhèng
仓库 cāngkù—枪库 qiāngkù
刺激 cìji—契机 qìjī
参议 cānyì—迁移 qiānyí

重复 chóngfù—穷富 qióngfù　　慈悲 cíbēi—齐备 qíbèi
有船 yǒuchuán—有权 yǒuquán　　刺猬 cìwei—气味 qìwèi
长臂 chángbì—墙壁 qiángbì　　擦脖子 cābózi—掐脖子 qiābózi

ch—c—q
大潮 dàcháo—大槽 dàcáo—大桥 dàqiáo
车面 chēmiàn—侧面 cèmiàn—切面 qiēmiàn
春季 chūnjì—村子 cūnzi—亲自 qīnzì
超级 chāojí—草鸡 cǎojī—巧计 qiǎojì
乘警 chéngjǐng—曾经 céngjīng—情景 qíngjǐng
出使 chūshǐ—促使 cùshǐ—驱使 qūshǐ
很迟 hěnchí—很次 hěncì—很齐 hěnqí
迟点 chídiǎn—词典 cídiǎn—起点 qǐdiǎn
昌盛 chāngshèng—苍生 cāngshēng—枪声 qiāngshēng
痴呆 chīdāi—磁带 cídài—期待 qīdài

(2) 由 c, ch, q 声母字组成的词

c—q	从前 cóngqián	采取 cǎiqǔ	凑巧 còuqiǎo	残缺 cánquē
ch—q	出去 chūqu	澄清 chéngqīng	长期 chángqī	车钱 chēqián
q—c	其次 qícì	青菜 qīngcài	起草 qǐcǎo	器材 qìcái
q—ch	清楚 qīngchu	起床 qǐchuáng	汽车 qìchē	启程 qǐchéng

sh—s—x

(1) s, sh, x 声母词的对照

sh—x　　　　　　　　　　　　　s—x
失去 shīqù—吸取 xīqǔ　　　　　自私 zìsī—窒息 zhìxī
失望 shīwàng—希望 xīwàng　　　私有 sīyǒu—稀有 xīyǒu
师傅 shīfu—媳妇 xífu　　　　　私下 sīxià—西夏 xīxià
试卷 shìjuàn—细菌 xìjūn　　　　思潮 sīcháo—吸潮 xīcháo

烧毁 shāohuǐ—销毁 xiāohuǐ　　丝瓜 sīguā—西瓜 xīguā
伤心 shāngxīn—相信 xiāngxìn　　厮守 sīshǒu—吸收 xīshōu
少数 shǎoshù—小数 xiǎoshù　　算盘 suànpán—宣判 xuānpàn
争相 zhēngxiāng—经商 jīngshāng　　死讯 sǐxùn—喜讯 xǐxùn
是的 shìde—细的 xìde　　死敌 sǐdí—洗涤 xǐdí
商场 shāngchǎng—香肠 xiāngcháng　　四桶 sìtǒng—系统 xìtǒng
上升 shàngshēng—相声 xiàngsheng

sh—s—x
师生 shīshēng—私生 sīshēng—牺牲 xīshēng
适应 shìyìng—私营 sīyíng—吸引 xīyǐn
施行 shīxíng—私刑 sīxíng—西行 xīxíng
世纪 shìjì—四季 sìjì—细致 xìzhì
时机 shíjī—司机 sījī—袭击 xíjī
诗文 shīwén—斯文 sīwén—西文 xīwén
失足 shīzú—丝竹 sīzhú—洗澡 xǐzǎo
使节 shǐjié—死结 sǐjié—洗劫 xǐjié
食宿 shísù—思索 sīsuǒ—习俗 xísú

(2) 由 s, sh, x 声母字组成的词
s—x　速效 sùxiào　　送行 sòngxíng　　缩小 suōxiǎo　　思想 sīxiǎng
sh—x　首先 shǒuxiān　熟悉 shúxī　　上学 shàngxué　手续 shǒuxù
x—s　心思 xīnsī　　线索 xiànsuǒ　　迅速 xùnsù　　潇洒 xiāosǎ
x—sh　学术 xuéshù　　吸收 xīshōu　　享受 xiǎngshòu　形式 xíngshì
　　　 协商 xiéshāng　欣赏 xīnshǎng　销售 xiāoshòu　新式 xīnshì

2. 综合练习:拼读下列音节

z—q　暂且 zànqiě　　增强 zēngqiáng　早期 zǎoqī　　足球 zúqiú
z—x　遵循 zūnxún　　造型 zàoxíng　　走向 zǒuxiàng　罪行 zuìxíng
zh—q　征求 zhēngqiú　准确 zhǔnquè　　酌情 zhuóqíng　争取 zhēngqǔ

第九课

zh—x	这些 zhèxiē	中心 zhōngxīn	执行 zhíxíng	秩序 zhìxù
	展销 zhǎnxiāo	衷心 zhōngxīn	着想 zhuóxiǎng	主席 zhǔxí
c—j	曾经 céngjīng	参加 cānjiā	促进 cùjìn	财经 cáijīng
c—x	从小 cóngxiǎo	操心 cāoxīn	次序 cìxù	粗细 cūxì
ch—j	吃惊 chījīng	成就 chéngjiù	初级 chūjí	成绩 chéngjì
	春节 chūnjié	处境 chǔjìng	筹建 chóujiàn	差距 chājù
ch—x	抽象 chōuxiàng	重新 chóngxīn	持续 chíxù	出现 chūxiàn
s—j	司机 sījī	四季 sìjì	搜集 sōují	三角 sānjiǎo
s—q	索取 suǒqǔ	死棋 sǐqí	俗气 súqì	丧气 sàngqì
sh—j	世界 shìjiè	试卷 shìjuàn	睡觉 shuìjiào	时间 shíjiān
	神经 shénjīng	设计 shèjì	实际 shíjì	事件 shìjiàn
sh—q	生气 shēngqì	商榷 shāngquè	手枪 shǒuqiāng	失去 shīqù
j—c	基层 jīcéng	剪彩 jiǎncǎi	检测 jiǎncè	教材 jiàocái
j—s	加速 jiāsù	计算 jìsuàn	竞赛 jìngsài	景色 jǐngsè
j—ch	警察 jǐngchá	经常 jīngcháng	接触 jiēchù	机场 jīchǎng
j—sh	即使 jíshǐ	见识 jiànshi	驾驶 jiàshǐ	技术 jìshù
q—z	亲自 qīnzì	劝阻 quànzǔ	确凿 quèzáo	签字 qiānzì
q—s	轻松 qīngsōng	倾诉 qīngsù	球赛 qiúsài	起色 qǐsè
q—zh	庆祝 qìngzhù	群众 qúnzhòng	曲折 qūzhé	牵制 qiānzhì
q—sh	缺少 quēshǎo	亲身 qīnshēn	劝说 quànshuō	请示 qǐngshì
x—z	香皂 xiāngzào	洗澡 xǐzǎo	选择 xuǎnzé	心脏 xīnzàng
x—c	小葱 xiǎocōng	现存 xiàncún	乡村 xiāngcūn	西餐 xīcān
x—zh	形状 xíngzhuàng	协助 xiézhù	寻找 xúnzhǎo	细致 xìzhì
x—ch	行程 xíngchéng	相称 xiāngchèn	宣传 xuānchuán	消除 xiāochú

3. 绕口令

张仁升和江银星,二人上场说相声;先说一个《招厂长》,再说一个绕口令:"真主珍珠真珍珠,出城出证出入证。"

小史司机今年二十四,研究历史真积极,《周书》、《史记》、《二十四史》,罗马、埃及世界史,倘有不识找老师,不耻下问长知识。

二 句型操练 副词(语气、否定)

1. 基本句型

这可太棒了。
差点儿叫他给误事了。
许先生居然不喜欢柳小姐。
她到底是什么人难道你不清楚?
他果然不相信任何人。

真是不过日子不折腾。
不想折腾就别折腾。
没空去让他甭去好了。

2. 常用句型

可 kě（但；但系）
多亏（好在，幸亏）duōkuī（hǎozài, xìngkuī）（好彩）
难道 nándào（唔通）
居然 jūrán（竟然）
到底（究竟）dàodǐ（jiūjìng）（究竟）
偏偏 piānpiān
索性 suǒxìng
简直 jiǎnzhí（直情）
反正 fǎnzhèng（横掂）
倒（却）dào（què）（反而）
也许（大约）yěxǔ（dàyuē）（或者）
几乎（差点儿）jīhū（chàdiǎnr）（争啲）
果真（果然）guǒzhēn（guǒrán）（真）
不 bù（唔）
没（有）méi（yǒu）（冇）
别 bié（咪；唔好）
甭（不用）béng（唔使；唔好）

一定（准，必定）yídìng（zhǔn, bìdìng）（实；梗）
了解 liǎojiě
底细 dǐxì（底）
放心 fàngxīn
管（事儿）guǎn（shìr）（理）
误（事儿）wù（shìr）（误）
讨厌 tǎoyàn（憎；讨厌）
喜欢 xǐhuan（钟意）
惨 cǎn
完 wán
任何人 rènhérén
相信 xiāngxìn（信）
清楚 qīngchu
耽误 dānwu
竿子 gānzi（竹篙）
算了 suànle（算数）
嗳 ài
岑 Cén
沈 Shěn
干脆 gāncuì（索性；干脆）

3. 习惯用语

得了 déle（算啦你）

少来这套 shǎo lái zhèi tào（悭啲喇你）

慢慢儿走 mànmānr zǒu（慢慢行）

费功夫 fèi gōngfu（嘥时间）

仁者见仁,智者见智 rénzhějiànrén, zhìzhějiànzhì（各花入各眼）

萝卜青菜,各有所爱 luóbo qīngcài, gè yǒu suǒ ài

身正不怕影斜,脚正不怕鞋歪 shēn zhèng bú pà yǐng xié, jiǎo zhèng bú pà xié wāi

4. 句型替换

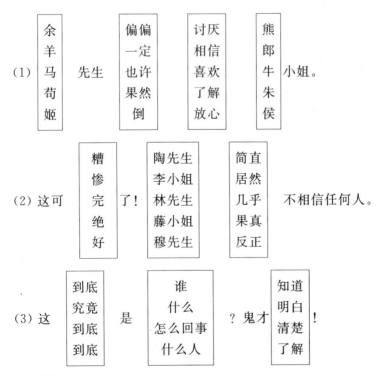

(4) 不想 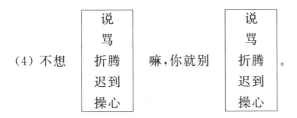嘛,你就别 。

5. 短小课文

他到底是什么人难道你真的不了解？你可跟他有些日子了,居然还不知道人家的底细。这样儿的好小伙子你还不喜欢？我说你呀,闺女,可别把自个儿给耽误了！嗳！偏偏你爸又不管事儿,简直不像个当爸的样儿。算了,妈反正好事儿做到头,索性一竿子插到底。哎哎哎！你甭不让妈管,这事儿果真能成啊,你就该觉得多亏你妈管得是地方了！对不？

6. 词语注释

(1) 本文有两个"到底",一个是语气副词（虚词）,如"他到底是什么人"是"究竟"的意思；另一个是"一竿子插到底"的"到底"是实词,动词。
(2) "不过日子不折腾"就是"一过日子就折腾"之意。
(3) "管得是地方"反义可说成"管得不是地方",意即管事没管到点子上。
(4) 嗳 ài,叹词,表示懊恼。

7. 语言常识

肯定、否定副词表示肯定、否定,常用的有"不"、"别"、"没(有)"、"不必"、"不用"、"甭"、"一定"、"准"、"未必"、"必定"等；语气副词则表示语气,常用的有"幸亏"、"难道"、"何尝"、"居然"、"简直"、"反正"、"差点儿"等等。粤语的这类词与普通话的差别十分明显,如否定副词粤语有"唔使"、"唔好"、"冇"、"咪"、"唔"、"唔得"、"唔界"等。语气副词更是多种多样,如和上述普通话语气副词对应的"好彩"、"唔通"、"直情"、"横掂"、"争啲(差啲)",无一相同。副词应是粤语背景人士学习普通话的重点之一。

三 课文练习

1. 语音练习
拼读下列音节

沾沾自喜 zhānzhānzìxǐ
陈陈相因 chénchénxiāngyīn
姗姗来迟 shānshānláichí

知己知彼 zhījǐ-zhībǐ　　　　君子之交 jūnzǐzhījiāo
矫揉造作 jiāoróu-zàozuò　　急起直追 jíqǐzhízhuī
参差不齐 cēncībùqí　　　　成竹在胸 chéngzhúzàixiōng
浅尝辄止 qiǎnchángzhézhǐ　支吾其词 zhīwúqící
神气活现 shénqìhuóxiàn　　手足之情 shǒuzúzhīqíng
事无巨细 shìwújùxì　　　　速战速决 sùzhàn-sùjué
心中有数 xīnzhōngyǒushù　 细水长流 xìshuǐchángliú

近朱者赤,近墨者黑 jìnzhūzhěchì, jìnmòzhěhēi
千里之行,始于足下 qiānlǐzhīxíng, shǐyúzúxià
猪八戒吃人参果,全不知滋味儿 zhūbājiè chī rénshēnguǒ, quán bù zhī zīwèir

政治家 zhèngzhìjiā　　创造性 chuàngzàoxìng　　申请书 shēnqǐngshū
机器人 jīqìrén　　　　见证人 jiànzhèngrén　　　介绍人 jièshàorén
卷心菜 juǎnxīncài　　起重机 qǐzhòngjī　　　　　敲竹杠 qiāozhúgàng
驱虫剂 qūchóngjì　　　驱逐舰 qūzhújiàn　　　　 吸尘器 xīchénqì
西红柿 xīhóngshì　　　蓄电池 xùdiànchí　　　　 虚荣心 xūróngxīn

2. 句型练习
替换练习

(1) 没空回家干脆让他甭回家得了。

来	来
去	去
扫地	扫地
上街	上街

(2) 承小姐这人哪,是不开会不说。

陈先生	坐车	晕
程小姐	碰上	问
岑先生	过日子	折腾
沈小姐	回家	吃饭
常先生	说	哭

(3) 这事儿不想说就甭说。

操心	操心
管	管
聊	聊
听	听

四 听说欣赏

相 声

XÌJÙ YǓ FĀNGYÁN（XUǍNDUÀN）
戏剧与方言　（选段）
HÓU BǍOLÍN　GUŌ QǏRÚ
侯宝林　郭启儒

Jiǎ：Zuò yí ge xiàngsheng yǎnyuán na, kě bù róngyì.

Yǐ：Zěnme?

Jiǎ：Qǐmǎ de tiáojiànr, děi huì shuōhuà.

Yǐ：Zhèige tiáojiànr dào hěn róngyì a, shéi bú huì shuōhuà ya?

Jiǎ：Nà "shuōhuà" gēn shuōhuà bù tóng ya.

Yǐ：Zěnme?

Jiǎ：Rénjia yìbānrén shuōhuà zhǐyào bǎ nèiróng biǎodá chūlai, ràng duìfāng lǐnghuìle jiù xíng le.

Yǐ：Ò. Nà shuō xiàngsheng de ne?

Jiǎ：Xiàngsheng tā shì ge yìshù xíngshì, jiùshì děi yòng yìshù yǔyán.

Yǐ：Ò!

Jiǎ：Zhè yìshù yǔyán gēn yìbānrén shuōhuà tā jiù yǒu hěn dà de bùtóng.

Yǐ：Shì a.

Jiǎ：M̀. Xiàngsheng de yǔyán na, tā bìxū děi jīngliàn. Nǐ kàn wǒmen biǎoyǎn shuō de shì Běijīnghuà.

Yǐ：Shì a.

第九课

Jiǎ: Wǒmen shuō de Běijīnghuà bú shì yìbān de Běijīnghuà, shì jīngliàn de Běijīnghuà, shì jīngguòle tíliàn na, jīngguòle yìshù jiāgōng.

Yǐ: Xiàngsheng táicír a, jiùshì yǔyán jīngliàn.

Jiǎ: Ài, xiàngsheng yǔyán tèdiǎn ne, jiùshì duǎnxiǎo jīnggàn ér luójíxìng qiáng.

Yǐ: Duì.

Jiǎ: Nǐ kàn wǒmen shuō zhè Běijīnghuà, wàifǔ guānzhòng tā yě tīngdedǒng. Zhè shì zěnme huíshìr? Shì jīngguòle yìshù jiāgōng le. Bú xiàng yìbān Běijīngrén shuōhuà nàme luōsuo, shénme míngcí fùcí dàicí zhùcí yǔqìcí gǎntàncí yòngde nàme duō, luōliluōsuō yí dà duī.

Yǐ: Nàme nín gěi jǔ ge lìzi, yòng nà luōsuo de Běijīnghuà zěnme shuō?

Jiǎ: Luōsuo Běijīnghuà?

Yǐ: Ń.

Jiǎ: Nà bǐrú shuō ba: gēliǎr zhùzài yí ge yuànrli, yí ge zài dōngfáng zhù, yí ge zài xīfáng zhù, yèjiān dōu shuìjiào le. Hūránjiān nà fángmén yì xiǎng, zhèi wū fājué le, liǎng ge rén yí wèn yì dá. Shuōlái zhèi diǎnr shìr jǐ ge zì jiù néng jiějué, yào yòng nèige lǎo Běijīnghuà láishuō jiù luōliluōsuō.

Yǐ: Ó? Shì a. Zěnme shuō?

Jiǎ: Bǐrú shuō yèjiān le, dōu shuìjiào le. Hūránjiān nèi wūmén yì xiǎng, zhèiwū fājué le: "yōhē!"

Yǐ: Yōhē?

Jiǎ: Xiān lái ge gǎntàncí.

Yǐ: Nín qiáo zhèi shìr.

Jiǎ: Yōhē! Nèi wū guāngdāng yíxiàzi ménxiǎng, hēijīngbànyè zhè shì shéi chūlai le, yì shēng bù yuányu guài xiàrén de?

Yǐ: Ò, zhèi yí dà tào a!

Jiǎ: Shì. Huídá yě zhème luōsuo: "Ǎ! Shì wǒ nín na. Gēge nín hái méi xiēzhe ne, wǒ chūlai sā pāo niào, méi wàirén, nín xiēzhe nín, dào béng hàipà nín!"

Yǐ: Zhèi wèi bǐ tā hái luōsuo!

Jiǎ: Zhèi wèi hái guānzhào tā ne.

Yǐ: Hái yào shuō shénme?

Jiǎ: "Hēijīngbànyè de chuān diǎnr yīshang, yàoburán nǐ dòngzhao kě bú shì nàozhe wánr de, míngr yì fāshāo jiù děi gǎnmào le." Tā shuō: "Bú yàojǐn de, gēge wǒ pīzhe yīshang ne, sāle niào wǒ gǎnjǐn jiù huíqu. Nín xiēzhe nín de ba, yǒu shénme huàr zán míngr jiàn ba nín."

Yǐ: Zhè gòu duōshao zì le!

Jiǎ: Sānbǎi duō zì! Yào yòng jīngliàn de Běijīnghuà shuō zhèi diǎnr shìqing, fēnchéng sì jù huà yòng shíliù ge zì jiù néng jiějué wèntí.

Yǐ: Ò! Yí jù huà yòng sì ge zì? Nà zěnme shuō ne?

Jiǎ: Nà wūmén yì xiǎng zhèr fājué le, yí wèn: "Zhè shì shéi ya?" sì ge zì. Huídá yě sì ge: "Shì wǒ nín na." "Nǐ gànmá qù?" "Wǒ sā pāo niào."

Yǐ: Ài, zhè jiù shěngshì duō le.

Jiǎ: Nín tīng zhè shěngshì a? Háiyǒu bǐ zhè shěngshì de.

Yǐ: Nǎr de huà?

Jiǎ: Shāndōnghuà. Shāndōngrén yào shuō zhèi diǎnr shìqing, tóng shì sì jù huà, yòng shí'èr ge zì jiù jiějué le.

Yǐ: Shí'èr ge zì? Ò, sān ge zì yí jù le. Zěnme shuō ne?

Jiǎ: Shāndōnghuà. Nà wūmén yì xiǎng, zhèr fājué yí wèn: "方言读音,不注。"

Yǐ: Sān ge zì.

Jiǎ: Huídá yě sān ge: "方言读音,不注。"

Yǐ: Zhèige gèng shěngshì la!

Jiǎ: Bù, háiyǒu bǐ zhèi gèng shěngshì de.

Yǐ: Nǎr de huà a?

Jiǎ: Shànghǎihuà.

Yǐ: Shànghǎi?

Jiǎ: Shànghǎirén shuōhuà ya, bā ge zì jiù gòu le.

Yǐ: Ò, liǎng ge zì yí jù ya?

Jiǎ: Ài!

Yǐ: Ò. Nà zěnme shuō ne?

Jiǎ: Nà wūmén yì xiǎng, zhèr fājuéle yí wèn: "方言读音，不注。"

Yǐ: Zhè yǒu diǎnr yìsi, nà shěngshì duō lou!

Jiǎ: Bù, háiyǒu bǐ zhèi shěngshì de.

Yǐ: Háiyǒu bǐ zhèi shěngshì de? Nǎr de huà ya?

Jiǎ: Hénánhuà.

Yǐ: Hénán?

Jiǎ: Èi. Hénánrén shuōhuà, jiù zhèi diǎnr shìqing, sì ge zì jiù jiějué.

Yǐ: À, yí ge zì yí jù? Nà zěnmen shuō ya?

Jiǎ: Nà ménr yì xiǎng, zhèr yì fājué, wèn: "方言读音，不注。"

第十课

一 正音专题 零声母和其他

普通话里,绝大多数韵母可以不和声母结合,自成音节。一个韵母自成音节的时候,我们说这个音节有一个零声母。

自成音节的 a,o,e 韵母以及其他不以 i,u,ü 开头的韵母,如果不是紧跟在另一音节的后面,书写形式没有变化,如:阿哥(āgē)、爱好(àihào)、安心(ānxīn);如果紧跟在另一音节后面,则要在其前加隔音符号"'",指明与前面音节的界限,如:热爱(rè'ài)、平安(píng'ān)等。

i,ü 韵母以及以 u 开头的韵母如果自成音节,拼写时在 i,ü 前面加 y,ü 上的两点省略,如:一(yī)、鱼(yú)等。这个 y 声母实际上不发音。

i 开头的韵母如果自成音节,拼写时把 i 改成 y,如:要(iao—yào)、用(iong—yòng)等。有三个韵母比较特殊:iu(iou)写成 you,in 写成 yin,ing 写成 ying,如:有(iou—yǒu)、音(in—yīn)、应(ing—yīng)等。这个 y 声母读做 i。

u 韵母如果自成音节,拼写时在前面加 w,如:五(wǔ)等。这个 w 声母实际上不发音。

u 开头的韵母如果自成音节,拼写时把 u 改成 w,如:我(uo—wǒ)、外(uai—wài)、王(uang—wáng)等。只有两个韵母比较特殊:ui(uei)写做 wei。un(uen)写做 wen。如:为(uei—wèi)、问(uen—wèn)等。这个 w 声母读做 u。

1. 字　例

o

哦 ó	啊 ā	哎 ài	饿 è
傲岸 ào'àn	偶尔 ǒu'ěr	恩爱 ēn'ài	

y

音乐 yīnyuè	应用 yìngyòng	愿意 yuànyì	医院 yīyuàn
原因 yuányīn	犹豫 yóuyù	英语 yīngyǔ	游泳 yóuyǒng

w

文物 wénwù	威望 wēiwàng	慰问 wèiwèn	外围 wàiwéi
妄为 wàngwéi	无味 wúwèi	无误 wúwù	万物 wànwù

2. 拼读下列读音

阿姨 āyí	碍眼 àiyǎn	暗语 ànyǔ	熬夜 áoyè
沿岸 yán'àn	议案 yì'àn	阴暗 yīn'àn	友爱 yǒu'ài
安慰 ānwèi	额外 éwài	耳闻 ěrwén	扼腕 èwàn
玩偶 wán'ǒu	晚安 wǎn'ān	万恶 wàn'è	业务 yèwù
夜晚 yèwǎn	疑问 yíwèn	以外 yǐwài	唯一 wéiyī
外因 wàiyīn	胃液 wèiyè	无缘 wúyuán	维吾尔 wéiwú'ěr

3. 特别对照操练

　　粤语里的零声母在普通话里也读零声母。但是，粤语里的 y, ng, w, m 等声母并不就是普通话里的零声母或 y, w 声母。请注意并拼读下列各对比读音

(1) 粤语里是 y 声母的字

现 xiàn(yin⁶)⋯实　　贤 xián(yin⁴)⋯惠　　欣 xīn(yen¹)⋯赏
形 xíng(ying⁴)⋯成　　嫌 xián(yim⁴)⋯疑　　人 rén(yen⁴)⋯员

125

日 rì(yed⁶)…常　　肉 ròu(yug⁶)…食　　热 rè(yid⁶)…情
然 rán(yin⁴)…而　　忍 rěn(yen²)…受　　烟 yān(yin¹)…叶
言 yán(yin⁴)…语　　厌 yàn(yim³)…倦　　完 wán(yun⁴)…善
丸 wán(yun²)…药　　沃 wò(yug¹)…肥　　恩 ēn(yen¹)…赐
儿 ér(yi⁴)…童　　　二 èr(yi⁶)…月　　　拟 nǐ(yi⁵)…制
凝 níng(ying⁴)…聚　疟 nüè(yêg⁶)…疾　　丘 qiū(yeo¹)…陵
泣 qì(yeb¹)…哭…　　绮 qǐ(yi²)…丽

（2）粤语里是 ng 声母的字
咬 yǎo(ngao⁵)…牙　眼 yǎn(ngan⁵)…前　我 wǒ(ngo⁵)…们
外 wài(ngoi⁶)…界　吴 wú(ng⁴)…姓　　呆 ái(ngoi⁴)…板
霓 ní(ngei⁴)…虹灯　牛 niú(ngeo⁴)…奶

（3）粤语里是 w 声母的字
永 yǒng(wing⁵)…恒　颖 yǐng(wing⁶)…聪…　遗 yí(wei⁴)…憾
娃 wá(wa¹)…娃　　污 wū(wu¹)…染　　伟 wěi(wei⁵)…业
还 huán(wan⁴)…原　黄 huáng(wong⁴)…牛　和 hé(wo⁴)…气
荣 róng(wing⁴)…誉

（4）粤语里是 m 声母的字
马 mǎ(ma⁵)…上　　买 mǎi(mai⁵)…卖　　满 mǎn(mun⁵)…面
无 wú(mou⁴)…线　　问 wèn(men⁶)…世　　文 wén(men⁴)…件
剥 bō(mog¹)…削

粤语里有各种声母的字在普通话里读做零声母、y 声母或 w 声母。请拼读下列各对应读音：

（1）粤语里是零声母，ng，y 的字在普通话里是零声母的字
啊 a(a¹)　　　　唉 āi(ai⁶)　　　　噢 ò(o¹)
爱 ài(oi³)…情　　安 ān(on¹)…全　　岸 àn(ngon⁶)…边

暗 àn(em³)…示　　昂 áng(ngong⁴)…贵　　熬 áo(ngao⁴)…粥
恶 è(og³)…化　　　凹 āo(neb¹)…凸　　　恩 ēn(yen¹)…情
儿 ér(yi⁴)…子　　　而 ěr(yi⁴)…且　　　耳 ěr(yi⁵)…朵
尔 ěr(yi⁵)偶…　　　二 èr(yi⁶)…者

（2）粤语里是 y, ng, w 声母和零声母在普通话里是 y 声母的字

衣 yī(yi¹)…服　　　烟 yān(yin¹)…草　　厌 yàn(yim³)…恶
英 yīng(ying¹)…语　因 yīn(yen¹)…此　　爷 yé(ye⁴)…爷
月 yuè(yud⁶)…亮　　远 yuǎn(yun⁵)…近　园 yuán(yun⁴)…艺
摇 yáo(yiu⁴)…头　　有 yǒu(yeo⁵)…关　　用 yòng(yung⁶)…户
亚 yà(a³)…洲　　　牙 yá(nga⁴)…齿　　　崖 yá(ngai⁴)悬…
艺 yì(ngei⁶)…术　　咬 yǎo(ngao⁵)…牙　　眼 yǎn(ngan⁵)…睛
银 yín(ngen⁴)…行　岩 yán(ngam⁴)…石　　鸭 yā(ab³)…子
云 yún(wen⁴)…彩　　允 yǔn(wen⁵)…许　　匀 yún(wen⁴)…称
永 yǒng(wing⁵)…远　域 yù(wig⁶)区…　　援 yuán(wun⁴)…助
晕 yūn(wen¹)头…　　遗 yí(wei⁴)…传　　颖 yǐng(wing⁶)聪…

（3）粤语是 w, m, ng, y 声母而在普通话里是 w 声母的字

乌 wū(wu¹)…云　　　温 wēn(wen¹)…度　　挽 wǎn(wan⁵)…救
歪 wāi(wai¹)…曲　　弯 wān(wan¹)…路　　伟 wěi(wei⁵)…大
窝 wō(wo¹)…头　　　碗 wǎn(wun²)饭…　　威 wēi(wei¹)…信
文 wén(men⁴)…化　　问 wèn(men⁶)…题　　闻 wén(men⁴)…名
微 wēi(mei⁴)…机　　味 wèi(mei⁶)…精　　尾 wěi(mei⁵)…巴
望 wàng(mong⁶)希…　物 wù(med⁶)…价　　务 wù(mou⁶)…必
万 wàn(man⁶)…一　　袜 wà(med⁶)长…　　无 wú(mou⁴)…限
午 wǔ(ng⁵)…饭　　　我 wǒ(ngo⁵)…们　　外 wài(ngoi⁶)…交
危 wēi(ngei⁴)…险　　瓦 wǎ(nga⁵)…解　　魏 wèi(ngei⁶)…碑
完 wán(yun⁴)…成　　婉 wǎn(yun²)委…　　丸 wán(yun²)药…
翁 wēng(yung¹)老…　沃 wò(yug¹)肥…

4. 绕口令

(1) 小 王 和 小 黄 XIĂO WÁNG HÉ XIĂO HUÁNG

xiǎo wáng hé xiǎo huáng, yí kuàir huà fèng huáng, xiǎo wáng huà huáng
小 王 和 小 黄,一 块 儿 画 凤 凰;小 王 画 黄
fèng huáng, xiǎo huáng huà hóng fèng huáng. huáng fèng huáng、hóng fèng huáng
凤 凰,小 黄 画 红 凤 凰。黄 凤 凰、红 凤 凰
dōu biàn chéng le huó fèng huáng, wàng zhe xiǎo wáng hé xiǎo huáng
都 变 成 了 活 凤 凰,望 着 小 王 和 小 黄。

(2) 吴胡武 WÚ HÚ WǓ

wú shì wú, hú shì hú, wǔ shì wǔ, bié bǎ xìng wú de shuō chéng xìng hú
吴是吴,胡是胡,武是武;别把姓吴的说 成 姓胡
de, yě bié bǎ xìng hú de shuō chéng xìng wú de, gèng bié bǎ xìng wǔ de shuō
的,也别把姓胡的说 成 姓吴的,更别把姓武的说
chéng xìng hú de. wú hú wǔ, wǔ hú wú
成 姓胡的。吴胡武,武胡吴。

二 句型操练 助动词（能愿动词）

1. 基本句型

你不要送了,我不会迷路的。
这次活动我不想参加了。
他一点儿也不肯开口。
我不敢答应你的要求。
都六点了,他该回家了。

第十课

出门在外得小心点儿。
他脾气一上来，准得发顿火。
时间还早，九点之前能赶到。
他会说三门外语。
不许你这样议论他。
这种人不配当男子汉。
这书值得一读。

2. 常用句型

要 yào（要；使）
肯 kěn（制）
敢 gǎn（够胆）
该 gāi（要；应该；好）
得 děi（要；应该）
准得 zhǔnděi（梗要）
能 néng（可以；能够）
会 huì（识；会）
不许 bùxǔ（唔准；唔好）
不配 búpèi（唔衬）
值得 zhíde（抵；值）
想 xiǎng（想；谂住）
送 sòng
迷路 mílù（荡失路）
活动 huódòng
参加 cānjiā
开口 kāikǒu（开声）
答应 dāying（应承）
要求 yāoqiú
出门 chūmén
在外 zàiwài（喺出便）

小心 xiǎoxīn（因住；睇住）
脾气 píqi
发火 fāhuǒ（火起）
赶（到）gǎn（dào）
外语 wàiyǔ（外文）
议论 yìlùn（话）
男子汉 nánzǐhàn（大男人）
书 shū
松口 sōngkǒu
老婆 lǎopo
顾 gù
过小日子 guò xiǎorìzi
自己 zìjǐ
听 tīng
瞎 xiā（乱）
喝 hē（饮）
说瞎话 shuō xiāhuà（讲大话）
随地 suídì（随处；度度）
吐痰 tǔtán
抽（吸）烟 chōu（xī）yān（食烟）
随便 suíbiàn（乱；求其；随便）

129

侃 kǎn（车大炮；倾；讲）　　讲座 jiǎngzuò
扯 chě（讲；噏）　　　　　问题 wèntí
邹 zōu（讲；噏）　　　　　意见 yìjiàn
邹 Zōu　　　　　　　　　　话题 huàtí

3. 习惯用语

拐弯儿 guǎiwānr（转弯抹角）

了不起 liǎobuqǐ（够架势）

好样儿的 hǎoyàngrde（好嘢）

擦屁股 cā pìgu（执手尾）

不显山不露水儿 bù xiǎn shān bú lòu shuǐr（扮猪食老虎）

会的看门道儿，不会的看热闹 huìde kàn méndàor, búhuìde kàn rènào

苍蝇不钻没缝的蛋 cāngying bù zuān méi fèng de dàn

4. 句型替换

(1) 这 [事儿/讲座/话儿/问题/意见/话题/事儿/主题/闲话]（呀哪哇啊），谁 [要/会/肯/想/该/能/敢/配/可以] 提谁去 [谈/讲/说/聊儿/提/诌/劝/侃/扯]。

(2) 不要 {说/议论/哭/操心/啰嗦} 了，我不会 {相信/听/出门/折腾/忘} 的。

(3) 都 {三十/十二点/不小/这么大} 了，{他/你/她/你们} 该 {过小日子/洗澡/管管自己/自个儿想想} 了。

(4) {曾/邹/宗/左} 小姐这人是能 {说/哭/吃/过日子} 敢 {做/说/喝/折腾}。

(5) 不许 {说瞎话/随地吐痰/在这儿抽烟/随便议论人家/瞎折腾} ！

(6) 看来 {小崔/饭馆儿/昨天/公司/老曹} 这 {朋友/面/架/班/家} 值得（一）{交/见/吵/上/回}。

5. 短小课文

哎哟,都这么晚了!我该回家了。你们不要送了,我不会迷路的。这活动我不想参加了,行吗?我不敢答应你们。我老婆对这种事儿一点儿也不肯松口,她脾气一上来,准得发顿火。她说我老往外跑,家里都顾不上,不配当男子汉。你瞧瞧,我回家挺累,还得挨骂,你们说这值得吗?别别别,不许你们这样儿议论她。对了,我可以搭112路电车,六点之前准能赶回家,回头见。

6. 词语注释

(1)"他会说三门外语"粤语说成"佢识讲三种外文","会"用"识"来表达。此类用法还有"佢识跳舞"、(他会跳舞)、"佢识讲英文"(他能说英语)等。

(2)"瞎折腾"里的"瞎"是"乱"的意思,"瞎折腾"就是"乱来一气"。这种说法还有"瞎说"、"瞎掰"、"瞎扯"、"瞎诌"、"瞎闹"、"瞎花钱"、"瞎操心"等。

(3)"过小日子"通常指小两口儿生活;"过日子"则指一般生活,过活。

(4)"别别别……"在口语里常用来表示禁止或劝阻。这种否定重叠表达方式在粤语里较少见。普通话里还有"不不不……"、"甭甭甭……"等。

(5)"得"在这儿读 děi 不读 dé,意思是"必须"、"肯定"、"需要"等,否定式不用"不得",而用"不用"、"不必"等,如"得带伞吗?"、"不用。"

7. 语言常识

能愿动词也叫助动词,数目有限,但意思和用法复杂,多数表示意愿,少数表示可能。普通话的这类词大致有"要"、"想"、"愿意"、"肯"、"敢"、"应该(当)"、"该"、"得(děi)"、"能(够)"、"可以"、"可"、"准"、"许"、"配"、"值得"、"可能"、"会"等。粤语的这类词有不少是与普通话共有的,但用法有不少差异。如"要",粤语也用"要",但常用"想"代替,"他要去深圳"

粤语多说成"佢想去深圳"。"愿意"一词粤语也较少用,代替的常是"想"、"钟意"等词,如"我愿意和你去,不愿意一个人去",说成"我想(钟意)同你去,唔想(钟意)一个人去"等。"敢"也常被"够胆"所替代。如"我不敢说",多说成"我唔够胆讲"。"得(děi)"在粤语中没有对应的词。"你得小心点儿"说成"你要小心啲";"你父亲回来,你准得高兴"说成"你老窦返来,你实开心"。其他还有许多不同点都应多学才能掌握。

三　课文练习

1. 语音练习
拼读下列音节

蔼蔼 ǎi'ǎi　　　昂昂 áng'áng　　　嗷嗷待哺 áo'áodàibǔ
殷殷 yīnyīn　　　依依 yīyī　　　　牙牙学语 yáyáxuéyǔ
往往 wǎngwǎng　　万万 wànwàn　　　弯弯曲曲 wānwānqūqū

恩怨 ēnyuàn　　而已 éryǐ　　耳语 ěryǔ　　义务 yìwù
问安 wèn'ān　　厌恶 yànwù　　药物 yàowù　　午夜 wǔyè
外语 wàiyǔ　　唯有 wéiyǒu　　扼要 èyào　　奥运 àoyùn
无意 wúyì　　欧阳 ōuyáng　　冤枉 yuānwang　演员 yǎnyuán

2. 句型练习
替换练习
(1) 他配议论人家吗?他是啥玩艺儿?

老鲁	管
小陆	说
大凌	骂
小赖	喝

(2) 这活动我不配参加,得了吧?

冼大哥	不想
小宣	不能
邢大婶	不敢
老薛	不会
谢大叔	不该

(3) 富小姐不敢回家,你饶了她吧!

钱	不想	吵架
菜	不肯	上街
康	不该	发火
利	不会	做菜
盛	不能	答应

(4) 陶小姐一上班,准得迟到。

谭先生	回家	打电话
田小姐	喝酒	喝醉
涂先生	逛街	买东西
童小姐	开会	发言
唐先生	喝醉	骂人

四 听说欣赏

美国电影《魂断蓝桥》录音片断

LUÓYĪ KÈLǓNÍNG YǓ MǍLĀ DE DUÌHUÀ
罗伊·克鲁宁与玛拉的对话

Mǎ: Nǐ hǎo!
Luó: Nǐ hǎo!
Mǎ: Nǐ lái kàn wǒ, tài hǎo la!
Luó: Bié zhème shuō.
Mǎ: Nǐ, nǐ méi zǒu?
Luó: Hǎixià yǒu shuǐléi, fàngjià sìshíbā xiǎoshí.
Mǎ: Zhè zhēn tài hǎo la!
Luó: Shìde, yǒu zhěngzhěng liǎng tiān. Nǐ zhīdào, wǒ yí yè dōu zài xiǎng nǐ, shuì yě shuìbuzháo.
Mǎ: Nǐ zhōngyú xuéhuì jìzhù wǒ le?
Luó: Shì a! Gānggāng xuéhuì. Mǎlā, jīntiān wǒmen gàn shénme?
Mǎ: N...wǒ, wǒ...
Luó: Xiànzài yóubudé nǐ zhèyàng le.
Mǎ: Zhèyàng?
Luó: Zhèyàng yóuyù, nǐ bù néng zài yóuyù le!
Mǎ: Bù néng?
Luó: Bù néng!
Mǎ: Nà wǒ yīnggāi zěnmeyàng ne?
Luó: Qù gēn wǒ jiéhūn!

Mǎ: Á! Luóyī, nǐ fēngle ba?
Luó: Fēngkuáng shì měihǎo de gǎnjué!
Mǎ: Luóyī, nǐ lǐzhì diǎnr!
Luó: Wǒ cái bù ne!
Mǎ: Kě nǐ hái bù liǎojiě wǒ!
Luó: Huì liǎojiě de, yòng wǒ yìshēng lái liǎojiě.
Mǎ: Ó, Luóyī, xiànzài zài dǎzhàng, yīnwèi nǐ kuài yào líkāi le, yīnwèi nǐ bìxū zài liǎngtiān nèi dùguò nǐ zhěnggèr yìshēng.
Luó: Wǒmen qù jiéhūn ba! Chúle nǐ, biéren, wǒ dōu bú yào!
Mǎ: Nǐ zěnme zhèyàng kěndìng?
Luó: Qīn'ài de, bié zhīzhiwúwu le! Bié zài wèn le! Bié zài yóuyù le! Jiù zhèyàng dìng le, zhīdào ma? Zhèyàng kéndìng le, zhīdào ma? Zhèyàng juédìng le! zhīdào ma? Qù gēn wǒ jiéhūn ba! Zhīdào ma?
Mǎ: Shì, qīn'ài de.

第十一课

一 正音专题 韵母 a ia ua

a, ia, ua 是普通话的三个元音韵母。

发 a 音时,口大开,舌位低平,不圆唇。如:"阿"(ā)。这个音类似于粤语里"阿"(a³)的发音,但是它比粤语里的"阿"(a³)口形要小。如:普通话里的"发"(fā)与粤语里的"花"(fa¹)的发音在口形上是有所区别的。

ia 是一个前轻后重的复合元音韵母。发 ia 时,先发一个开口度小、短而轻的 i 音,然后滑向响亮的 a 音。如:"牙"(yá=iá)。粤语的"廿"(ya⁶)的发音类似于普通话的这个韵母,但是普通话 ia 中的 a 同样比粤语 ya 中的 a 口形小,而且说普通话的 ia 的时候,-i-的摩擦比较明显,粤语里的 ya 不是这样。

ua 也是一个前轻后重的复合元音韵母。发 ua 时,先发一个圆唇、开口度小、短而轻的 u 音,然后滑向响亮的 a 音。如:"瓦"(wǎ(=uǎ))。粤语的"华"(wa⁴)的发音类似于普通话的这个韵母,但是普通话的 ua 中 a 的口形也比粤语的 a 小,而且-u-的发音在普通话的 ua 中比较清晰明显。

粤语里没有带介音的韵母(即主要元音之前有过渡音的韵母),因此,讲粤语的人在说普通话的时候容易忽略 ia 和 ua 中的-i-和-u-,如把"牙"(yá)读成 á,把"抓"(zhuā)读成 zā,我们要注意不犯这个毛病。

1. 字 例

a

| 喇叭 lǎba | 大厦 dàshà | 发达 fādá | 打发 dǎfa |
| 马达 mǎdá | 哪怕 nǎpà | 沙发 shāfā | 刹那 chànà |

ia

压价 yājià　　　恰恰 qiàqià　　　家家 jiājiā　　　家鸭 jiāyā
加压 jiāyā　　　假牙 jiǎyá　　　下压 xiàyā　　　下家 xiàjiā

ua

娃娃 wáwa　　　画画 huàhuà　　　耍滑 shuǎhuá　　　耍花招 shuǎhuāzhāo
哗哗 huāhuā　　挂花 guàhuā　　　呱呱 guāguā　　　唰唰 shuāshuā

2. 拼读下列读音

大家 dàjiā　　　打架 dǎjià　　　沙哑 shāyǎ　　　发芽 fāyá
牙刷 yáshuā　　八卦 bāguà　　　茶花 cháhuā　　　插话 chāhuà
价码 jiàmǎ　　　假发 jiǎfà　　　夹杂 jiāzá　　　下巴 xiàba
佳话 jiāhuà　　　假话 jiǎhuà　　　瞎抓 xiāzhuā　　掐花 qiāhuā
画押 huàyā　　　下嫁 xiàjià　　　夸大 kuādà　　　刮痧 guāshā
画家 huàjiā　　　花甲 huājiǎ　　　华夏 huáxià　　　抓瞎 zhuāxiā
下马 xiàmǎ　　　差价 chājià　　　瓜架 guājià　　　加拿大 jiānádà

3. 特别对照操练

粤语里韵母是 a, ia 的字, 在普通话里并不就读 a, ia。请注意：

(1) 粤语里韵母读 a 的字, 在普通话里除了也读 a 韵母外, 还可能读做以下韵母

假 jiǎ(ga²)···若　　　价 jià(ga³)···值　　　夏 xià(ha⁶)···季
夸 kuā(kua¹)···张　　瓜 guā(gua¹)···果　　寡 guǎ(gua²)···妇

(2) 粤语里韵母读 ia 的字在普通话里读做以下韵母

也 yě(ya⁵)···许　　　廿 niàn(ya⁶)···年

(3) 粤语里韵母读 ua 的字,普通话韵母也读 ua,但读音不同

画 huà(wa²)…面　　华 huá(wa⁴)…侨　　话 huà(wa⁶)…题

因此,请注意不要混淆下列词语

家里 jiāli—咖喱 gālí　　干架 gànjià—尴尬 gāngà
虾米 xiāmǐ—哈密 hāmì　　吓人 xiàrén—杀人 shārén
恰恰 qiàqià—哈哈 hāhā　　花展 huāzhǎn—发展 fāzhǎn
耍笑 shuǎxiào—傻笑 shǎxiào
抓耳朵 zhuā'ěrduo—扎耳朵 zhā'ěrduo

粤语里其他韵母的字在普通话里读 a, ia 或 ua 韵母。请注意:

(1) 粤语里以下的字在普通话里读 a 韵母

八 bā(bad³)…月　　察 chá(cad³)…觉　　发 fā(fad³)…展
杀 shā(sad³)…害　　辣 là(lad⁶)…椒　　达 dá(dad⁶)…到
答 dā(dab³)…应　　踏 tà(dab⁶)…板　　纳 nà(nab⁶)…税
插 chā(cab³)…花　　闸 zhá(zab⁶)…门　　砸 zá(zag⁶)…坏
拔 bá(bed⁶)…河　　罚 fá(fed⁶)…款　　帕 pà(pag³)…手…
傻 shǎ(so⁶)…子　　拉 lā(lai¹)…车　　眨 zhǎ(zam²)…眼

(2) 粤语里以下的字在普通话里读 ia 韵母

家 jiā(ga¹)…庭　　价 jià(ga³)…钱　　下 xià(ha⁶)…面
加 jiā(ga¹)…工　　亚 yà(a³)…洲　　卡 qiǎ(ka¹)…关
夹 jiā(gab³)…子　　压 yā(ad³)…力　　押 yā(ad³)…金
佳 jiā(gai¹)…话　　洽 qià(heb¹)…谈　　辖 xiá(hed⁶)管…

(3) 粤语里以下的字在普通话里读 ua 韵母

画 huà(wa²)…面　　瓜 guā(gua¹)…果　　夸 kuā(kua¹)…大
话 huà(wa²)…音　　化 huà(fa³)…学　　抓 zhuā(za¹)…紧
刮 guā(guad³)…风　　挖 wā(wad³)…掘　　刷 shuā(cad³)…子

划 huà(wag⁶)…分　　袜 wà(med⁶)…子　　爪 zhuǎ(zao²)…子

请注意区分下列各组词语的读音

夹子 jiāzi—杂志 zázhì　　　瞎眼 xiāyǎn—眨眼 zhǎyǎn
压伤 yāshāng—砸伤 záshāng　　恰好 qiàhǎo—插好 chāhǎo
狭窄 xiázhǎi—盒子 hézi　　　吓人 xiàrén—客人 kèren
刷地 shuādì—擦地 cādì　　　丝袜 sīwà—私物 sīwù

4. 绕口令

wáng pó mài guā yòu mài huā, yì biānr mài lái yì biānr kuā, yòu
王婆卖瓜又卖花，一边儿卖来一边儿夸，又
kuā huā, yòu kuā guā, kuā guā dà, dà kuā huā, kuā lái kuā qù méi rén lái lǐ
夸花，又夸瓜，夸瓜大，大夸花，夸来夸去没人来理
tā
她。

yí ge xiǎo wá wa, zhuō le sān ge dà há ma, sān ge pàng wá wa, zhǐ
一个小娃娃，捉了三个大蛤蟆；三个胖娃娃，只
zhuō le yí ge dà há ma. zhuō le yí ge dà há ma de sān ge pàng wá wa zhēn
捉了一个大蛤蟆。捉了一个大蛤蟆的三个胖娃娃真
bù rú zhuō le sān ge dà há ma de nèi ge xiǎo wá wa
不如捉了三个大蛤蟆的那个小娃娃。

3. 山上 三个喇嘛

山上有三个喇嘛拿着三个大喇叭,山下来了三个哑巴捧着三斤糍粑。哑巴吹喇嘛的喇叭,喇嘛吃哑巴的糍粑。

二 句型操练 动词的体(开始体、进行体、持续体)

1. 基本句型

他大喊起来。
他自个儿看起书来。
老刘正在打瞌睡呢。
刘大妈正做菜,嘴里哼着小曲儿。
小刘这会儿在打扮。
你手里拿着什么东西?
孩子调皮,好好看着他。
他打着呼噜、说着梦话。
他是站着,不是蹲着。
屋里灯还亮着。

2. 常用句型

起来 qǐlai(起身)
着 zhe(住)
睡觉 shuìjiào(瞓觉)
划船 huáchuán(扒艇仔)
打瞌睡 dǎ kēshuì(瞌眼瞓)
烧开水 shāo kāishuǐ(煲滚水)
做菜 zuòcài(煮餸)
做梦 zuòmèng(发梦)
抓痒痒儿 zhuāyǎngyangr(揩痕)
游泳 yóuyǒng(游水)
打哈欠 dǎ hāqian(打喊路)
打盹儿 dǎ dǔnr(瞌)
打扮 dǎban(装;扮靓)
哼小曲儿 hēng xiǎoqǔr(唱歌)
看书 kànshū(睇书)
喊 hǎn(叫;嗌)
自个儿 zìgěr(自己)
嘴 zuǐ(口)
拿 ná(挤)
调皮 tiáopí(反斗)
看 kān(睇住)
削 xuē(剋)

乘凉 chéngliáng(敨凉)
晒太阳 shài tàiyang
打呼噜 dǎ hūlu(扯鼻鼾)
说梦话 shuō mènghuà(发开口梦)
照镜子 zhào jìngzi(照镜)
摆架子 bǎi jiàzi(摆架势)
做买卖 zuò mǎimai(做生意)
摆摊子 bǎi tānzi(摆档)
跳皮筋儿 tiào píjīnr(跳橡筋)
下棋 xiàqí(捉棋)
打麻将 dǎ májiàng(打麻雀)
打喷嚏 dǎ pēntì(打乞嗤)
打饱嗝儿 dǎ bǎogér(打思噎)
站 zhàn(企)
蹲 dūn(跍)
收拾(东西)shōushi(dōngxi)(执嘢)
比试 bǐshi(试)
诸葛 Zhūgě
干 Gān
鲍 Bào
薄 Bó

3. 习惯用语

太好了 tài hǎo le(好到极)
有看头儿 yǒu kàntour(抵睇;堪睇)
不在话下 búzàihuàxià(易过借火)
有板有眼 yǒubǎn-yǒuyǎn(有规有矩)

东一榔头西一棒子 dōng yì lángtou xī yí bàngzi
哪个猫儿不吃腥 něi ge māor bù chī xīng
活人哪儿能让尿给憋死呀 huórén nǎr néng ràng niào gěi biēsǐ ya

4. 句型替换

(1)

司马	做		梦	
上官	抓		痒痒儿	
欧阳	看		书	
夏候	摆	起	架子	来。
诸葛	做		买卖	
尉迟	摆		摊子	
司徒	下		棋	

(2)

老葛	划		船		说		笑话儿	
大郭	烧		开水		打		哈欠	
小高	洗	着	澡	,	哼	着	小曲儿	。
老甘	晒		太阳		打		盹儿	
小辛	看		书		喝		茶	

(3)

屋外	雨		下	
盆里	衣服		洗	
屋里	电话	正	打	着呢。
灶上	菜		做	
桌上	东西		收拾	
手里	苹果		削	

143

(4) 谈着谈着,他冷不丁打起 { 盹儿 / 饱嗝儿 / 喷嚏 / 哈欠 } 来。

(5) { 丰大娘 / 傅大妈 / 方大爷 / 房大婶 / 范大哥 / 冯大姐 } 不是在 { 乘凉 / 做菜 / 打饱嗝儿 / 烧开水 / 游泳 / 看书 } ,而是在 { 晒太阳 / 收拾东西 / 打喷嚏 / 做饭 / 划船 / 打麻将 } 。

5. 短小课文

刘大妈正做饭,嘴里哼着小曲儿;小刘在打扮,照着镜子,拿一条新裙子在身上比试着;老刘呢,看看这儿,看看那儿,也自个儿看起书来。看着看着,打起瞌睡来,一会儿竟睡着了。屋外一群人正在打麻将和下棋,有的站着,有的蹲着,有的还打着饱嗝儿。听到这边老刘打着响呼噜,嘴里一边儿还说着梦话,大伙儿全乐了。

6. 词语注释

(1) 开始体单音节动词多限于"打"、"唱"、"喊"、"叫"、"跳"、"吵"等词,这类词数量有限,使用时多放在"起来"之前,如"哭起来"等;双音或多音节动词(或词组)用于开始体时多拆开来说,如"看书"得说"看起书来","起"插嵌在述语与宾语之间。

(2) 除开动词外,形容词也可以加"着",表示某种性状的持续,如"屋里灯亮着"、"壶里水热着呢"等。

(3) "打瞌睡"与"打盹儿"有点区别:前者是没睡着,后者是小睡、睡着了。

(4) 有板有眼：来自戏曲（如京剧）的"板"和"眼"（即节奏、节拍），"有板有眼"意为"有规矩，不乱套"，如"他做事儿有板有眼"。

7. 语言常识

汉语的动词都有时、体的语法范畴，表现"体"的方式主要靠在动词后面附加词尾。这些词尾基本上只有语法意义而没有实际词汇意义。普通话与粤语的这类词尾大都是动态助词。普通话表现动作处于不同阶段，既可在动词前用副词，也可在动词后附着动态助词，还可在句末加助词。如"进行体"，主要是在动词前加副词"正"、"在"、"正在"表示，或在句末加语气助词"呢"来表示。普通话的"着"虽然有时能与"正"、"呢"同时出现，如"外面正下着雨呢"，但它的语法功能主要是表示状态的持续（如"他穿着一件大衣"）以及动作进行时伴随着的状态（如"他笑着走进来"）。粤语表示"体"的范畴主要靠动态助词，如"紧"用于"进行体"，如"佢食紧饭"；"住"用于"持续体"，如"佢着住件黑褛"（他穿着一件黑上衣）等，与普通话的"着"有对应关系。

三 课文练习

1. 语音练习
拼读下列音节

妈妈 māma	爸爸 bàba	哈哈大笑 hāhādàxiào
家家 jiājiā	恰恰 qiàqià	牙牙学语 yáyáxuéyǔ
哗哗 huāhuā	呱呱 guāguā	夸夸其谈 kuākuāqítán

大驾 dàjià	插花 chāhuā	下达 xiàdá	加大 jiādà
画架 huàjià	下马 xiàmǎ	打滑 dǎhuá	加码 jiāmǎ
假花 jiǎhuā	瞎话 xiāhuà	袈裟 jiāshā	打假 dǎjiǎ

2. 句型练习
替换练习

（1）大伙儿玩儿得正高兴，班小姐突然大叫起来。

谈	毕先生	骂
聊儿	柏小姐	哭
侃	鲍先生	喊
扯	白小姐	笑
说	包先生	嚷

（2）屋外老人们正在晒太阳呢。

院子里	姑娘	跳皮筋儿
屋里	孩子	看书
树下	棋手	下棋
河里	小伙子	划船
湖里	人	游泳

（3）老纪在睡觉，打着呼噜。

蒋大爷	睡觉	说	梦话
小季	跳皮筋儿	唱	小曲儿
金奶奶	晒太阳	打	喷嚏
小焦	打扮	照	镜子
老吉	打盹儿	歪	脑袋
贾二叔	下棋	哼	小调儿

四 听说欣赏

Yān lóng hán shuǐ yuè lóng shā, yè bó Qínhuái jìn jiǔjiā.
Shāngnǚ bù zhī wáng guó hèn, gé jiāng yóu chàng hòutínghuā.

Kūténg lǎoshù hūnyā, xiǎoqiáo liúshuǐ rénjiā, gǔdào xīfēng shòumǎ. Xīyáng xī xià, duànchángrén zài tiānyá.

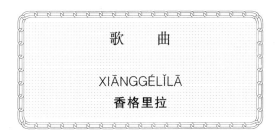

歌 曲

XIĀNGGÉLǏLĀ
香格里拉

　　Zhè měilì de Xiānggélǐlā, zhè kě'ài de Xiānggélǐlā, wǒ shēnshēn de àishàngle tā! Wǒ àishàngle tā!

　　Nǐ kàn zhè shān wēi shuǐ yá, nǐ kàn zhè hóngqiáng lǜwǎ, fǎngfú shì zhuāngdiǎnzhe shénhuà, zhuāngdiǎnzhe shénhuà! Nǐ jiàn zhè liǔsī cēncī, nǐ kàn zhè huāzhī dīyā, fēnmíng shì yì fú cǎisè de huà! Ǎ! Háiyǒu nà wēnnuǎn de chūnfēng, gèng xiàng shì yì xí qīngshā, wǒmen jiù zài tā de lǒngzhào xià, wǒmen gēchàng, wǒmen huānxiào, ǎlālā, hāhāhā!

　　Zhè měilì de Xiānggélǐlā, zhè kě'ài de Xiānggélǐlā, wǒ shēnshēnde àishàngle tā, shì wǒ lǐxiǎng de jiā, Xiānggélǐlā!

第十二课

一 正音专题 韵母 e o uo

e,o,uo 是普通话中的三个元音韵母。

发 e 时,口半开,舌位比较高,舌头往后缩,不圆唇。如:"鹅"(é)。要注意发 e 的时候,口形通常是由小而渐大。只有在第一声和轻声的时候,口形才没有变化,如:"歌"(gē)、"了"(le)。粤语里没有这样的音。我们在发这个音的时候,要注意不要把它发成了粤语的"柯"(o[1])或者"靴"(hê[1])、"车"(cé[1])的韵母。普通话的"喝"(hē)不是粤语的"呵"(ho[1])或者"靴"(hê[1]),普通话的"这"(zhè)也不是粤语的"借"(zé[3])。

发 o 时,开口度和舌位与 e 相同,但要圆唇。如:"哦"(ó)。粤语里"可"(ho[2])中的 o 类似于普通话的这个音,但口形要大得多。另外要注意的是,普通话的 o 在不单独出现的情况下,实际发音是 uo,也就是在 o 前面有一个轻微的 u 音,如:"波"(bō)的实际发音是 buō,"泼"(pō)的实际发音是 puō,"摸"(mō)的实际发音是 muō,"佛"(fó)的实际发音是 fuó。请把这几个音和粤语中的"波"、"泼"、"摸"、"火"比较一下。

uo 是一个前轻后重的复合元音韵母。发 uo 时,先发一个开口度小、短而轻的 u,然后再滑向响亮的 o 音。如:"窝"(wō(=uō))。这个音类似于粤语里的"窝"(wo[1]),但普通话的 uo 发音时口形比较小,而且-u-音清晰。粤语里读音是 uo 的字不多。说普通话的时候,要注意不要用粤语的 o 代替这个音:普通话的"螺"(luó)不是粤语的"螺"(lo[2]),普通话的"多"(duō)不是粤语的"多"(do[1])。

1. 字　例

e

舍得 shěde	各个 gègè	特色 tèsè	这么 zhème
折合 zhéhé	色泽 sèzé	折射 zhéshè	塞责 sèzé

o

薄膜 bómó	泼墨 pōmò	磨墨 mómò	磨破 mópò

uo

哆嗦 duōsuo	堕落 duòluò	骆驼 luòtuo	脱落 tuōluò

拼读下列音节

胳膊 gēbo	折磨 zhémó	隔膜 gémó	刻薄 kèbó
合伙 héhuǒ	厕所 cèsuǒ	车祸 chēhuò	合作 hézuò
伯乐 bólè	波折 bōzhé	博得 bódé	墨盒 mòhé
薄弱 bóruò	摸索 mōsuǒ	摩托 mótuō	破获 pòhuò
挫折 cuòzhé	火车 huǒchē	获得 huòdé	所得 suǒdé
活泼 huópo	萝卜 luóbo	唾沫 tuòmo	琢磨 zhuómó
菠萝 bōluó	薄荷 bòhe	或者 huòzhě	佛陀 fótuó

2. 特别对照操练

　　粤语里没有 e 和 uo 韵母，粤语里的 o 韵母字在普通话里除了可能读做 o 韵母外，还可能读做以下韵母

多 duō (do^1)…少	过 guò (guo^3)…去…	妥 tuǒ (to^5)…当
躲 duǒ (do^2)…避	挪 nuó (no^4)…用	左 zuǒ (zo^2)…右
错 cuò (co^3)…误	货 huò (fo^3)…币	坐 zuò (zo^6)…标
个 gè (go^3)…别	可 kě (ho^2)…以	科 kē (fo^1)…技
贺 hè (ho^6)…信	和 hé (wo^4)…平	俄 é (ngo^4)…国

助 zhù（zo⁶）…手　　初 chū（co¹）…期　　疏 shū（so¹）…忽

粤语里有不同韵母的字在普通话里读 e, o 或 uo 韵母，请注意：

(1) 粤语里以下字在普通话里读 e 韵母

哥 gē（go¹）…哥　　何 hé（ho⁴）…必　　和 hé（wo⁴）…解
喝 hē（hod³）…酒　　褐 hè（hod³）…色　　割 gē（god³）…断
各 gè（gog³）…种　　乐 lè（log⁶）…观　　壳 ké（hog³）果…
鳄 è（ngog⁶）…鱼　　鹤 hè（hog³）白…　　阁 gé（gog³）…下
策 cè（cag³）…划　　责 zé（zag³）…任　　格 gé（gag³）…局
得 dé（deg¹）…力　　则 zé（zeg¹）否…　　塞 sè（seg¹）…责
合 hé（heb⁶）…理　　核 hé（hed⁶）…算　　咳 ké（ked¹）…嗽
车 chē（cé¹）…辆　　蛇 shé（sé⁴）…酒　　赊 shē（sé¹）…账
涉 shè（xib³）…外　　涩 sè（gib³）苦…　　摄 shè（xib³）…影
热 rè（yid⁶）…量　　设 shè（qid³）…计　　舌 shé（xid⁶）…头
色 sè（xig¹）…调　　啬 sè（xig¹）各…　　的 de（dig¹）他…

(2) 粤语里以下字在普通话里读 o 韵母

播 bō（bo³）…送　　颇 pō（po²）…好　　摸 mō（mo¹）…索
博 bó（bog³）…士　　驳 bó（bog³）…回　　泊 pò（bog⁶）湖…
伯 bó（bag³）…父　　舶 bó（pag³）船　　魄 pò（pag³）…体
末 mò（mud⁶）…尾　　没 mò（mud⁶）埋…　　拨 bō（bud⁶）…号
墨 mò（meg⁶）…水　　模 mó（mou⁴）…拟　　佛 fó（fed⁶）…教

(3) 粤语里以下字在普通话里读 uo 韵母

多 duō（do¹）…数　　火 huǒ（fo²）…焰　　糯 nuò（no⁶）…米
作 zuò（zog³）…用　　落 luò（log⁶）…实　　国 guó（guog³）…家
夺 duó（düd⁶）…目　　说 shuō（xud³）…明　　撮 cuō（qud³）…合
桌 zhuō（zêg³）…子　　着 zhuó（zêg⁶）沉…　　若 ruò（yêg⁶）…干
活 huó（wud⁶）…动　　或 huò（wag⁶）…者　　做 zuò（zou⁶）…法

缩 suō（sug¹）…小　　扩 kuò（kong³）…大　　硕 shuò（ség⁶）…士

请注意不要混淆下面的词语：

科教 kējiào—佛教 fójiào　　课时 kèshí—佛事 fóshì
舍得 shěde—写得 xiěde　　遮盖 zhēgài—揭盖 jiēgài
赊欠 shēqiàn—歇气 xiēqì　　这些 zhèxiē—借些 jièxiē
火山 huǒshān—佛山 fóshān　　进货 jìnhuò—敬佛 jìngfó
棕色 zōngsè—中式 zhōngshì　　瑟缩 sèsuō—失所 shīsuǒ
舌头 shétou—鞋头 xiétóu　　不设 búshè—不屑 búxiè
刻板 kèbǎn—黑板 hēibǎn　　策划 cèhuà—拆画 chāihuà
责问 zéwèn—宅门 zháimén　　选择 xuǎnzé—选摘 xuǎnzhāi
着落 zháoluò—着陆 zhuólù　　缩写 suōxiě—宿舍 sùshè
昨日 zuórì—逐日 zhúrì　　握住 wòzhù—扼住 èzhù
肥沃 féiwò—肥肉 féiròu　　或许 huòxǔ—划去 huàqù

3. 绕口令

(1) 哥哥弟弟坡前坐

　　gē ge dì di pō qián zuò　pō shang wò zhe yì zhī é　pō xià liú zhe yì
哥哥弟弟坡前坐，坡上卧着一只鹅，坡下流着一
tiáo hé　gē ge shuō　kuān kuān de hé　dì di shuō　féi féi de é　é yào
条河。哥哥说：宽宽的河。弟弟说：肥肥的鹅。鹅要
guò hé　hé yào dù é　Bù zhī shi é guò hé hái shi hé dù é
过河，河要渡鹅。不知是鹅过河还是河渡鹅。

(2) 南边来了个老伯

　　_{nán biānr} 南边儿来了个老伯，提着一面铜锣；北边儿来了个老婆儿，挎着一篮香蘑。卖铜锣的老伯要拿铜锣换卖香蘑的老婆儿的香蘑，卖香蘑的老婆儿不愿拿香蘑换卖铜锣的老伯的铜锣。卖铜锣的老伯生气敲铜锣，卖香蘑的老婆儿含笑卖香蘑，老伯敲破了铜锣，老婆儿卖完了香蘑。

二 句型操练　动词的体（完成体、经历体）

1. 基本句型

吃饭了吗？吃了。（还没吃呢。）
我吃了饭。我已经吃了饭。
我下了课就去找你。
昨天他看了场电影。
吃过蛇肉吗？
我们都没吃过蛇肉。
去过武汉吗？去过。（没去过。）
王先生去过上海。
我没看过粤剧。

2. 常用句型

下课 xiàkè（落堂）
蛇肉 shéròu（蛇餐）
武汉 Wǔhàn
上海 Shànghǎi
福州 Fúzhōu
南京 Nánjīng
内蒙古 Nèiměnggǔ
重庆 Chóngqìng
粤剧 yuèjù（大戏）
京剧 jīngjù
相声 xiàngsheng
舞狮子 wǔ shīzi（耍狮）
杂技（杂耍）zájì(záshuǎ)
茅台（酒）Máotái(jiǔ)
二锅头 Èrguōtóu
起床 qǐchuáng（起身）
穿（衣服）chuān（yīfu）（着（衫））
脱（鞋）tuō(xié)（除(鞋)）
洗脸 xǐliǎn（洗面）
漱口 shùkǒu（喇口）

着实 zhuóshí（实在;的确）
刮胡子 guā húzi（剃须）
明白 míngbai（知道;知;明）
准备 zhǔnbèi
琢磨 zuómo（谂真啲）
知道 zhīdào（知;知道）
拾掇 shíduo（执）
药 yào
前一阵子 qiányízhènzi（前一排）
冰天雪地 bīngtiān-xuědì
下雪 xiàxuě（落雪）
佛跳墙 Fótiàoqiáng
烤羊肉 kǎo yángròu(烧羊肉)
直奔 zhíbèn
大草原 dàcǎoyuán
见多识广 jiànduō-shíguǎng
蒙古包 měnggǔbāo
住 zhù
奶茶 nǎichá
过瘾 guòyǐn

3. 习惯用语

找茬儿 zhǎo chár（捉鸡脚;挑骨头）
犯不着 fànbuzháo（冇谓）
没轻没重 méiqīng-méizhòng（冇大冇细）
没心没肺 méixīn-méifèi（颠颠废废）
吃不了兜着走 chībuliǎo dōuzhe zǒu

吃人的嘴短,拿人的手软 chī rén de zuǐ duǎn, ná rén de shǒu ruǎn（鸡髀打人牙较软）

火车不是推的,泰山不是堆的 huǒchē bú shì tuī de, Tàishān bú shì duī de（都唔係浪得虚名嘅）

4. 句型替换

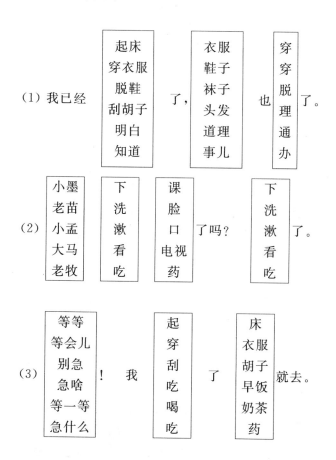

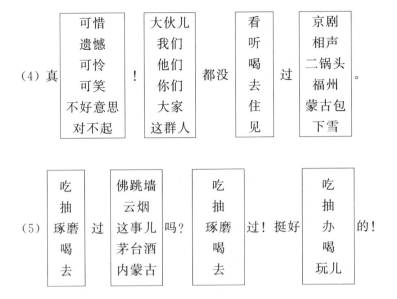

5. 短小课文

梁先生是澳门人,可着实去过不少地方:上海、南京、北京、武汉、重庆、福州什么的,连他自个儿都闹不清有多少个地儿。他吃过蛇肉,也尝过佛跳墙;喝过茅台(酒)也喝过二锅头;看过粤剧也看过京剧;听过相声也看过杂技,算是见多识广喽!前一阵子内蒙古下大雪,他又直奔那白茫茫的大草原,在蒙古包里住了两宿,喝了热奶茶,吃了烤羊肉,过了一回真正的冰天雪地的草原生活。真是过足了瘾哪!

6. 词语注释

(1) 京剧:也叫"京戏",全国性主要剧种之一。"粤剧",粤语称"大戏",以广州话为主的地方性剧种之一,流行于说粤语的地区。

(2) 相声:曲艺的一种,起源于北京,说北京话,用说笑话、滑稽问答、说唱等引起观众发笑。"杂技"也称"杂耍",是各种技艺表演的总称。

(3) 茅台酒:贵州省仁怀县茅台镇出产的白酒,简称"茅台"。"二锅头",一种白酒,蒸馏时除去最先和最后出的酒,剩下的就是二锅头,这种酒度数较高。

(4) 奶茶:搀和动物奶、植物奶等的茶。

(5) 佛跳墙:福州名菜,将多种原料如鲍鱼、鱼翅、羊肉、鸡肉等放在瓦罐里用文火炖上一周以上。传说香气四溢,竟引得隔壁寺庙里的和尚忍不住爬过墙来吃,因名"佛跳墙"。

(6) 吃不了兜着走:即使吃不完,剩下的也要都带走。引申为承担全部责任,多是贬义。例如:这事要是让人知道了,你可就吃不了兜着走了。

7. 语言常识

普通话表现动作行为的完成主要用动态助词"了"附在动词后来表示。粤语类似的助词"咗"部分功能与"了"相同,如"我吃了饭(我食咗饭)"等。普通话与粤语的经历体所用的助词都是"过",用法也大体上一致,如"我吃过潮州菜(我食过打冷)"等。回复体在粤语里是一个较常见的语法范畴,如"等我着翻件衫","翻"是助词,附在动词"着"(穿)后头,表示"穿(回)"的意思。普通话基本上没有这种范畴,如"等我穿件衣服"一般不说"等我穿回件衣服"。

三 课文练习

1. 语音练习

拼读下列音节

哥哥 gēge	赫赫 hèhè	格格不入 gégébúrù
婆婆 pópo	默默 mòmò	勃勃生机 bóbóshēngjī
活活 huóhuó	多多 duōduō	啰啰唆唆 luōluosuōsuō

| 合作 hézuò | 各色 gèsè | 隔热 gérè | 这个 zhège |

破格 pògé　　　客车 kèchē　　　苛刻 kēkè　　　夺得 duódé
破落 pòluò　　　作者 zuòzhě　　　得了 déle　　　合格 hégé

神秘莫测 shénmìmòcè　　　不可捉摸 bùkězhuōmō
可口可乐 kěkǒu-kělè　　　可喜可贺 kěxǐ-kěhè

2. 句型练习

替换练习

(1) 见过他吗？还没见过呢。

舞	狮子	舞
耍	杂技	耍
看	粤剧	看
听	相声	听
去	南京	去

(2) 明白了吗？还不明白。

准备	没准备
知道	不知道
洗脸	没洗脸
拾掇	没拾掇
琢磨	没琢磨

（3）前一阵子石先生吃过蛇肉。

沙先生	去	重庆
水小姐	买	李子
涂大哥	照	相
倪三婶	去	大草原
路叔叔	看	粤剧

四 听说欣赏

歌曲
MÍNGTIĀN NǏ SHÌFǑU YĪRÁN ÀI WǑ
明 天 你 是 否 依 然 爱 我

Wǔyè de shōuyīnjī qīngqīng chuánlái yì shǒu gē,
nà shì nǐ wǒ dōu yǐ shúxī de xuánlù,
zài nǐ yíwàng de shíhou wǒ yīrán hái jìde.
Míngtiān nǐ shìfǒu yīrán ài wǒ?
wǒ zǎo yǐjīng liǎojiě zhuīzhú àiqíng de guīzé,
suīrán bù néng ài nǐ què yòu bù zhī gāi rúhé.
Xiāngxìn zǒng huì yǒu yì tiān nǐ yídìng huì líqù,
dàn míngtiān nǐ shìfǒu yīrán ài wǒ?
Suǒyǒu de gùshì zhǐnéng yǒu yì shǒu zhǔtígē,
wǒ zhīdào nǐ zuìhòu de xuǎnzé.
Suǒyǒu de àiqíng zhǐnéng yǒu yí ge jiéguǒ,

wǒ shēnshēn zhīdào nà juéduì bú shì wǒ.
Jìrán céngjīng àiguo yòu hébì zhēnzhèng yōngyǒu nǐ?
Jíshǐ líbié yě bú huì yǒu duō dà nánguò.
Wǔyè de xuánlǜ yìzhí chóngfùzhe nà shǒu gē,
míngtiān nǐ shìfǒu yīrán ài wǒ?

第十三课

一 正音专题 韵母 u uai uei

u,uai,uei 是普通话的三个元音韵母。

发 u 时,口微开,舌头往后缩,舌面后部上升接近软腭,双唇紧缩,呈圆形,稍微向前凸出。如:"屋"(wū(=u))。粤语中的"乌"(wu[1])近似于这个音,但普通话的"屋"较粤语的"乌"口形要小。另外,粤语里 ou,o,u,ao 等韵母的字在普通话里都可能读做 u 韵母,我们说普通话时要加以注意:不要把"布"(bù)读成粤语的"煲"(bou[1]);把"初"(chū)读成粤语的"搓"(co[1]);把"书"(shū)读成粤语的"输"(xu[1]);把"亩"(mǔ)读成粤语的"某"(meo[5])。

uai 是一个三合元音。发 uai 时,先发 ua,紧接着以短而弱的-i 结束发音。如:"歪"(wāi(=uāi))、"衰"(shuāi)等。粤语里的"坏"(wai[6])类似于这个音,只是口形比普通话的大,而且 w 的摩擦不那么明显。

uei 也是一个三合元音韵母。发 uei 音时,先发一个轻而短的圆唇元音 u,然后再发 e[e](这个音不是汉语拼音的单元音 e,它的口形扁平,舌位前而较高),最后滑向发音微弱的 -i。如:"微"(wēi)。在声母后面,这个韵母写做 ui。而在实际的发音中,如果 uei 韵母是第三声,e 比较明显,类似于粤语的"威"(wei[1]),只是口形比粤语的"威"小很多,u 的摩擦较明显;如果读其他声调,e 则比较模糊,类似于粤语里的"煨"(ui)。试比较普通话里的"腿"(tuǐ)和"推"(tuī)、"毁"(huǐ)和"回"(huí)、"嘴"(zuǐ)和"最"(zuì)。

由于粤语里没有带过渡音的韵母,讲粤语的人在说普通话的时候,很容易用粤语的韵母 oi 代替普通话的韵母 uai,用粤语的韵母 êu 代替普通话的韵母 uei,如:把"衰"(shuāi)读成粤语的"腮"(soi[1]),把"追"(zhuī)读成粤语的"追"(zêu[1])等,我们要注意克服。

1. 字　例

u

土著 tǔzhù	初步 chūbù	读书 dúshū	服务 fúwù
复述 fùshù	糊涂 hútu	舒服 shūfu	朴素 pǔsù

uai

外踝 wàihuái	外快 wàikuài	踹开 chuàikāi	揣测 chuǎicè
乖戾 guāilì	拐带 guǎidài	淮海 huáihǎi	会计 kuàijì
甩卖 shuǎimài	率先 shuàixiān		

uei

摧毁 cuīhuǐ	对味 duìwèi	回归 huíguī	汇兑 huìduì
退回 tuìhuí	推诿 tuīwěi	魁伟 kuíwěi	追悔 zhuīhuǐ

2. 拼读下列读音

不怪 búguài	除外 chúwài	古怪 gǔguài	主帅 zhǔshuài
不愧 búkuì	鼓吹 gǔchuī	误会 wùhuì	诸位 zhūwèi
坏处 huàichu	槐树 huáishù	快速 kuàisù	怪物 guàiwù
衰退 shuāituì	怪罪 guàizuì	快慰 kuàiwèi	外围 wàiwéi
队伍 duìwu	对付 duìfu	恢复 huīfù	水库 shuǐkù
对外 duìwài	毁坏 huǐhuài	鬼怪 guǐguài	嘴快 zuǐkuài

3. 特别对照操练

粤语里的 u 和 uai 韵母字在普通话里也读做 u 和 uai 韵母。但粤语里的 ui 韵母字在普通话里可读以下韵母

杯 bēi(bui[1])…子　　配 pèi(pui[3])…置　　每 měi(mui[5])…天

回 huí（wui⁴）…来　　恢 huī（fui¹）…复　　会 kuài（wui⁶）…计

粤语里有各种韵母的字在普通话里读 u, uai 或 uei 韵母，请注意：

（1）粤语里以下的字在普通话里读 u 韵母

夫 fū（fu¹）…人　　　古 gǔ（gu²）…代　　　乌 wū（wu¹）…云
初 chū（co¹）…期　　阻 zǔ（zo²）…力　　　疏 shū（so¹）…通
处 chǔ（qu³）…理　　书 shū（xu¹）…刊　　　主 zhǔ（ju²）…要
布 bù（bou³）…置　　路 lù（lou⁶）…程　　　数 shù（sou³）…量
埠 bù（feo⁶）华…　　浮 fú（feo⁴）…动　　　亩 mǔ（meo⁵）六…
除 chú（cêu⁴）…掉　 厨 chú（cêu⁴）…师　　 墅 shù（sêu⁵）别…
福 fú（fug¹）…利　　木 mù（mug⁶）…材　　　足 zú（zug¹）…够
幕 mù（mog⁶）开…　 塑 sù（sog³）…料　　　扑 pū（pog³）…灭
骨 gǔ（gued¹）…头　 物 wù（med⁶）…价　　　突 tū（ded⁶）…出
五 wǔ（ng⁵）…月　　悟 wù（ng⁶）觉…　　　吴 wú（ng⁴）…氏

（2）粤语里以下的字在普通话里读 uai 韵母

怪 guài（guai³）…事　　怀 huái（wai⁴）…疑　　块 kuài（fai³）…状
摔 shuāi（sêd¹）…倒　　衰 shuāi（sêu¹）…弱　　会 kuài（wui⁶）…计

（3）粤语里以下的字在普通话里读 uei(ui) 韵母

吹 chuī（cêu¹）…嘘　　垂 chuí（sêu⁴）…直　　对 duì（dêu³）…象
瑞 ruì（sêu⁶）…士　　推 tuī（têu¹）…广　　最 zuì（zêu³）…后
汇 huì（wui⁶）…总　　回 huí（wui⁴）…答　　灰 huī（fui¹）…尘
归 guī（guei¹）…纳　　亏 kuī（kuei¹）…损　　轨 guǐ（guei²）…道

请注意不要混淆下列的词语：

别墅 biéshù—不衰 bùshuāi　　别墅 biéshù—别睡 biéshuì
衰落 shuāiluò—水落 shuǐluò　　徘徊 páihuái—派回 pàihuí

会计 kuàiji—汇集 huìjí　　　　主帅 zhǔshuài—煮水 zhǔshuǐ

4. 绕口令

(1) 有个老头儿本姓顾 YǑU GE LǍOTÓUR BĚN XÌNG GÙ

有个老头儿本姓顾，上街打醋带买布。打了醋，买了布，抬头看见鹰叼兔，放下醋，丢下布，上前去追鹰和兔，回头不见布和醋。飞了鹰，跑了兔，丢了布，没了醋，满肚子冤屈没处诉。

(2) 鼓和虎 GǓ HÉ HǓ

庙堂有大鼓，鼓上画老虎，用劲打虎打破鼓，忙用布来补。布补鼓，布补虎，到底是布补了鼓还是布补了虎？

二　句型操练　助词（结构助词）

1. 基本句型

这本书是中文的，那本（书）是英文的。
我买了两把伞，有红的、有绿的。
孩子们有说有笑的。
别开他的玩笑了。
他尴尬地点了点头。
他很不高兴地走了。
他睡得很晚。
看他累得。
他急得很。（不得了、得慌、要命、不行）

2. 常用句型

中文 zhōngwén
英文 yīngwén
伞 sǎn（遮）
红 hóng
绿 lǜ
有说有笑 yǒushuō-yǒuxiào
开玩笑 kāi wánxiào（讲笑）
尴尬 gāngà
不得了 bùdeliǎo
要命 yàomìng（捹命；死）
不行 bùxíng（唔得）
短 duǎn
肥 féi（阔）

瘦 shòu（窄）
厚 hòu
薄 bó
汗衫 hànshān（底衫）
公公 gōnggong（家公）
婆婆 pópo（家婆）
丈母娘 zhàngmuniáng（外母）
女婿 nǚxu
媳妇 xífù（心抱）
儿子 érzi（仔）
直截了当 zhíjiéliǎodàng
博得 bódé
公开（地）gōngkāi(de)

闷 mèn	喝彩 hècǎi
棒 bàng（好嘢）	裤子 kùzi（裤）
不咋地 bùzǎdì（麻麻）	毛巾 máojīn
活儿 huór（事；嘢）	甜头 tiántou
气 qì（激气）	尝 cháng（试）
精 jīng	招 zhāo（惹）
傻 shǎ	蠢 chǔn
笨 bèn（蠢）	急 jí（嬲；急）
提醒 tíxǐng	

3. 习惯用语

闹着玩儿 nàozhewánr（玩玩啫）

甭提了 béng tí le（咪讲啦）

够可以的 gòu kěyǐde

没完没了 méiwán-méiliǎo

闹笑话儿 nào xiàohuàr（畀人笑死）

懒驴上磨屎尿多 lǎnlǘ shàngmò shǐ niào duō（懒人多屎尿）

多大的云，下多大的雨 duō dà de yún, xià duō dà de yǔ（有几大个头，戴几大顶帽）

4. 句型替换

(1) 我买了几 ⎡条/双/条/床/把⎦ ⎡毛巾/袜子/裤子/被子/伞⎦，有 ⎡大/长/肥/厚/红⎦ 的，有 ⎡小/短/瘦/薄/绿⎦ 的。

(2) | 听见
看买
尝 | 到这 | 话儿
事儿
人
东西
甜头 | 后, | 丈母娘
公公
婆婆
媳妇
女婿 | 很 | 生气
恼火
扫兴
尽兴
愉快 | 地走了。|
|---|---|---|---|---|---|---|---|

(3) 这群	姑娘 孩子 游客 小青年 小伙子	有唱有跳 有哭有闹 有喊有叫 有说有笑 有打有闹	的,挺	热闹 烦人 闹 平和 吵人	!

(4) | 小梁英语说
谷先生事儿做
麦大姐歌儿唱
米师傅活儿做
麻先生戏演 | 得 | 很棒
很差
很不咋地
很像那么回事儿
很糟 | 。|
|---|---|---|---|

(5) 你看他	急 恼 气 累 忙	得,别	气 招 惹 吵 烦	他了,行不?

5. 短小课文

　　瞧这一屋子人:有男的,有女的;有高的,有矮的;有胖的,有瘦的。整个晚上有说有笑,有唱有跳的,看他们乐得!甄小姐人长得漂亮,歌儿也唱得很棒,不时博得一阵阵的喝彩。贾先生唱得挺糟的,却一个劲儿地上台与甄小姐"合唱"。众人齐喊道:"别打她的主意了!"贾先生只好尴尬地回到了自个儿的座位上。大伙儿开开心心地闹了一晚上。

6. 词语注释

(1)"中文"、"英文"是指文字,不是言语;言语得说"汉语"、"英语"。所以只能说"写中(英)文"、"说(讲)汉(英)语"。粤语里没有这种区别,请注意。

(2)"别开他的玩笑了"是一种格式。同类的还有"别打她的主意了"、"别拆他的台"等等。这里"他"、"她"都是动作的对象。"别开他的玩笑了"意思是"别跟他开玩笑了"。

(3)"闹着玩儿"中的"闹"是"做"、"搞"的意思;"闹笑话儿"中的"闹"是"发生"的意思。

7. 语言常识

汉语的助词大多数黏附于实词、短语或句子的后面,不能单独使用,而且也没有实际词汇意义,一般读轻声,如"慢慢地"中"地"读轻声,没有词汇意义,在此得黏附于实词"慢"的后面。助词按功能可分成三类:结构助词,如"的"、"地"、"得"等;动态助词,如"了"、"着"、"过"、"来着"等;语气助词,如"吗"、"吧"、"了"等。普通话常见的结构助词有"的(地,得)"。"的"连接定语及其中心语,"地"连接状语及其中心语,"得"连接补语及其中心语。粤语与"的"字对应的有"嘅",但不完全等同;与"地"则基本无对应用法;"得"字大部分与"到"对应,如"佢做嘢做到好癐"等。

三 课文练习

1. 语音练习

叔叔 shūshu 处处 chùchù 服服帖帖 fúfutiētiē
乖乖 guāiguai 快快 kuàikuài 歪歪扭扭 wāiwāiniǔniǔ
回回 huíhuí 恢恢 huīhuī 唯唯诺诺 wěiwěinuònuò

拼读下列音节

出外 chūwài	舞会 wǔhuì	回顾 huígù	怀古 huáigǔ
最初 zuìchū	回复 huífù	维护 wéihù	快嘴 kuàizuǐ
税务 shuìwù	回味 huíwèi	输出 shūchū	会晤 huìwù
督促 dūcù	不对 búduì	推出 tuīchū	贿赂 huìlù

2. 句型练习

替换练习

(1) 这些问题你可以直接(地)提醒他。

话儿	直截了当	告诉	我
事儿	公开	说	她
问题	当面	提醒	她们

(2) 老洪的儿子笨得可以。

蓝大婶	媳妇	精	不得了
乌大伯	女婿	傻	要命
黄大姐	公公	闷	不行
金大哥	丈母娘	笨	可以
白小姐	婆婆	蠢	很

(3) 屋里坐着几个人,有胖的有瘦的。

地上摆着几根绳子	长	短
屋后放着几块石头	大	小
村里来了几个外地人	高	矮
书桌上有几本书	厚	薄
桌上放着几杯水	多	少

四　听说欣赏

Yī

　　Xīnhuáshè Lúndūn xiāoxi：Yīngguó Tànxiǎnjiā Yuēhàn Bùlāshífúsīnèi'ěr zuìjìn zài Lúndūn shuō，tā suǒ lǐngdǎo de yí ge tànxiǎnduì zài Níbó'ěr xībù kàojìn Xǐmǎlāyǎ Shān de sēnlín zhōng fāxiànle liǎng zhī Yàzhōu zuì dà de xiàng. Zuì dà de yì zhī shēngāo shíyī yīngchǐ sān yīngcùn，bǐ yī-bā-bā-èr nián zài Sīlǐlánkǎ fāxiàn de nà zhī dàxiàng hái gāo liǎng yīngcùn. Lìng yì zhī shēngāo shí yīngchǐ liù yīngcùn.

Ér

　　Xīnhuáshè xiāoxi：Cháng Jiāng shang yì sōu xīnxíng háohuá yóulún "Chángjiāng Míngzhū" hào zuìjìn cóng Chóngqìng shǒuháng Wǔhàn chénggōng. "Chángjiāng Míngzhū" hào shì Cháng Jiāng shang xīnxíng chāo háohuá yóulún，cǐ chuán shèyǒu zǒngtǒng tàojiān、tèděngjiān hé biāozhǔnjiān，shuāngrénjiān，kě zàikè yìbǎi wǔshíliù rén.

Sān

　　Xīnhuáshè xiāoxi：Jù Shātè'ālābó *Zhōngdōng Bào* bàodào，tǒngjì zīliào biǎomíng，chá hé kāfēi yíyàng yǐjīng chéngwéi Hǎiwān dìqū jūmín de zhǔyào yǐnliào，nián rénjūn xiāofèi cháyè sì gōngjīn. Yìndù yǐjīng cǎiqǔ gè zhǒng cuòshī，kāipì gè zhǒng qúdào，kuòdà cháyè chūkǒu，tóng Zhōngguó hé Sīlǐlánkǎ jìngzhēng.

第十四课

一 正音专题 韵母 i ü ie üe

i,ü,ie,üe 是普通话的四个元音韵母。

发 i 时,口微开,嘴角向两边展开,口形扁平,舌尖抵住下齿,舌位高而前。如:"一"(yī)。粤语的"衣"(yi¹)的韵母与这个音相似,只是舌位没有那么高,舌头比较松弛。

在舌尖音声母 z,c,s 和卷舌声母 zh,ch,sh 之后,i 的实际读音分别是国际音标的[ɿ]和[ʅ]。[ɿ]的发音特征是:声带绷紧,气流由舌尖与齿龈构成的通道流出。如:"资"(zī)、"雌"(cī)、"思"(sī)。

[ʅ]的发音特征是:舌位比 i 稍后,比 e 稍前,舌尖向硬腭前部翘起,气流从舌尖与硬腭之间流出。如:"知"(zhī)、"吃"(chī)、"诗"(shī)。在汉语拼音里,i,[ɿ],[ʅ]一律写成 i。

发 ü 时,舌位与 i 相同,但双唇要尽量收缩,呈圆形。如:"鱼"(yú)、"绿"(lǜ)等。粤语里的"鱼"和普通话里的"鱼"发音一样。

ie 和 üe 都是前轻后重的复合元音。发音的时候,先发微弱的过渡音-i-或-ü-,再发[e](这个音不是汉语拼音的 e,它的口形扁平,舌位前而较高)。如:"爷"(yé(=ié))、"约"(yuē(=üē))等。在发这两个音的时候,要注意普通话 ie,üe 韵母中 e 的口形比粤语的"哎"(é)要小;还要注意把-i-和-u-发清楚,不要把普通话的"些"(xiē)读成粤语的"赊"(se¹),把普通话的"略"(lüè)读成粤语的"嘞"(lê,吐)。

在学习这四个韵母的时候,我们除了要注意它们各自的发音特征以外,还要注意 i 和 ü、ie 和 üe 的区别,以及这些韵母与其他韵母的区别。

在普通话里,ü 和 üe 只出现在 j,q,x,n,l 等声母的后面。拼写时只在 n,l 后写 ü 或 üe,在 j,q,x 后写 u,ue。

1. 字　例

i

秘密 mìmì	比例 bǐlì	笔记 bǐjì	集体 jítǐ
地理 dìlǐ	利益 lìyì	技艺 jìyì	利息 lìxī
集资 jízī	彼此 bǐcǐ	司机 sījī	刺激 cìjī
比值 bǐzhí	地址 dìzhǐ	及时 jíshí	日期 rìqī
四次 sìcì	死尸 sǐshī	施治 shīzhì	私事 sīshì
知识 zhīshi	子侄 zǐzhí	成事 chéngshì	刺字 cìzì
史诗 shǐshī	史实 shǐshí	史志 shǐzhì	实词 shící

ü

聚居 jùjū	女婿 nǚxu	区域 qūyù	旅居 lǚjū
序曲 xùqǔ	絮语 xùyǔ	居于 jūyú	吕剧 lǚjù

ie

结业 jiéyè	贴切 tiēqiè	揭帖 jiētiě	歇业 xiēyè
趔趄 lièqie	节烈 jiéliè	谢谢 xièxie	切切 qièqiè

üe

雀跃 quèyuè	决绝 juéjué	绝学 juéxué	缺略 quēlüè
缺血 quēxiě	约略 yuēlüè	雪月 xuěyuè	月缺 yuèquē

2. 拼读下列读音

必需 bìxū	次序 cìxù	继续 jìxù	词句 cíjù
低劣 dīliè	地铁 dìtiě	机械 jīxiè	磁铁 cítiě
的确 díquè	喜鹊 xǐquè	医学 yīxué	喜悦 xǐyuè
律师 lǜshī	具体 jùtǐ	据悉 jùxī	局势 júshì
剧烈 jùliè	区别 qūbié	曲解 qūjiě	序列 xùliè
拒绝 jùjué	取悦 qǔyuè	预约 yùyuē	取决 qǔjué

列席 lièxí	截止 jiézhǐ	结实 jiēshi	协议 xiéyì
拮据 jiéjū	节律 jiélǜ	列举 lièjǔ	结局 jiéjú
解决 jiějué	解约 jiěyuē	谢绝 xièjué	节约 jiéyuē
学习 xuéxí	缺席 quēxí	决议 juéyì	确立 quèlì
略去 lüèqù	绝句 juéjù	乐曲 yuèqǔ	掠取 lüèqǔ
确切 quèqiè	血液 xuèyè	学业 xuéyè	月夜 yuèyè

3. 特别对照操练

粤语里没有 üe 韵母。粤语里韵母是 i, ü 的字和发音是 yé 的字, 在普通话里可能读做其他韵母, 请注意:

(1) 粤语里的 i 韵母字在普通话里可能读以下韵母

衣 yī[i] (yi¹)···服　　意 yì[i] (yi³)···义　　移 yí[i] (yi⁴)···交
资 zī[ɿ] (ji¹)···本　　诗 shī[ʅ] (xi¹)···文　　始 shǐ[ʅ] (qi²)···终
儿 ér (yi⁴)···童　　而 ér (yi⁴)···且　　厕 cè (qi³)···所

(2) 粤语里的 u 韵母字在普通话里可能读以下韵母

主 zhǔ (ju²)···要　　书 shū (xu¹)···籍　　树 shù (xu⁶)···枝
鱼 yú (yu⁴)···肉　　语 yǔ (yu⁵)···言　　雨 yǔ (yu⁵)···量

(3) 粤语里发音为 ye 的字在普通话里读 ie 韵母, 但普通话的 ie 韵母口形较小

爷 yé (ye⁴)···爷　　椰 yē (ye⁴)···子　　野 yě (ye⁵)···生

粤语里有各种韵母的字在普通话里读 i, ü, ie 或 üe 韵母, 请注意:

(1) 粤语里以下的字在普通话里读 i 韵母

逼 bī (big¹)···迫　　挤 jǐ (zei¹)···拥　　旗 qí (kéi⁴)···红
低 dī (dei¹)···高···　体 tǐ (tei²)···会　　李 lǐ (léi⁵)···子
以 yǐ (yi⁵)···后　　黎 lí (lei⁴)···族　　利 lì (léi⁶)···息

急 jí（geb¹）紧··· 　　倪 ní（ngei⁴）姓··· 　　礼 lǐ（lei⁵）···拜
吉 jí（ged¹）···利 　　洗 xǐ（sei²）···碗 　　你 nǐ（néi⁵）···好
几 jǐ（géi²）···何 　　稀 xī（héi¹）···少 　　堤 dī（tei⁴）河···
系 xì（hei⁶）关··· 　　一 yí（yed¹）···个 　　基 jī（géi¹）···础
其 qí（kéi⁴）···实 　　寄 jì（géi³）···信 　　皮 pí（péi⁴）···鞋
梨 lí（léi⁴）···子 　　起 qǐ（héi²）···床 　　七 qī（ced¹）第···
滴 dī（did⁶）···水 　　离 lí（léi⁴）分··· 　　踢 tī（tég³）···球

(2) 粤语里以下的字在普通话里读 ü 韵母

女 nǚ（nêu⁵）妇··· 　　句 jù（gêu³）···子 　　徐 xú（cêu⁴）···州
序 xù（zêu⁶）秩··· 　　律 lǜ（lêd⁶）纪··· 　　率 lǜ（lêd⁶）效···
玉 yù（yug⁶）···石 　　菊 jú（gug¹）···花 　　续 xù（zug⁶）继···
去 qù（hêu³）出··· 　　许 xǔ（hêu⁵）允 　　渔 yú（yu⁴）···民

(3) 粤语里以下的字在普通话里读 ie 韵母

爹 diē（dé¹）···娘 　　写 xiě（sé²）···作 　　懈 xiè（hai⁶）···怠
借 jiè（zé³）···书 　　鞋 xié（hai⁴）···子 　　列 liè（lid⁶）···车
街 jiē（gai¹）···道 　　杰 jié（gid⁶）···出 　　协 xié（hip³）···助
别 bié（bid⁶）···特 　　聂 niè（nip⁶）···耳 　　泄 xiè（sid⁶）···漏
碟 dié（dip⁶）···子 　　叶 yè（yip⁶）树··· 　　切 qiē（cid⁶）刀···

(4) 粤语里以下的字在普通话里读 üe 韵母

月 yuè（yud⁶）···份 　　雪 xuě（xud³）···花 　　绝 jué（jud⁶）···对
却 què（kêg³）···步 　　约 yuē（yêg³）···会 　　削 xuē（sêg³）···弱
觉 jué（gog³）···得 　　岳 yuè（ngog⁶）五 　　确 què（kog⁶）正···
倔 jué（gued⁶）···强 　　靴 xuē（hé¹）···子 　　学 xué（hog⁶）···习
瘸 qué（ké²）···腿 　　薛 xuē（xid³）姓··· 　　血 xuè（hüd⁶）···液

第十四课

请注意不要混淆下列词语：

驴子 lúzi——梨子 lízi
旅程 lǚchéng——里程 lǐchéng
小吕 xiǎolǚ——小李 xiǎolǐ
白云 báiyún——白银 báiyín
预见 yùjiàn——意见 yìjiàn
严峻 yánjùn——严禁 yánjìn
拒绝 jùjué——季节 jìjié

柱子 zhùzi——锯子 jùzi
主持 zhǔchí——举旗 jǔqí
记录 jìlù——纪律 jìlǜ
儒家 rújiā——渔家 yújiā
竹子 zhúzi——桔子 júzi
录音 lùyīn——绿荫 lǜyīn

截断 jiéduàn—折断 zhéduàn
切忌 qièjì—设计 shèjì
劣势 lièshì—略示 lüèshì

觉得 juéde—各得 gèdé
商榷 shāngquè—伤鹤 shānghè
越小 yuèxiǎo—弱小 ruòxiǎo
削减 xuējiǎn—缩减 suōjiǎn
很倔 hěnjuè—横骨 hénggǔ

学会 xuéhuì——协会 xiéhuì
有趣 yǒuqù——有气 yǒuqì
雨具 yǔjù——雨季 yǔjì
权力 quánlì——潜力 qiánlì
区域 qūyù——歧义 qíyì
通讯 tōngxùn——通信 tōngxìn
全面 quánmiàn——前面 qiánmian

出轨 chūguǐ——驱鬼 qūguǐ
老鲁 lǎolǔ——老吕 lǎolǚ
寄宿 jìsù——继续 jìxù
舒心 shūxīn——虚心 xūxīn
出处 chūchù——出去 chūqu
书生 shūshēng——须生 xūshēng

接碟 jiēdié—折叠 zhédié
窃走 qièzǒu—撤走 chèzǒu
威胁 wēixié—威慑 wēishè

白学 báixué—白鹤 báihè
岳父 yuèfù—恶妇 èfù
真觉 zhēnjué—斟酌 zhēnzhuó
爵士 juéshì—着色 zhuósè
虐待 nüèdài—药袋 yàodài

4. 绕口令

qīng zǎo qǐ lai yǔ xī xī　wáng qī shàng jiē qù mǎi xí　qí zhe máo lú
清早起来雨稀稀，王七上街去买席，骑着毛驴
páo de jí　shāo dài mài dàn yòu fàn lí　yì pǎo pǎo dào xiǎo qiáo xī　máo
跑得急，捎带卖蛋又贩梨。一跑跑到小桥西，毛
lú yí xià shī le tí　dǎ le dàn　sǎ le lí　jí de wáng qī yǎn lèi dī　yòu
驴一下失了蹄，打了蛋，撒了梨，急得王七眼泪滴，又
kū jī dàn yòu mà lú
哭鸡蛋又骂驴。

chāi dōng bì　bǔ xī bì　chāi nán bì　bǔ běi bì　chāi bì bǔ bì　bì
拆东壁，补西壁，拆南壁，补北壁，拆壁补壁，壁
bǔ bì
补壁。

lù dí zài wū wài sǎo jī xuě　guō jié zài wū li zuò zuò yè　guō jié jiàn
陆迪在屋外扫积雪，郭洁在屋里做作业。郭洁见
lù dí zài wū wài sǎo xuě　jí máng fàng xià shǒu li de zuò yè dào wū wài bāng
陆迪在屋外扫雪，急忙放下手里的作业到屋外帮

lù dí sǎo jī xuě　　　lù dí sǎo wán le jī xuě　　lì jí jìn wū bāng guō jié zuò
陆迪扫积雪。陆迪扫完了积雪，立即进屋帮郭洁做
zuò yè　　　èr rén yì qǐ sǎo jī xuě　　èr rén yì qǐ zuòzuò yè
作业。二人一起扫积雪，二人一起做作业。

二　句型操练　介词句

1. 基本句型

你家住在哪儿？
我在成都住了五年了。
替我倒杯水，行吗？
这事和你没关系。
这话陈先生早就跟我说了。
她的个头儿跟你差不多。
打明儿起，我每天早上六点起床。
他刚才打我门前走过。
咱顺着湖边散散步吧。
鸽子从头顶上飞过去。

2. 常用句型

在 zài（喺；响）	西安 Xī'ān
替 tì（帮；同）	桂林 Guìlín
和 hé（同）	昆明 Kūnmíng
跟 gēn（同）	杭州 Hángzhōu
从 cóng（由）	漓江 Lí Jiāng
顺着 shùnzhe（沿住；顺住）	倒茶 dàochá（斟茶）
湖 hú	鸽子 gēzi（白鸽）
…起 qǐ	针线活儿 zhēnxiànhuór
成都 Chéngdū	橘子水儿 júzishuǐr（橙汁）

可口可乐 kěkǒu-kělè
茶 chá
不相干 bùxiānggān（唔拿更）
看房子 kān fángzi（睇屋）
谈 tán（倾;倾偈）
体重 tǐzhòng
牛 niú
背后 bèihòu
河堤 hédī（沙基）
田埂 tiángěng（田基）
校门 xiàomén
送报纸 sòng bàozhǐ（派报纸）

头顶 tóudǐng
散步 sànbù
飞 fēi
东北话 Dōngběihuà
上海话 Shànghǎihuà
姥爷 lǎoye（阿公）
姥姥 lǎolao（阿婆）
奶奶 nǎinai（阿嫲）
爷爷 yéye（阿爷）
小道儿 xiǎodàor（小路）
应 Yīng
阮 Ruǎn

3. 习惯用语

没有的事儿 méiyǒu de shìr（冇嘅事）
好玩儿 hǎowánr（好玩;几得意）
没错儿 méicuòr（冇错;啱）
够意思 gòuyìsi
瞎猫碰上个死耗子 xiāmāo pèngshang ge sǐhàozi（撞啱）
狗改不了吃屎 gǒu gǎibuliǎo chīshǐ（牛到北京都係牛）
坐着说话不腰疼 zuòzhe shuōhuà bù yāo téng
肉包子打狗有去无回 ròubāozi dǎgǒu yǒu qù wú huí

4. 句型替换

(1)
那事儿		他们		有关
这问题	和	我们		没关系
那些人		你们		不相干
这事儿		我		不搭界

。

(2) 先生在 [窦宫房庄巢] [桂林昆明成都西安杭州] 住了十年。

(3) 替 [蒋老师 小宋 孔大妈 陈主任 戴先生] 倒杯 [可口可乐 橘子水儿 啤酒 矿泉水 茶] 吧。

(4) [方先生 元小姐 阮先生 应小姐 常先生] 的 [个头儿 模样儿 体重 脾气 样子] 跟 [我 你 您 咱 他爸] 差不多。

(5) [一支队伍 两个女人 三头牛 四辆车 五个孩子] 打(从) [校门口 他背后 窗前 路上 家门口] 走过。

5. 短小课文

我家住在哪儿？我家就住在桂林。住在漓江边儿上。我们家养了好多鸽子。每天一大早，鸽子从我们家出发，顺着漓江飞。绕了大半个桂林城又飞了回来。和所有养鸽子的人都一样儿，我们跟鸽子既是家人又是朋友，打第一天起我们就看着它们一天天长大，一只只在蓝天上飞翔，我们的心,也好像和它们一起飞呀,飞呀。还甭说呢,所有的鸽子谁跟谁,谁和谁我们都很熟悉。真感激鸽子替我们找到了生活的乐趣。

6. 词语注释

(1) "没有的事儿"是较委婉地否认别人说的话,认为那是瞎说,意思就是"没有(你讲的)那回事儿"。与之意思相同的表达法还有"瞎说"、"瞎掰"、"胡说"、"没那回事儿"等等,语气都不尽相同。

(2) "没错儿"就是"对"、"正确",赞同别人时的用语。粤语相应的是"啱"、"冇错"等。

(3) "够意思"也是赞赏别人的用语,表示欣赏别人够朋友、够交情等。

7. 语言常识

介词是置于名词、代词或某些短语前以组成介词短语,用以修饰动词或形容词的词。普通话与粤语的不少介词用法基本一样,如"由"、"向"、"按"、"对"、"将"等等。也有一些不同的,如普通话的"在",表示时间、地点,粤语大多用"响"、"喺"表示,如"我在广州住了十年"(我响广州住咗十年);又如"和"、"跟"粤语多用"同","替"粤语多用"帮"、"同"来表达:"这事儿我跟他说过了"(呢单事我同佢讲过啦);还有用在被动句里的"让"、"叫"、"给"、"被",粤语里都用"畀",如"我被狗咬了"(我畀狗咬亲);把字句(处置句)里的"把",粤语基本上用"将"来表示,如"把地扫一下"(将地下扫吓)等等。

三 课文练习

1. 语音练习

一一 yīyī　　　细细 xìxì　　　依依不舍 yīyībùshě
比比 bǐbǐ　　　济济 jǐjǐ　　　凄凄惨惨 qīqīcǎncǎn

区区 qūqū　　　屡屡 lǚlǚ　　　窃窃私语 qièqièsīyǔ
爷爷 yéye　　　姐姐 jiějie　　跃跃欲试 yuèyuèyùshì
次次 cìcì　　　时时 shíshí　　孜孜不倦 zīzībújuàn

拼读下列音节

意义 yìyì　　　异域 yìyù　　　比喻 bǐyù　　　给予 jǐyǔ
预计 yùjì　　　皮鞋 píxié　　　季节 jìjié　　　理解 lǐjiě
离异 líyì　　　余缺 yúquē　　　急需 jíxū　　　奇迹 qíjì
吸取 xīqǔ　　　雨靴 yǔxuē　　　积习 jīxí　　　绿地 lǜdì
视察 shìchá　　至于 zhìyú　　　指事 zhǐshì　　池浴 chíyù
吃鱼 chīyú　　　磁石 císhí　　　私自 sīzì　　　自私 zìsī

2. 句型练习

替换练习

(1) 哦,这些个话儿啊,<u>惠小姐</u>早跟我<u>说</u>了。

郝大爷	谈
霍大哥	讲
韩先生	提

(2) 打<u>下个星期</u>起,我要<u>跟我叔叔学东北话</u>。

现在	替我爷爷送报纸
下半年	跟我大哥学上海话
明年	和我姥爷住一块儿
今天晚上	跟我奶奶学针线活儿
下个月	替我姥姥看房子

(3) 咱(们)顺着河边走吧,那儿凉快些。

小道儿	安静
大街	热闹
小路	近
田埂	好玩儿
河堤	好走

四 听说欣赏

Jiǎrú shēnghuó qīpiànle nǐ,
bú yào bēishāng, bú yào xīnjí,
yīnyù de rìzi xūyào zhènjìng,
xiāngxìn ba, nà yúkuài de rìzì jíjiāng láilín.

Xīn yǒngyuǎn chōngjǐngzhe wèilái,
xiànzài què cháng shì yīnchén,
yíqiè dōu shì shùnxī, yíqiè dōu huì guòqu,
ér nà guòqùlede, jiù huì biànchéng qīnqiè de huáiliàn.

Nù fà chōng guān, píng lán chù, xiāoxiāo yǔ xiē. Tái wàng yǎn, yǎng tiān cháng xiào, zhuànghuái jīliè. Sānshí gōngmíng chén yǔ tǔ, bāqiān lǐ lù yún hé yuè, mò děng xián, báile shàoniántóu, kōng bēiqiè!

Jìngkāng chǐ, yóu wèi xuě; chénzǐ hèn, hé shí miè? Jià cháng chē, tàpò Hèlán Shān quē. Zhuàngzhì jī cān hú lǔ ròu, xiào tán kě yǐn Xiōngnú xuè. Dài cóng tóu, shōushi jiù shānhé, cháo tiān què.

第十五课

一 正音专题 韵母 ai ei

ai,ei 是普通话两个前重后轻的复合元音韵母。

发 ai 时,先发 a,然后滑向发音模糊的韵尾-i。如:"挨"(ái)。发 ei 时,先发 e[e],然后滑向发音模糊的韵尾-i。如:"非"(fēi)。普通话的 ai 韵母类似于粤语"挨"(ngai[4])的韵母,只是普通话 ai 韵母的口形比粤语 ai 韵母的口形小。粤语的 éi 韵母和普通话的 ei 韵母则是一样的。

除了 ai,éi 韵母外,粤语里还有几个-i 韵尾的韵母:ei,oi,ui。我们说普通话的时候,不能把它们与普通话的 ai,ei 混淆起来。首先不要把粤语的 ei 和普通话的 ai,ei 混淆起来,如:不要把普通话的"胎"(tāi)读成粤语的"梯"(tei[1]),把普通话的"飞"(fēi)读成粤语的"挥"(fei[1]);二是要把粤语的 oi 韵母与普通话的 ai 韵母区别开,如:不要把"菜"(cài)读成 còi 等;三是要把粤语的 ui 与普通话的 ei 区别开,不要把"杯"(bēi)读成 buī 等。

1. 字 例

ai

| 开采 kāicǎi | 买卖 mǎimai | 改派 gǎipài | 爱戴 àidài |
| 灾害 zāihài | 采摘 cǎizhāi | 拆台 chāitái | 拍卖 pāimài |

ei

| 配备 pèibèi | 非得 fēiděi | 肥美 féiměi | 蓓蕾 bèilěi |
| 贝类 bèilèi | 北美 běiměi | 飞贼 fēizéi | 没给 méigěi |

2. 拼读下列读音

栽培 zāipéi	爱美 àiměi	暧昧 àimèi	白费 báifèi
百倍 bǎibèi	败北 bàiběi	败类 bàilèi	海内 hǎinèi
悲哀 bēi'āi	黑白 hēibái	内在 nèizài	背债 bēizhài
擂台 lèitái	胚胎 pēitāi	佩带 pèidài	被袋 bèidài

3. 特别对照操练

粤语里读 ai 或 ei 韵母的字，在普通话里可能读做其他韵母，请注意：

(1) 粤语里读 ai 韵母的字在普通话里可读以下韵母

太 tài (tai³)…阳	带 dài (dai³)…来	债 zhài (zai³)…权
街 jiē (gai¹)…道	介 jiè (gai³)…意	解 jiě (gai²)…释
鞋 xié (hai⁴)…子	谐 xié (hai⁴)和…	械 xiè (hai⁶) 机…
快 kuài (fai³)…速	怪 guài (guai³)…物	坏 huài (wai⁶)…人

(2) 粤语里读 ei 韵母的字在普通话里可读以下韵母

非 fēi (féi¹)…常	眉 méi (méi⁴)…毛	被 bèi (béi⁶)…迫
比 bǐ (béi²)…较	地 dì (déi⁶)…区	你 nǐ (néi⁵)…们
基 jī (géi¹)…础	希 xī (héi¹)…望	离 lí (lei⁴)…职

因此，要注意区分下列词语的读音：

街道 jiēdào—该到 gāidào	*推介 tuījiè—*推盖 tuīgài
解说 jiěshuō—改说 gǎishuō	戒指 jièzhi—盖子 gàizi
鞋子 xiézi—孩子 háizi	和谐 héxié—*握鞋 wòxié
鼻子 bízi—被子 bèizi	相比 xiāngbǐ—向北 xiàngběi
离开 líkāi—*蕾开 léikāi	皮肤 pífu—陪夫 péifū
基础 jīchǔ—给出 gěichū	希望 xīwàng—*黑茫 hēimáng

粤语里有各种韵母的字在普通话里读 ai 或 ei 韵母。请注意：

(1) 粤语里以下的字在普通话里读 ai 韵母

太 tài（tai³）…阳	奶 nǎi（nai⁵）…奶	孩 hái（hai⁴）…子
摆 bǎi（bai²）…脱	猜 cāi（cai¹）…想	晒 shài（sai³）…干
开 kāi（hoi¹）…始	才 cái（coi⁴）…能	来 lái（loi⁴）…源
代 dài（doi⁶）…表	海 hǎi（hoi²）…洋	耐 nài（noi⁶）…磨
百 bǎi（bag³）…万	麦 mài（mag⁶）…子	拍 pāi（pag³）…摄
宅 zhái（zag⁶）住…	拆 chāi（cag³）…散	窄 zhǎi（zag³）狭…
塞 sāi（seg¹）…子	矮 ǎi（ei²）…小	筛 shāi（sei¹）…子
还 hái（wan⁴）…是	徘 pái（pui⁴）…徊	

(2) 粤语里以下的字在普通话里读 ei 韵母

飞 fēi（féi¹）…机	美 měi（méi⁵）…观	备 bèi（bei⁶）…用
杯 bēi（bui¹）…子	梅 méi（mui⁴）…花	陪 péi（pui⁴）…同
配 pèi（pui³）…置	辈 bèi（bui³）…分	媒 méi（mui⁴）…介
肺 fèi（fei³）…部	费 fèi（fei³）…用	吠 fèi（fei⁶）狂…
类 lèi（lêu⁶）…型	泪 lèi（lêu⁶）…水	擂 lèi（lêu⁴）…台
黑 hēi（hag¹）…色	肋 lèi（lag⁶）…骨	贼 zéi（cag⁶）抓…
内 nèi（noi⁶）…容	啡 fēi（fe¹）咖…	给 gěi（keb¹）…以

请注意不要混淆下列词语：

爱买 àimǎi—爱美 àiměi　　　分派 fēnpài—分配 fēnpèi
不赖 búlài—不累 búlèi　　　排场 páichǎng—赔偿 péicháng
百货 bǎihuò—北货 běihuò　　改了 gǎile—给了 gěile
埋藏 máicáng—没藏 méicáng　拜望 bàiwàng—备忘 bèiwàng
麦子 màizi—妹子 mèizi　　　卖力 màilì—魅力 mèilì
奈何 nàihé—内河 nèihé　　　耐心 nàixīn—内心 nèixīn

第十五课

请注意不要把下列词语读成横线后面的音：

打开 dǎkāi—＊打 hōi   才来 cáilái—＊cóilói
买菜 mǎicài—＊买 còi   耐心 nàixīn—＊nòisēm
大海 dàhǎi—＊带 hǒi   代表 dàibiǎo—＊dòibiǔ

每天 měitiān—＊muǐtīn   陪同 péitóng—＊puí 同
梅花 méihuā—＊muífā   配备 pèibèi—＊puì 备
前辈 qiánbèi—＊qínbuì   喝杯茶 hē bēichá—＊hō buī 茶

百亩 bǎimǔ—伯母 bómǔ   摘花 zhāihuā—择花 zéhuā
拆字 chāizì—册子 cèzi   黑字 hēizì—刻字 kèzì
没事 méishì—末世 mòshì   胡拍 húpāi—湖泊 húpō
给烟 gěi yān—吸烟 xīyān   磨麦 mómài—磨墨 mómò

4. 绕口令

(1) 大麦和小麦
DÀ MÀI HÉ XIǍOMÀI

dà mèi hé xiǎo mèi, yì qǐ qù shōu mài. dà mèi bāng xiǎo mèi gē dà
大妹和小妹，一起去收麦。大妹帮小妹割大
mài, xiǎo mèi bāng dà mèi tiāo xiǎo mài. liǎng rén shōu wán mài, yì qǐ qù dǎ
麦，小妹帮大妹挑小麦。两人收完麦，一起去打
mài. dà mèi dǎ xiǎo mài, xiǎo mèi dǎ dà mài, kē kē lì lì chōng mǎn ài.
麦。大妹打小麦，小妹打大麦，颗颗粒粒充满爱。

(2) 小艾和小戴

　　小艾和小戴，一起去买菜。小艾买菠菜，小戴买苋菜、萝卜、茄子、小白菜，人人见了人人爱。

二 句型操练　疑问句

1. 基本句型

明天是星期三吗？——是(对)/不是(不对)。
小李不去越秀公园玩吗？——对,他不去/不,他去。
刘小姐没回家吗？——是的,(她没回去)/不,(她回去了)。
你是福建人,对吗？——是的(对)/不(不对)。
我们从西门出去,行吗？——行(成)/不行(不成)。
你看不看芭蕾舞？——看/不看。
水热了没有？——热了/没热。
你是不是找他谈一下？——好的/不。
你是去还是不去？——去/不去。
他留了张字条儿,难道你没看见？——看见了/没看见。
你这么做丢不丢人？——丢人/不丢人。

2. 常用句型

星期三 xīngqīsān（礼拜三）　　西门 xīmén
越秀公园 Yuèxiù Gōngyuán　　芭蕾舞 bālěiwǔ
福建 Fújiàn　　留 liú（留低）

字条儿 zìtiáor（纸条）
丢人 diūrén（出丑）
蚊子 wénzi（蚊滋）
蛤蟆 háma（蛤𤠋）
昆虫 kūnchóng（乌蝇）
樱桃 yīngtáo（车厘子）
动物 dòngwù
听见 tīngjiàn（听到）
挑剔 tiāotì（淹尖）
原谅 yuánliàng
郊外 jiāowài（郊区）
烧烤 shāokǎo
老乡 lǎoxiāng（乡里）
茄子 qiézi（茄瓜；矮瓜）
斟酌 zhēnzhuó
计较 jìjiào
羡慕 xiànmù（恨）
佩服 pèifú（服）
躲避 duǒbì（匿）
照顾 zhàogù
凑合 còuhe（将就）
东家 dōngjia（老细）
山西 Shānxī

荸荠 bíqi（马蹄）
竹子 zhúzi（竹）
蔬菜 shūcài（菜蔬）
伙计 huǒji（伙记）
小气 xiǎoqi（孤寒）
梅县 Méixiàn
客家人 Kèjiārén
客家话 Kèjiāhuà
围楼 wéilóu
围屋 wéiwū
恶心 ěxin（核突；肉酸）
窝囊 wōnang（论尽；无用；废柴）
冒失 màoshi（擒青）
长大 zhǎngdà
江西 Jiāngxī
江苏 Jiāngsū
宁夏 Níngxià
甘肃 Gānsù
吉林 Jílín
海南 Hǎinán
安徽 Ānhuī
山东 Shāndōng
陕西 Shǎnxī

3. 习惯用语

不简单 bùjiǎndān（唔简单；呖）
不要紧 búyàojǐn（唔紧要）
说不上 shuōbushàng（讲唔到）
不敢当 bùgǎndāng（唔敢当）

有滋有味儿 yǒuzīyǒuwèir
兔子不吃窝边草 tùzi bù chī wō biān cǎo
没吃过猪肉，还见过猪跑呢 méi chīguo zhūròu, hái jiànguo zhū pǎo ne
别得了便宜还卖乖 bié déle piányi hái mài guāi

4. 句型替换

(1)

| 28号
樱桃
蛤蟆
茄子
蚊子 | 是 | 星期一
水果
动物
蔬菜
昆虫 | 吗？是的， | 28号
樱桃
哈蟆
茄子
蚊子 | 是 | 星期一
水果
动物
蔬菜
昆虫 | 。 |

(2)

| 佟先生
天气
汤小姐
荸荠
竹子 | 不 | 是东家
好
计较
是蔬菜
长在江西 | 吗？不， | 他
天气
她
荸荠
竹子 | | 是东家
很好
很计较
是蔬菜
长在江西 | 。 |

(3)

| 你们
他
你
她
他们 | 是 | 江苏
江西
山东
山西
陕西 | 人，对吗？不， | 我们
他
我
她
他们 | 是 | 吉林
甘肃
安徽
宁夏
海南 | 人。 |

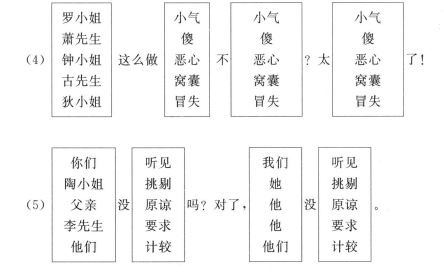

5. 短小课文

小赖：老郭,明天是星期天吗?
老郭：没错儿,明天是二十三号,星期天。对了,大伙儿都上郊外烧
　　　烤,你不去吗?
小赖：是的,我不去。我明天早上得等个老乡。
老郭：哦,想起来了,你是广东人,对吧?
小赖：对呀,我是广东人,广东梅县客家人。
老郭：那么你讲不讲客家话呢?
小赖：怎么不讲呢。我从小在那儿长大。当然,我也会讲广东话。
老郭：客家人是不是住在围楼里呢?
小赖：是。不过不同的地方围屋有不同的样子,有圆的、有方的,还有
　　　半圆的。你没到过广东吗?
老郭：不瞒你说,还真没去过。往后找个机会到广东玩玩儿,到时可
　　　找你当导游哇!

6. 词语注释

(1) 星期三：普通话和粤语都可以说成"礼拜三"。
(2) 得了便宜还卖乖：占了别人的便宜还装规矩，装聪明。"卖乖"，自鸣乖巧。
(3) 蛤蟆：青蛙、蟾蜍等的总称。"蟾蜍"也叫"癞蛤蟆"，前者多用于书面语，后者是口语，多少带有感情色彩。
(4) 围楼、围屋：客家人居住的建筑，多用土夯实做墙，也叫做"土楼"，规模都较大，一座围楼里常可居几十上百人。

7. 语言常识

疑问句是用来发问的句子。疑问句有许多种类。是非问，如："你是学生吗？"特指问，如："你看什么？"正反问，如："你有没有钢笔？"选择问，如："你是去香港，还是去澳门？"反问句是表示强调的一种方式。陈述句和疑问句都可以加上反问语气构成反问句。其特点主要是：出现否定形式来强化肯定的表述，或者相反。如："我死都不怕，还怕困难吗？"（不怕困难）等等。普通话与粤语的疑问句有些差别，特别是表示可能的正反疑问句，粤语表达的方式是："呢种嘢食唔食得？""件衫洗唔洗得干净？"普通话前一句要重复出现"得"，并把否定词置于重复出现的动词后，如："这种东西吃得吃不得？"后一句要把"得"字与否定词对调位置，并且"得"后必须出现补语，如："这件衣服洗得干净洗不干净？"

三 课文练习

1. 语音练习

奶奶 nǎinai　　太太 tàitai　　来来往往 láiláiwǎngwǎng
妹妹 mèimei　　每每 měiměi　　沸沸扬扬 fèifèiyángyáng

拼读下列音节

内海 nèihǎi	内债 nèizhài	背带 bēidài
北海 běihǎi	内胎 nèitāi	海带 hǎidài
被害 bèihài	黑麦 hēimài	白菜 báicài
采煤 cǎiméi	彩排 cǎipái	晒台 shàitái
摘菜 zhāicài	摘梅 zhāiméi	晒被子 shàibèizi
带来 dàilai		

2. 句型练习

替换练习

(1) 你是不是<u>休息一下</u>？好的，我去<u>休息一下</u>。

```
去一趟              一趟
躲避一下            躲避一下
斟酌一下            斟酌一下
照顾一下            照顾一下
凑合一点儿          凑合一点儿
```

(2) 你<u>想</u>不<u>想</u>去呢？<u>想</u>。

```
羡慕    羡慕    他    羡慕
佩服    佩服    她    佩服
想      想      家    想
能      能      干    能
愿意    愿意    去    愿意
```

(3) 你是<u>做</u>还是<u>不做</u>呢？<u>做</u>。

回家	不回家	不回家
老大	老二	老二
东家	伙计	东家
干	不干	不干
想	不想	想

四　听说欣赏

古　诗
SHÍYĪ YUÈ SÌ RÌ FĒNG YǓ DÀ ZUÒ
十一月四日风雨大作
(SÒNG) LÙ YÓU
〔宋〕　陆　游

Jiāng wò gū cūn bú zì āi,
shàng sī wèi guó shù lún tái.
yè lán wò tīng fēng chuī yǔ,
tiě mǎ bīng hé rù mèng lái.

第十五课

歌　曲

QIÁNGWĒIHUĀR
蔷　薇　花

Mǎn yuán qiángwēi chùchù zāi, zhǐyào yí yè dōngfēng, mǎn yuán duǒduǒ huākāi, héfēng zhènzhèn chuīlái, chūnguāng tòuguo yuánwài, mǎn yuán chūnsè guānbuzhù, qiángwēi chùchù huārkāi, chūnsè liáorén rén yù zuì, fēng dié piānpiān jiāng huār cǎi, hǎo huār shèngkāi jǐ hé shí, mò dài huā luò kōng bēi huái!

Mǎn yuán qiángwēi chùchù kāi, ruòshì yí yè kuángfēng, hǎo huār fēi luò chén'āi.

第十六课

一 正音专题 韵母 ao ou iao iou

ao,ou,iao,iou 是普通话的四个复合元音韵母。

ao 和 ou 是两个前重后轻的复合元音。发 ao 时,先发 a,然后滑向发音模糊、口形小、圆唇的-o。如:"熬"(áo)。这个韵母类似于粤语"咬"(ngao[5])字的韵母,只是其中 a 的口形比粤语的 ao 中的 a 口形小。

发 ou 时,先发 o,然后滑向发音模糊的圆唇的-u。如:"欧"(ōu)。这个音类似于粤语的"奥"(ou[3]),只是其中 o 的口形比粤语 ou 中 o 的口形小。普通话的"欧洲"(ōuzhōu)和粤语的"澳洲"(ou[3] zeo[1]),除了第一个字的声调和第二个字的声母不一样以外,两个字的韵母也都不同。

学习普通话这两个韵母的时候,除了要注意它们各自的发音特征以外,还要把 ao 与 ou 区别开,如:不要把"稻子"(dàozi)读成"豆子"(dòuzi),或者相反;还要把 ou 与粤语中的 eo 区别开,不把"偷东西"(tōu dōngxi)说成"teo[1] 东西"(teo[1] dōngxi)或者"掏东西"(tāo dōngxi)。

iao,iou 是两个中间重两边轻的三合元音韵母。发这两个音的时候,先发短而轻的过渡音-i-,紧接着滑向 ao 或 ou。如:"腰"(yāo)、"有"(yǒu)。

普通话 iao 韵母中的 ao 和粤语里"咬"(ngao[5])中的 ao 发音一样。我们在发 iao 音的时候要特别注意的是把 i-发清楚,不把"小"(xiǎo)说成"少"(shǎo);还要注意 iao 和 iu 的区别,"小"(xiǎo)也不是粤语里的"绍"(xiu[6])。

普通话的 iou 韵母,拼写的时候,在非零声母后写做 iu,在零声母时写做 you。它的发音则随声调的不同有细微的差别:iou 韵母读第一声

第十六课

(高平调)的时候,-i-比较长且响亮,如:"优"(yōu)和"秋"(qiū);在读第三声(低降升曲折调)的时候,其中的 ou 比较长且重,如:"有"(yǒu)和"柳"(liǔ);而在读第二、第四声的时候,o 的发音比第一声时明显,比第二声时弱,如:"游"(yóu)和"袖"(xiù)。粤语里也有 iu 这个韵母,它与普通话 iou 读第一声时的发音一样,如普通话的"优"(yōu)和粤语的"腰"(yiu[1])发音一样。但是我们要注意不要用粤语的"妖"(yiu[2])代替普通话的"游"(yóu),也不要用粤语的"邀"(yiu[1])代替普通话的"又"(yòu),或者用粤语的"摇"(yiu[4])代替普通话的"有"(yǒu)。另外,我们还要注意区分 iu 和 ou,"喝酒"(hējiǔ)不是"喝走"(hēzǒu)。

1. 字　例

ao

报到 bàodào	操劳 cāoláo	吵闹 chǎonào	高超 gāochāo
号召 hàozhào	牢骚 láosāo	跑道 pǎodào	糟糕 zāogāo

ou

口头 kǒutóu	收购 shōugòu	豆油 dòuyóu	走兽 zǒushòu
兜售 dōushòu	走漏 zǒulòu	筹谋 chóumóu	丑陋 chǒulòu

iao

疗效 liáoxiào	渺小 miǎoxiǎo	巧妙 qiǎomiào	吊销 diàoxiāo
飘摇 piāoyáo	教条 jiàotiáo	叫嚣 jiàoxiāo	脚镣 jiǎoliào

iou

求救 qiújiù	琉球 liúqiú	优秀 yōuxiù	悠久 yōujiǔ
久留 jiǔliú	有酒 yǒujiǔ	牛油 niúyóu	秋游 qiūyóu

2. 拼读下列读音

报酬 bàochou	绕口 ràokǒu	招收 zhāoshōu	逃走 táozǒu

嘲笑 cháoxiào	报销 bàoxiāo	照料 zhàoliào	钞票 chāopiào
潮流 cháoliú	老朽 lǎoxiǔ	保留 bǎoliú	照旧 zhàojiù
构造 gòuzào	楼道 lóudào	首脑 shǒunǎo	周到 zhōudào
凑巧 còuqiǎo	手表 shǒubiǎo	投标 tóubiāo	首要 shǒuyào
谋求 móuqiú	投球 tóuqiú	收留 shōuliú	守旧 shǒujiù
骄傲 jiāo'ào	消耗 xiāohào	跳高 tiàogāo	侨胞 qiáobāo
教授 jiàoshòu	消瘦 xiāoshòu	小狗 xiǎogǒu	桥头 qiáotóu
交流 jiāoliú	要求 yāoqiú	药酒 yàojiǔ	飘流 piāoliú
友好 yǒuhǎo	邮包 yóubāo	修造 xiūzào	六号 liùhào
纽扣 niǔkòu	优厚 yōuhòu	丢丑 diūchǒu	留守 liúshǒu
有效 yǒuxiào	油料 yóuliào	求教 qiújiào	牛角 niújiǎo

3. 特别对照操练

粤语里没有读 yao 或 -iao 的字。粤语里读 ao, ou 或 iu 韵母的字, 在普通话里可能读做其他韵母。请注意：

(1) 粤语里读 ao 韵母的字在普通话里可能读以下韵母

包 bāo (bao¹) …括	考 kǎo (hao²) …虑	抄 chāo (cao¹) …写
交 jiāo (gao¹) …换	敲 qiāo (hao¹) …榨	效 xiào (hao⁶) …果
肘 zhǒu (zao²) …子	帚 zhou (zao²) 扫…	爪 zhuǎ (zao²) …子

(2) 粤语里读 ou 韵母的字在普通话里可能读以下韵母

高 gāo (gou¹) …度	脑 nǎo (nou⁵) …袋	帽 mào (mou²) …子
普 pǔ (pou²) …通	路 lù (lou⁶) …程	徒 tú (tou⁴) …劳
租 zū (zou¹) …借	都 dū (dou¹) …市	都 dōu (dou¹) …是
驴 lú (lou⁴) 毛…	模 mó (mou⁴) …型	做 zuò (zou⁶) …法

(3) 粤语里读 iu 韵母的字在普通话里可能读以下韵母

骄 jiāo (giu¹) …傲	悄 qiāo (qiu¹) …悄	漂 piào (piu³) …亮
晓 xiǎo (hiu²) …得	调 tiáo (tiu⁴) …和	掉 diào (diu⁶) …转

朝 cháo（qiu⁴）…代　兆 zhào（xiu⁶）…头　丢 diū（diu¹）…掉

粤语里有各种韵母的字在普通话里读 ao, ou, iou 或 iao 韵母。请注意：

(1) 粤语里以下的字在普通话里读 ao 韵母

包 bāo（bao¹）…括　　吵 chǎo（cao²）…闹　　找 zhǎo（zao²）…寻
靠 kào（kao³）…近　　稍 shāo（sao²）…微　　矛 máo（mao⁴）…盾
保 bǎo（bou²）…证　　草 cǎo（cou²）…案　　老 lǎo（lou⁵）…人
好 hǎo（hou²）…人　　宝 bǎo（bou²）…贵　　抱 bào（pou⁵）…歉
少 shǎo（xiu²）…量　　照 zhào（jiu³）…射　　烧 shāo（xiu¹）…毁
剥 bāo（mog¹）…皮　　薄 báo（bog⁶）…片　　凿 záo（zog⁶）…子

(2) 粤语里以下的字在普通话里读 ou 韵母

走 zǒu（zeo²）…向　　受 shòu（seo⁶）…热　　够 gòu（geo³）…能…
头 tóu（teo⁴）…发　　后 hòu（heo⁶）…面　　否 fǒu（feo²）…则
肉 ròu（yug⁶）…食　　粥 zhōu（zug¹）…米…　轴 zhóu（zug⁶）…承

(3) 粤语里以下的字在普通话里读 iao 韵母

交 jiāo（gao¹）…换　　觉 jiào（gao³）睡…　　醉 jiào（hao¹）…母
鸟 niǎo（niu⁵）小…　　表 biǎo（biu²）…示　　焦 jiāo（jiu¹）…点
挑 tiāo（tiu²）…选　　调 diào（tiu⁴）…查　　苗 miáo（miu⁴）…条
脚 jiǎo（gêg³）…步　　削 xiāo（sêg³）…价　　角 jiǎo（gog³）…度

(4) 粤语里以下的字在普通话里读 iou 韵母

九 jiǔ（geo²）…龙　　酒 jiǔ（zeo²）…楼　　求 qiú（keo⁴）…证
秋 qiū（ceo¹）…季　　刘 liú（leo⁴）…小　　究 jiū（geo³）…竟
六 liù（lug⁶）…月　　宿 xiǔ（sug¹）…一　　丢 diū（diu¹）…失

对粤港澳普通话教程

请注意不要混淆下列词语：

交账 jiāozhàng—高涨 gāozhàng　　交集 jiāojí—高级 gāojí
交通 jiāotōng—搞通 gǎotōng　　交代 jiāodài—*高戴 gāodài
教室 jiàoshì—告示 gàoshì　　午觉 wǔjiào—诬告 wūgào
狡猾 jiǎohuá—*搞滑 gǎohuá　　发酵 fājiào—发号 fāhào
直叫 zhíjiào—执照 zhízhào　　比较 bǐjiào—被告 bèigào

九路 jiǔlù—走路 zǒulù　　上流 shàngliú—上楼 shànglóu
救人 jiùrén—够人 gòurén　　秋风 qiūfēng—抽风 chōufēng
酒气 jiǔqì—走气 zǒuqì　　就业 jiùyè—奏乐 zòuyuè
修理 xiūlǐ—受理 shòulǐ　　留下 liúxià—楼下 lóuxià

老板 lǎobǎn—楼板 lóubǎn　　吵闹 chǎonào—丑陋 chǒulòu
考试 kǎoshì—口试 kǒushì　　潮流 cháoliú—酬劳 chóuláo
高烧 gāoshāo—勾销 gōuxiāo　　好事 hǎoshì—后世 hòushì
问号 wènhào—问候 wènhòu　　稻子 dàozi—豆子 dòuzi
红枣 hóngzǎo—哄走 hǒngzǒu　　刀子 dāozi—兜子 dōuzi
保安 bǎo'ān—*bǒu'ōn　　报价 bàojià—*bòugà

电疗 diànliáo—电流 diànliú　　调查 diàochá—*丢茶 diūchá
妙论 miàolùn—谬论 miùlùn　　销假 xiāojià—休假 xiūjià
不小 bùxiǎo—不朽 bùxiǔ　　谣言 yáoyán—油盐 yóuyán
推销 tuīxiāo—退休 tuìxiū　　消息 xiāoxi—休息 xiūxi

白粥 báizhōu—白烛 báizhú　　*轴子 zhóuzi—竹子 zhúzi
肉食 ròushí—玉石 yùshí　　六角 liùjiǎo—鹿角 lùjiǎo

4. 绕口令

(1) 巧巧和小小 QIǍO QIǍO HÉ XIǍO XIǍO

巧巧过桥找嫂嫂,小小过桥找姥姥;巧巧桥上碰小小,小小邀巧巧找姥姥,巧巧邀小小找嫂嫂,小小巧巧同去找姥姥和嫂嫂。

(2) 出门走六步 CHŪ MÉN ZǑU LIÙ BÙ

出门走六步,叫声六叔和六舅,借我六斗六升好绿豆,入了秋打了豆,再还六叔六舅六斗六升新绿豆。

(3) 苗苗追猫猫 MIÁO MIAO ZHUĪ MĀO MAO

苗苗追猫猫,猫猫喵喵叫。苗苗赶猫猫,猫猫蹦又跳。

二 句型操练 比较句

1. 基本句型

他个头儿挺高(的)。
他比我高,但是比我瘦。
我跟他一样高。
广州和香港一样热。
武汉比广州更热。
北京比广州冷得多(冷一些,冷一点儿)。
澳门不比香港冷。
论天气,广州不如上海冷。
我更喜欢广州。
香港有广州这么热。
澳门没杭州这么冷。
海口最热。

2. 常用词汇

冷 lěng（冻；寒）
热 rè
好玩儿 hǎowánr（好玩）
硬 yìng
高 gāo
矮 ǎi
胖 pàng（肥）
一样 yíyàng
闷热 mēnrè（焗）
凉快 liángkuai（凉爽）

干净 gānjìng
漂亮 piàoliang（靓）
难看 nánkàn（丑样）
要紧 yàojǐn（紧要）
热闹 rènao（闹热）
地道 dìdao（正）
宽 kuān（阔）
窄 zhǎi
整齐 zhěngqí（齐整）
凌乱 língluàn（立乱）

姐妹 jiěmèi（姊妹）
大白话 dàbáihuà（老实说话）
个头儿 gètóur（身高）
块头儿 kuàitour（身材）
天津 Tiānjīn
厦门 Xiàmén
海口 Hǎikǒu
珠海 Zhūhǎi
三亚 Sānyà
沈阳 Shěnyáng
长春 Chángchūn
长沙 Chángshā
呼和浩特 Hūhéhàotè
哈尔滨 Hā'ěrbīn
昆明 Kūnmíng

比 bǐ
更 gèng（仲；仲加）
粗 cū
不如 bùrú
但是 dànshì（但系）
屋里 wūli（房人便）
最 zuì（至；最）
夏天 xiàtiān
冬天 dōngtiān
四季如春 sìjìrúchūn
大象 dàxiàng（大笨象）
壮 zhuàng
珠江 Zhū Jiāng
沙发 shāfā（梳化）

3. 习惯用语

扯不上 chěbushàng（唔拿耕）

没说的 méishuōde（冇得弹）

没辙（了）méizhé(le)（冇招数；冇符）

还真行 háizhēnxíng（仲使得）

这山望着那山高 zhèi shān wàngzhe nèi shān gāo

不比不知道，一比吓一跳 bù bǐ bù zhīdào，yì bǐ xià yítiào

人比人，气死人 rén bǐ rén，qì sǐ rén

没那金刚钻，甭揽那瓷器活儿 méi nèi jīngāngzuàn，béng lǎn nèi cíqìhuór（唔抵得（口）渴，就唔好食吓啲咸鱼（食得咸鱼就要抵得渴）；冇咁大个头，就冇戴吓顶帽）

4. 句型替换

(1) { 广州 / 香港 / 澳门 / 海口 / 武汉 / 杭州 } 那地方挺 { 热闹 / 漂亮 / 干净 / 凉快 / 闷热 / 好玩儿 } 的。

(2) { 侯先生 / 贺小姐 / 鲍二婶 / 熊大哥 / 朱叔叔 } 比我 { 胖 / 高 / 矮 / 壮 / 瘦 },但(模样儿)比我 { 好看 / 难看 / 大方 / 斯文 / 精神 }。

(3) { 这屋里 / 这条街 / 这鸽子 / 北京 / 上海 / 厦门 } 比 { 那屋里 / 那条街 / 那鸽子 / 澳门 / 广州 / 海口 } 更 { 整齐 / 干净 / 漂亮 / 热闹 / 闷热 / 凉快 }。

(4) { 北京 / 深圳 / 杭州 / 这沙发 / 这棵树 / 那座桥 } 和(跟) { 天津 / 珠海 / 福州 / 那沙发 / 那棵树 / 这座桥 } 一样 { 冷 / 热 / 大 / 宽 / 高 / 窄 }。

(5) 论

| | 个头儿
天气
模样儿
年纪
条件 | , | 他
昆明
我
她
我 | 比 | 我
上海
她
我
她 | 矮
好
漂亮
大
好 | 。 |

5. 短小课文

要谈天气呀，那么大个中国，东西南北，春夏秋冬可都不一样儿。广州夏天挺热的，而香港呢，也跟广州一样儿热，澳门自然不比香港凉快。北京夏天比广州那是要凉快一些，但冬天却要比广州冷得多。哈尔滨呐，呼和浩特啊，乌鲁木齐那些地儿的冬天最冷，比北京、上海、南京、成都、西安都要冷。上海不如北京冷。论天气，我看昆明最好，一年四季如春，大实话吧，我最喜欢昆明。

6. 词语注释

(1) "要紧"、"热闹"、"整齐"等一类词在粤语里常说成相反顺序的"紧要"、"闹热"、"齐整"等，这种与普通话词序相反的词在南方闽、粤、客方言里都存在。

(2) 扯不上：意思是"讲得太远了"。"扯"在此是"扯关系"的意思，这个惯用语意思是"扯不上关系"。

(3) 没说的：是赞赏用语，类似粤语"冇得弹"。

(4) 没辙(了)："辙"是戏曲、歌词所押的韵，"没辙"就是没有押韵，引申为没办法。

(5) 这山望着那山高：比喻人的欲望永远无满足之时。

7. 语言常识

比较句式可以有平比式和差比式两类。普通话与粤语的平比句式基本相同，如普通话说"我和你一样高"，粤语则说"我同你一样高"，只是介词的差别而已。差比式普通话和粤语虽然也都有"我比你高"这样的句式,但粤语却有自己特别的表达方式,"我比你高"更多地说成"我高过你",如果形容词后还带补语,则补语要放在句末,说成"我高过你好多"等。这些与普通话的表达方式有较大差别。否定式也有不少差别,否定词的不同以及放置的位置不同都需多加注意。

三 课文练习

1. 语音练习

姥姥 lǎolao　　好好儿 hǎohāor　　滔滔不绝 tāotāobùjué
偷偷 tōutōu　　头头儿 tóutóur　　头头是道 tóutóushìdào
悄悄 qiāoqiāo　潇潇 xiāoxiāo　　摇摇欲坠 yáoyáoyùzhuì
舅舅 jiùjiu　　久久 jiǔjiǔ　　　扭扭捏捏 niǔniǔniēniē

拼读下列音节

着手 zhuóshǒu　报酬 bàochou　投票 tóupiào　扣留 kòuliú
要好 yàohǎo　　交手 jiāoshǒu　销售 xiāoshòu　料酒 liàojiǔ
牛痘 niúdòu　　邮票 yóupiào　调教 tiáojiào　报道 bàodào
手头 shǒutóu　　较小 jiàoxiǎo　咆哮 páoxiào　潦草 liáocǎo

2. 句型练习

替换练习

(1) 要论<u>气温</u>,北方比南方<u>冷</u>得多。

粗细	绳子	头发	粗
软硬	石头	鸡蛋	硬
高矮	树	草	高
大小	牛	老鼠	大
块头儿	蚂蚁	大象	小

（2）他（她）们姐妹俩啊，大的模样儿更漂亮。

姐妹	小的个头儿	高
兄弟	哥哥的事情	要紧
夫妻	男的普通话	地道
母女	妈妈的屋里	凌乱
父子	儿子的模样儿	难看

（3）说句实话，香港可没有哈尔滨这么冷。

说实话吧	她屋里	我屋里	凌乱
大实话吧	长春	长沙	热
一句大白话	头发	绳子	粗
实话实说	三亚	沈阳	冷
老实说吧	漓江	珠江	脏

四　听说欣赏

歌　曲

ZHǏYÀO NǏ GUÒDE BǏ WǑ HǍO
只要你过得比我好

Bù zhīdào nǐ xiànzài hǎobuhǎo,
shìbushì yě yíyàng méiyǒu fánnǎo?

Xiàng ge háizi shìde shénqíng wàngbudiào,
nǐ de xiào duì wǒ yìshēng hěn zhòngyào.

Zhèxiē nián nǐ guòde hǎobuhǎo?
Ǒu'ěr shìbushì yě gǎnjué yǒuxiē lǎo?
Xiàng ge dàrén bān de liàn'ài,
yǒu shíhou xīnqíng huì hěn zāo.

Zhǐyào nǐ guòde bǐ wǒ hǎo,
shénme shì dōu nán bù dǎo。
Zhǐyào nǐ guòde bǐ wǒ hǎo,
suǒyǒu de kuàilè zài nǐ shēnbiān wéirào.

Zhǐyào nǐ guòde bǐ wǒ hǎo,
shénme shì yě nánbudǎo,
yìzhí dào lǎo!

现代京剧《红灯记》选段

HÚNSHĒN SHÌ DǍN XIÓNGJIŪJIŪ
浑身是胆雄赳赳

　　[Lǐ Yùhé] Lín xíng hē mā yì wǎn jiǔ, húnshēn shì dǎn xióngjiūjiū. Jiǔshān shèyàn hé wǒ jiāo "péngyǒu", qiānbēi wànzhǎn huì yìngchou. Shílìng bù hǎo fēngxuě láide zhòu, mā yào bǎ lěngnuǎn shíkè jì xīntóu. Xiǎo Tiěméi chūmén màihuò kàn qìhòu, láiwǎng "zhàngmù" yào jìshóu. Kùnjuàn shí liúshén ménhù fáng yěgǒu, fánmèn shí děnghòu xǐquè chàng zhītóu. Jiāzhōng de shìr nǐ bēnzǒu, yào yǔ nǎinai fēn yōuchóu.

第十七课

一 正音专题 韵母 an ian

an 和 ian 是普通话里的两个前鼻音韵母。也就是说,它们是由元音加前鼻音韵尾构成的。

发 an 的时候,先发 a,紧接着用舌尖抵着上齿背,使气流从鼻腔出来。如:"安"(ān)、"干"(gān)等。这个音类似于粤语里的"晏"(an³),只是它的 a 的口形比粤语的小。但普通话里的 an 韵母与粤语里的 on 韵母差别很大,一定不能把普通话的"安"(ān)说成粤语的"安"(on¹)。

ian 是在 an 之前多了一个过渡音 -i-。但是要注意它的发音不是-i-加 an。由于-i-的影响,ian 中的 a 由舌位低的元音 [A]变成了舌位偏高的元音[e]。所以 ian 的实际发音是[ien],如"烟"(yān)、"年"(nián)等。普通话的 ian 不同于粤语的 in,粤语 in 的中间没有元音,普通话 ian 的中间有一个主要元音 [e]。所以我们要注意不要把普通话的"言"(yán)读成粤语的演(yin²),把普通话的"连"(lián)读成粤语的"链"(lin²)。

学习这两个韵母的时候,除了要注意它们各自的发音特征以外,还要注意与 on 和 in 的区别。

1. 字 例

an

展览 zhǎnlǎn   谈判 tánpàn   难看 nánkàn   赞叹 zàntàn
干旱 gānhàn   感染 gǎnrǎn   栏杆 lángān   反感 fǎngǎn

ian

见面 jiànmiàn 前边 qiánbian 变迁 biànqiān 简便 jiǎnbiàn
检验 jiǎnyàn 鲜艳 xiānyàn 天线 tiānxiàn 减免 jiǎnmiǎn

2. 拼读下列读音

案件 ànjiàn 扮演 bànyǎn 饭店 fàndiàn 肝炎 gānyán
干线 gànxiàn 罕见 hǎnjiàn 谗言 chányán 蔓延 mànyán
闪电 shǎndiàn 谈天 tántiān 展现 zhǎnxiàn 占线 zhànxiàn
点燃 diǎnrán 艰难 jiānnán 减产 jiǎnchǎn 键盘 jiànpán
显然 xiǎnrán 便函 biànhán 电缆 diànlǎn 偏袒 piāntǎn
遣返 qiǎnfǎn 浅滩 qiǎntān 闲谈 xiántán 天干 tiāngān

3. 特别对照操练

粤语里没有读 ian 韵母的字。粤语里读 an 韵母的字,在普通话里可能读做以下韵母:

反 fǎn (fan²)…应 山 shān (san¹)…东 餐 cān (can¹)…厅
眼 yǎn (ngan⁵)…前 间 jiàn (gan³)…接 闲 xián (han⁴)…谈
关 guān (guan¹)…系 惯 guàn (guan³)…性 还 huán (wan⁴)…原

粤语里有各种韵母的字在普通话里读 an 或 ian 韵母。请注意:

(1) 粤语里以下的字在普通话里读 an 韵母

山 shān (san¹)…区 办 bàn (ban⁶)…法 产 chǎn (can²)…品
南 nán (nam⁴)…京 参 cān (cam¹)…加 函 hán (ham⁴)…信
感 gǎn (gem²)…觉 甘 gān (gem¹)…肃 黯 àn (em³)…然
占 zhàn (jim³)…有 闪 shǎn (xim²)…电 染 rǎn (yim⁵)…料
然 rán (yin⁴)…后 展 zhǎn (jin²)…示 善 shàn (xin⁶)…良
半 bàn (bun³)…径 满 mǎn (mun⁵)…足 判 pàn (pun³)…断

第十七课

安 ān（on¹）…排　　干 gān（gon¹）…燥　　寒 hán（hon⁴）…暄

（2）粤语里以下的字在普通话里读 ian 韵母

年 nián（nin⁴）…代　　边 biān（bin¹）…界　　典 diǎn（din²）…礼
变 biàn（bin³）…质　　坚 jiān（gin¹）…固　　烟 yān（yin¹）…草
点 diǎn（dim²）…头　　欠 qiàn（him³）拖…　　签 qiān（qim¹）…订
念 niàn（nim⁶）怀…　　渐 jiàn（jim⁶）…渐　　添 tiān（tim¹）…置
间 jiàn（gan³）…接　　限 xiàn（han⁶）…制　　闲 xián（han⁴）…人
监 jiān（gam¹）…督　　舰 jiàn（lam⁶）…队　　陷 xiàn（ham⁶）…入
联 lián（lün⁴）…系　　歉 qiàn（hip³）…意　　嵌 qiàn（hem³）镶…

请注意不要混淆下列词语：

今天 jīntiān—甘甜 gāntián　　金子 jīnzi—柑子 gānzi
禁什么 jìnshénme—干什么 gànshénme

请注意不要把下列词语读成横线后面的音：

安康 ānkāng—＊ōnhōng　　　　寒流 hánliú—＊hón 楼
干旱 gānhàn—＊gōnhòn　　　　岸边 ànbiān—＊òn 辫
看书 kànshū—＊honxū　　　　　赶时间 gǎn shíjiān—＊gǒn 时柑
山林 shānlín—森林 sēnlín　　　缠着 chánzhe—沉着 chénzhuó
粘着 zhānzhe—斟酌 zhēnzhuó

闲心 xiánxīn—寒心 hánxīn　　　简便 jiǎnbiàn—敢变 gǎnbiàn
空间 kōngjiān—烘干 hōnggān　　艰苦 jiānkǔ—甘苦 gānkǔ
请柬 qǐngjiǎn—情感 qínggǎn　　有限 yǒuxiàn—有汗 yǒuhàn
改变 gǎibiàn—改办 gǎibàn　　　限于 xiànyú—汉语 hànyǔ
剪开 jiǎnkāi—展开 zhǎnkāi　　　先改 xiāngǎi—删改 shāngǎi
自言 zìyán—自然 zìrán　　　　　偷钱 tōuqián—纠缠 jiūchán

4. 绕口令

(1) SĀN YUÈ SĀN, JÌN SHĒN SHĀN
三月三，进深山

sān yuè sān, jìn shēn shān, dài máo tǎn, bèi mǎ ān, jìn le shēn shān
三月三，进深山，带毛毯，备马鞍，进了深山
qù zhòng shān
去种杉。

sān yuè sān, xià hǎi tān, shāo wǔ fàn, kuà shàng lán, xià le hǎi tān jiǎn
三月三，下海滩，烧午饭，挎上篮，下了海滩捡
ní hān
泥蚶。

(2) YÍ XIÀN TIĀN
一线天

yí xiàn tiān, yí xiàn tiān, tiān shang yǒu yún yān, yún yān wǔ piān
一线天，一线天，天上有云烟，云烟舞翩
piān, sì shén yòu sì xiān
翩，似神又似仙。

yí xiàn tiān, yí xiàn tiān, tiān shang liè rì yán, tiān xià quán sì jiàn
一线天，一线天，天上烈日炎，天下泉四溅，
dì yīn tái xiǎn xiān
地阴苔藓鲜。

二 句型操练 "把"字句

1. 基本句型

把门关上。
请把话说请楚点儿。
你把衣服洗洗。
别把他吓住。
千万别把我当傻子。
别把这好戏给搅了。
不用把他当回事儿。
不(应)该把这当儿戏。
你可把我说糊涂了。

2. 常用词汇

关门 guānmén（闩门）

衣服 yīfu（衫）

洗 xǐ

吓(唬) xià (hu)（嚇）

好戏 hǎoxì

搅 jiǎo

当 dàng

儿戏 érxì（儿嬉）

杀 shā（刣）

嗐 hài

哟 yō

喂 wèi

闹 nào（玩）

音响 yīnxiǎng

音量 yīnliàng

落下 làxià

较劲儿 jiàojìnr（斗气；顶）

悠着点儿 yōuzhediǎnr（小心啲；因住啲）

决赛 juésài

调 tiáo

弄 nòng（搞）

地板 dìbǎn（地下）

叠 dié（折）

晒 shài

挑(拣) tiāo(jiǎn)（捡）

吵醒 chǎoxǐng

看轻 kànqīng（睇低）

放眼里 fàng yǎnli
害 hài
毁 huǐ（害）
丢 diū（跌）
身子 shēnzi（身体）
傻子 shǎzi（傻佬；傻仔）
瞎子 xiāzi（盲公）
聋子 lóngzi（聋佬（婆））
老子 lǎozi（老窦）
疯子 fēngzi（颠佬）

主子 zhǔzi（主人）
孙子 sūnzi（孙）
林子 línzi（树林）
孩子 háizi（细路仔）
沙子 shāzi（砂）
糟踏 zāota（作践）
搞垮 gǎokuǎ（整冧）
猪 zhū
擦 cā（抹）

3. 习惯用语

走着瞧 zǒuzheqiáo

真带劲儿 zhēn dàijìnr（好过瘾；好梳扶）

没劲 méijìn（冇瘾）

乐了 lèle

赶前不赶后 gǎnqián bù gǎnhòu

不见棺材不掉泪，不到黄河心不死 bú jiàn guāncai bú diào lèi, bú dào Huánghé xīn bù sǐ

强按牛头喝不得水，强扭的瓜不甜 qiǎng àn niútóu hēbude shuǐ, qiǎng niǔ de guā bù tián

4. 句型替换

(1) 我说 | 巩先生 / 辛小姐 / 国先生 / 顾小姐 / 龚先生 | 啊（呀），请把 | 话儿 / 字儿 / 活儿 / 事儿 / 道理 | 说 / 写 / 干 / 搞 / 讲 | 清楚点儿。

(2) 喂，{老姚 / 大尹 / 小游 / 老易 / 大叶 / 小严}，你把 {地板 / 桌子 / 袜子 / 被子 / 衣服 / 沙子} {扫(一)扫 / 擦(一)擦 / 洗(一)洗 / 叠(一)叠 / 晒(一)晒 / 挑(一)挑} 吧。

(3) {小点儿声 / 慎重点儿 / 放松点儿 / 自信点儿 / 斯文点儿}，别把 {农大哥 / 宁伯伯 / 他们 / 倪大嫂 / 姑娘们} {吵醒了 / 看轻了 / 当回事儿 / 放眼里 / 吓坏了}。

(4) {小心 / 悠着 / 正经 / 认真} 点儿，千万别把 {花儿 / 身子 / 事情 / 功课} 给 {糟踏 / 搞垮 / 耽误 / 落下} 了。

(5) {他 / 我 / 你 / 她 / 我们 / 你们 / 他们} 并不 {傻 / 瞎 / 能 / 聋 / 疯 / 高 / 蠢}，不(应)该把 {他 / 我 / 你 / 她 / 我们 / 你们 / 他们} 当 {傻子 / 瞎子 / 老子 / 聋子 / 疯子 / 主子 / 孙子}。

5. 短小课文

"喂,小点儿声!"他叫谁小点儿声,嗯?"我叫你呀,二楞子!请你把音量调低点儿吧!"叫谁?他叫我把声音调小点儿呢?他真把他当成谁了不是?我就偏要把音量调得更大,看谁把谁给吓住。"别闹了,二楞子!你不把我当回事儿可以,可你别把好节目给落下了!"好节目?嗐!是货真价实的世界杯决赛!哟,还甭说呢,我这一较劲儿,真差点儿把好节目给搅了,还是赶紧把音响给关了。

6. 词语注释

(1) 当:dàng,在这儿读去声,意为"作为、当做、以为",如"把他当回事"就是"把他当做一回事"。

(2) 傻子、瞎子……:后头的"子"是词缀,读轻声,没有意义,因此不同于粤语的"仔",如"傻子"可能是"傻仔",也可能是"傻佬"或"傻女","子"是个中性词缀,没有性别差异。

(3) 二楞子:"楞",鲁莽,冒失的意思。北方人常称冒失小伙子为"楞头儿青"。

7. 语言常识

普通话的"把"字句与粤语的"将"字句大体格式是相同的。都是用介词"把(将)"把需要强调的宾语提到谓语动词的前面,如"把(将)工作做完"等。二者都可以带复指宾语,如"把这碗汤喝了它"(将呢碗汤饮咗佢),这两句中的"它"和"佢"是复指句中宾语"汤"的。需要强调指出的是,普通话的"把"字句与粤语的"将"字句之间在语义范围上存在差别。普通话的"把"字句是常用句式,除了表示"处置"义(如"把衣服洗干净了"),还表示"致使"义(如"今天可把我走累了")。粤语"将"字句是特殊句式,它只表示"处置"义,不表示"致使"义。同时,在一般情况下表示"处置"义时也往往不用"将"字,如"的;挼咗佢出嚟"(把它拿出来)、"饮咗碗汤佢啦"(把汤喝了吧)。

三 课文练习

1. 语音练习

暗暗 ànàn　　淡淡 dàndàn　　泛泛而谈 fànfàn'értán
偏偏 piānpiān　天天 tiāntiān　绵绵细雨 miánmiánxìyǔ

拼读下列音节

南边 nánbian　　天线 tiānxiàn　　泛滥 fànlàn　　显眼 xiǎnyǎn
看见 kànjiàn　　灿烂 cànlàn　　偏见 piānjiàn　　简单 jiǎndān
天然 tiānrán　　健谈 jiàntán　　片面 piànmiàn　　年饭 niánfàn
先前 xiānqián　现钱 xiànqián　连连 liánlián　　艰难 jiānnán

2. 句型练习

替换练习

(1) 吃过饭，别忘了把衣服洗了。

天气热	毛衣	脱
睡觉前	电视	关
走之前	汤	喝
用完水	水	关
吃完了	手	洗

(2) 你要是有点记性的话，别把这事儿给忘了。

人性	好梦	搅
良心	好人	害
人性	孩子	误
责任	林子	毁
良心	正事	忘

(3) 千不该万不该,不该把伞给丢了。

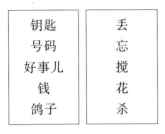

四 听说欣赏

Lián wài yǔ chán chán, chūnyì lánshān, luó qīn bú nài wǔgēng hán. Mèngli bù zhī shēn shì kè, yì shǎng tān huān. Dúzì mò píng lán, wúxiàn jiāngshān, bié shí róngyì jiàn shí nán. Liúshuǐ luòhuā chūn qù yě, tiānshàng rénjiān!

Xiāng jiàn shí nán bié yì nán, dōng fēng wú lì bǎi huā cán.
Chūn cán dào sǐ sī fāng jìn, là jù chéng huī lèi shǐ gān.
Xiǎo jìng dàn chóu yún bìn gǎi, yè yín yīng jué yuè guāng hán.
Péng shān cǐ qù wú duō lù, qīng niǎo yīn qín wèi tàn kān.

Jié lú zài rén jìng, ér wú chē mǎ xuān.
Wèn jūn hé néng ěr, xīn yuǎn dì zì piān.
Cǎi jú dōng lí xià, yōu rán jiàn nán shān.
Shān qì rì xī jiā, fēi niǎo xiāng yǔ huán.
Cǐ zhōng yǒu zhēn yì, yù biàn yǐ wàng yán.

[Sū Sān] Dī tóu líle Hóngtóng Xiàn, jiāng shēn láizài dàjiē qián. Wèicéng kāi yán wǒ xīn hǎo cǎn, guòwǎng de jūnzǐ tīng wǒ yán. Nǎ yí wèi qù wǎng Nánjīng zhuàn, yǔ wǒ nà sān láng bǎ xìn chuán. Yán shuō Sū Sān bǎ mìng duàn, láishēng biàn quǎnmǎ wǒ dāng bàohuán.

第十八课

一 正音专题 韵母 ua üan

uan 和 üan 也是普通话的两个前鼻音韵母。

发 uan 时，先发轻而短的过渡音 u-，然后紧接着发 an。如："弯"（wān）。普通话的"弯"类似于粤语的"弯"（wan[1]），只是口形略小，但它又比粤语的"温"（wen[1]）的口形大。

üan 的发音不是先发 ü，然后发 an。在这里 an 受 ü 的影响，舌位变高了，üan 的实际发音变成了 [üen]，也就是说，发 üan 的时候，先发轻而短的过渡音 ü-，紧接着发 [en]。如："圆"（yuán）、"圈"（quān）等。这个韵母与粤语的"冤"（yūn）不同，粤语 ün 的 ü 和 n 中间没有别的元音，而普通话 üan 的中间有一个主要元音 a。所以，要注意不要把普通话的"冤"（yuān）说成粤语的"渊"（yun[1]），把"圆"（yuán）说成粤语的"丸"（yun[2]），把"圈"（quān）说成粤语的"川"（qun[1]）。

üan 除了单独成音节，拼写做 yuan（如元 yuán）外，只出现在声母 j，q，x 的后面，或者单独成音，而 uan 则不出现在声母 j，q，x 之后。

1. 字 例

uan

| 贯穿 guànchuān | 婉转 wǎnzhuǎn | 换算 huànsuàn | 传唤 chuánhuàn |
| 短传 duǎnchuán | 软管 ruǎnguǎn | 乱传 luànchuán | 软缎 ruǎnduàn |

üan

| 圆圈 yuánquān | 源泉 yuánquán | 渊源 yuānyuán | 全权 quánquán |
| 圈选 quānxuǎn | 涓涓 juānjuān | 玄远 xuányuǎn | 全院 quányuàn |

2. 拼读下列读音

团员 tuányuán　　团圆 tuányuán　　完全 wánquán　　万元 wànyuán
还原 huányuán　　圆环 yuánhuán　　船员 chuányuán　　官员 guānyuán
捐款 juānkuǎn　　宣传 xuānchuán　　旋转 xuánzhuǎn　　悬腕 xuánwàn
圆管 yuánguǎn　　援款 yuánkuǎn　　选完 xuǎnwán　　全乱 quánluàn

3. 特别对照操练

粤语里没有读 uan 韵母的字。粤语里读 wan 的字，在普通话里也读做 wan。

粤语里有各种韵母的字在普通话里读 uan 或 üan 韵母。请注意：

(1) 粤语里以下的字在普通话里读 uan 韵母

完 wán（yun⁴）…全　　船 chuán（xun⁴）…舶　　端 duān（dün¹）…正
暖 nuǎn（nün⁵）…流　　酸 suān（xun¹）…性　　川 chuān（qun¹）…江
专 zhuān（jun¹）…门　　段 duàn（dün⁶）…落　　钻 zuān（jun³）…研
晚 wǎn（man⁵）…会　　关 guān（guan¹）…系　　弯 wān（wan¹）…曲
幻 huàn（wan⁶）…想　　惯 guàn（guan³）…例　　患 huàn（wan⁶）…者
管 guǎn（gun²）…理　　换 huàn（un⁶）…算　　卵 luǎn（lên²）…巢

(2) 粤语里以下的字在普通话里读 üan 韵母

远 yuǎn（yun⁵）…近　　劝 quàn（hün³）…告　　圈 quān（hün¹）…子
全 quán（qun⁴）…面　　捐 juān（gün¹）…税　　眷 juàn（gün⁶）…属
轩 xuān（hin¹）…昂　　癣 xuǎn（xin²）…脚…　　援 yuán（wun⁴）…助

请注意不要混淆下列词语：

山川 shānchuān—山村 shāncūn　　　一串 yíchuàn—一寸 yícùn
专柜 zhuānguì—尊贵 zūnguì　　　　钻研 zuānyán—尊严 zūnyán

流传 liúchuán—留存 liúcún　　＊海团 hǎituán—海豚 hǎitún
完全 wánquán—云群 yúnqún　　药丸 yàowán—岳云 yuèyún
搞完 gǎowán—搞匀 gǎoyún　　坐船 zuòchuán—做裙 zuòqún
两端 liǎngduān—两吨 liǎngdūn

很软 hěnruǎn—很远 hěnyuǎn　　大川 dàchuān—大圈 dàquān
寒酸 hánsuān—寒暄 hánxuān　　传球 chuánqiú—全球 quánqiú
完蛋 wándàn—元旦 yuándàn　　转入 zhuǎnrù—卷入 juǎnrù
专款 zhuānkuǎn—捐款 juānkuǎn　有船 yǒuchuán—有权 yǒuquán
药丸 yàowán—要员 yàoyuán　　串亲戚 chuàn qīnqi—劝亲戚 quàn qīnqi

4. 绕口令

(1) 山前有个颜远眼

　　　　shān qián yǒu ge yán yuǎn yǎn　shān hòu yǒu ge yuán yǎn yuán　liǎng rén pá
　　　　山 前 有 个 颜 远 眼，山 后 有 个 袁 眼 圆，两 人 爬
shang shān tóu lái bǐ yǎn　yě bù zhī shì yán yuǎn yǎn de yǎn bǐ yuán yǎn yuán de yǎn
上 山 头 来 比 眼，也 不 知 是 颜 远 眼 的 眼 比 袁 眼 圆 的 眼
kàn de yuǎn　hái shi yuán yǎn yuán de yǎn bǐ yán yuǎn yǎn de yǎn zhǎng de yuán
看 得 远，还 是 袁 眼 圆 的 眼 比 颜 远 眼 的 眼 长 得 圆。

(2) 圆圆和团团

　　　　yuányuan hé tuántuan　shuāng shuāng guàng gōng yuán　lù tú yuǎn
　　　　圆 圆 和 团 团，双 双 逛 公 园。路 途 远，
chē mǎ xuān　yuán yuan xián qì duǎn　tuán tuan bǎ qì chuǎn　yuán yuan yào huá
车 马 喧，圆 圆 嫌 气 短，团 团 把 气 喘；圆 圆 要 划

chuán tuán tuan yào kàn yuán yuán yuan dào chù cuàn tuán tuan xiǎng kàn
船，团团要看猿；圆圆到处窜，团团想看
quán yí ge ruǎn yí ge juàn yí ge yuān yí ge yuàn yuàn lái yuàn qù méi
泉；一个软，一个倦，一个冤，一个怨，怨来怨去没
rén quàn
人 劝。

二 句型操练 被动句

1. 基本句型

钱全让他（给）花光了。
书都叫人借走了。
杯子全给他打光了。
孩子给吓坏了。
他让人把他打了一顿（打得半死）。
话不让他说清楚不行。
别叫他把车子骑走。
我不为他的话所动。
自行车被王先生给骑走了。

2. 常用词汇

俗话 súhuà（俗语）
祸 huò
躲 duǒ（避；匿）
小子 xiǎozi（仔；男仔；嘢）
花（钱）huā（qián）（使钱）
让 ràng（畀）
叫 jiào（畀）
给 gěi（畀）
被 bèi（畀）

为 wéi（畀）
借 jiè
杯子 bēizi（杯；杯仔）
打（破）dǎ（pò）（打烂）
骑（车）qí（chē）（踹）
端 duān（捧）
偷 tōu
光 guāng（晒）
宠 chǒng（纵）

揍 zòu（打；揩）
训 xùn（教训）
搬（运）bān(yùn)
割 gē
野猪 yězhū（山猪）
家什 jiāshi（家私；架撑）
瞄 miáo（睇）
搭 dā
造孽 zàoniè
眨眼 zhǎyǎn
打折腿 dǎ shétuǐ（打断脚）
门子 ménzi（件；单）
眼泪 yǎnlèi（眼水）
家具 jiājù（家私）
钱包 qiánbāo（银包；荷包）

叫花子 jiàohuāzi（乞依）
小偷 xiǎotōu（贼仔；三只手）
猴子 hóuzi（马骝）
鸟儿 niǎor（雀仔）
鬼话 guǐhuà
几个子儿 jǐ ge zǐr（几个仙）
锅 guō（镬）
稻子 dàozi（禾）
麦子 màizi（麦）
大豆 dàdòu（黄豆）
高粱 gāoliang
碗 wǎn
瓢 piáo（壳）
盆 pén（兜）

3. 习惯用语

别傻了 bié shǎ le（咪咁傻啦）
天知道 tiān zhīdào（鬼知）
像那么回事儿 xiàng nàme huíshir（似模似样）
八竿子打不着 bāgānzi dǎbuzháo（算盘都打唔埋一齐；大缆都扯唔埋）
惹不起,躲得起 rěbuqǐ, duǒdeqǐ
打落牙齿往肚里咽 dǎluò yáchǐ wǎng dùli yàn
好心当做驴肝肺 hǎoxīn dāngzuò lúgānfèi
喝西北风 hē xīběifēng（食西北风；食粥水）

4. 句型替换

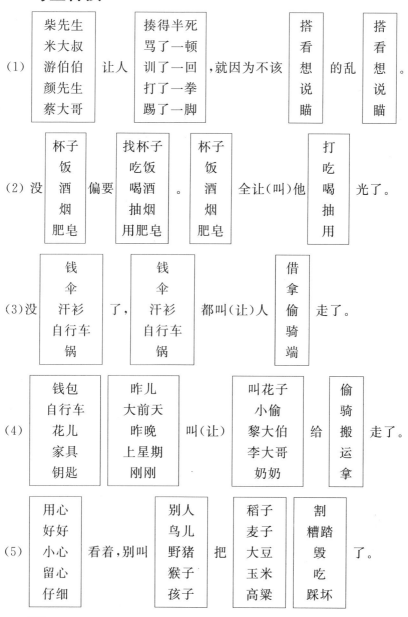

5. 短小课文

俗话说："躲过不是祸,是祸躲不过。"就说我们家那小子吧,就因为看了件不该看的事儿,说了句不该说的话儿,先是叫人给教训了一顿不算,这不,都打到家里来了:车子叫人给开走了,锅碗瓢盆全给打了,屋里家什给搬光了。他爹都六十几的人了,还让人打了一顿,腿都给打折了,眼下还在医院里躺着呢! 好好一个家,一眨眼就给弄成这个样儿了。这究竟造的是哪门子孽呀?

6. 词语注释

（1）打破:粤语里相应的说法是"打烂"。粤语的"烂"可以用在许多地方:如玻璃破(碎)了,说成"烂咗";衣服破了,也说成"烂咗";眼镜坏了,还是"烂咗"。应注意这种用法的差别。

（2）端:平举着拿物体,多指用双手,如"锅"得用"端","端出两碗茶来"等。

（3）几个子儿:没多少钱,"子儿"是"铜子儿、铜元"的口头形式,"铜元"(旧时有相当十文至二十文制钱的)也叫"大子儿"、"小子儿"。

（4）八竿子打不着:八根竹竿都打不着,意指关系十分疏远。

（5）腿打折了:折 shé,长条形物的"断",如"树枝折了"等。而"骨折"、"曲折"、"折扣"等词得读 zhé。

（6）造哪门子孽:造哪种(件)孽。"门子",量词,件,单,种。如:"你说的是哪门子事儿啊?"等等。

（7）小子:儿子;男孩儿;(骂人时)家伙。如:"她生了个胖小子(男孩儿)"、"那小子(坏蛋)不是人,又杀人又放火的。"等等。

（8）家什:用具;器物;家具。如:"食堂里的家什擦得很亮。"

（9）好心当做驴肝肺了:驴肝肺,驴下水,比喻极坏的心肠。

7. 语言常识

在普通话里带有"让"、"叫"、"给"的被动句较"被"字句更口语化。

"让"、"叫"多用于对主语来说不愉快或多少有损害的事,后头带宾语,如"我让(叫)他打了一顿"中带了"他";"给"字句后头可以不带宾语,如"我给打了一顿"中省略掉了"他"字。粤语里表示被动的词大体上只有"畀"字。用于被动句时"畀"是介词,如"我畀佢揩咗一餐"(我让他打了一顿),"樽酒畀人饮晒"(这瓶酒给喝光了)等。"畀"也当动词,意思就是"给,给予",如"畀本书我"(给我一本书)等。

三 课文练习

1. 语音练习

缓缓 huǎnhuǎn　　万万 wànwàn　　断断续续 duànduànxùxù
涓涓 juānjuān　　眷眷 juànjuàn　　源源不绝 yuányuánbùjué

拼读下列音节
演员 yǎnyuán　　卷烟 juǎnyān　　边缘 biānyuán　　试卷 shìjuàn
贯串 guànchuàn　　万全 wànquán　　酸软 suānruǎn　　全团 quántuán
专款 zhuānkuǎn　　温暖 wēnnuǎn　　专断 zhuānduàn　　健全 jiànquán
捐献 juānxiàn　　田园 tiányuán　　饭碗 fànwǎn　　换船 huànchuán

2. 句型练习

替换练习
(1) 就这么一惯,那小子给惯坏了。

| 乐气急吓宠 | 贺大伯
凤大婶
燕姨
秦先生
刁小姐 | 乐气急吓宠 |

(2) 他们不被(为)我的话所动。

他	这点小钱儿
蒋大哥	她的眼泪
我	他的鬼话

四 听说欣赏

歌　曲

HUÁNG HÉ SÒNG
黄　河　颂
GUĀNG WÈIRÁN
光　未　然

Wǒ zhànzài gāoshān zhī diān,
wàng Huáng Hé gǔngǔn,
bēn xiàng dōngnán.
jīn tāo péngpài,
xiānqǐ wànzhàng kuánglán;
zhuó liú wǎnzhuǎn,
jiéchéng jiǔqū liánhuán.
Cóng Kūnlūn Shān xià bēnxiàng Huáng Hai zhī biān,
bǎ zhōngyuán dàdì pīchéng nánběi liǎngmiàn.

Ǎ！Huáng Hé！
Nǐ shì wǒmen mínzú de yáolán,
wǔqiān nián de gǔguó wénhuà,
cóng nǐ zhèr fāyuán.
Duōshao yīngxióng de gùshì,
cóng nǐ de zhōuzāo bànyǎn.

Ǎ！Huáng Hé！
Nǐ wěidà jiānqiáng！
Xiàng yí ge jùrén chūxiàn zài Yàzhōu píngyuán zhī shàng,
yòng nǐ nà yīngxióng de tǐpò,
zuòchéng wǒmen mínzú de píngzhàng.

Ǎ！Huáng Hé！
Nǐ yí xiè wànzhàng,
hàohàodàngdàng,
xiàng nánběi liǎng'àn shēnchū qiānwàn tiáo tiě de bìbǎng.
Wǒmen mínzú de wěidà jīngshén,
jiāng yào zài nǐ de bǎoyù xià fāyáng zīzhǎng.
Wǒmen zǔguó de yīngxióng érnǚ,
jiāng yào xuéxí nǐ de bǎngyàng.
Xiàng nǐ yíyàng de wěidà jiānqiáng！
Xiàng nǐ yíyàng de wěidà jiānqiáng！

第十九课

一 正音专题 韵母 en in uen ün

en,in,uen,ün 是普通话的另外四个前鼻音韵母。

发 en 时,先发 e,紧接着用舌尖抵住齿龈,堵住口腔气流,使气流从鼻腔出来。如:"恩"(ēn)。它比粤语里"奀"(en¹)的口形要小得多,舌位要高和靠后。

发 in 时,先发 i,紧接着做 -n 的动作。如:"因"(yīn(=īn))。这个音的发音与粤语"烟"(yin¹)的发音基本一样。

uen 是在发 en 之前先发一个短而轻的过渡音-u-。如:"文"(wén(=uén))。这个韵母在单独成音节时拼写做 wen,与声母拼读时拼写做 un。普通话的 uen 韵母接近粤语的"碗"(wun²)的发音。但比起粤语的"搵"(wen²)的发音,口形要小得多,舌位较高、较后;它也不同于粤语的 en,所以普通话的"文"(wén)不应说成粤语的"搵"(wen²),普通话的"存"(cún)也不应说成粤语的"蠢"(cên²)。

ün 是先发 ü,紧接着做-n 的动作。如:"运"(yùn)、"询"(xún)等。普通话的 ün 韵母和粤语中的"冤"(yun¹)字的发音基本一样。

ün 单独成音节,拼写做 yun(如云 yún)。此外,它只跟声母 j,q,x 相拼,如"军 jūn"、"群 qún"、"寻 xún"。

学习这几个韵母的时候,我们除了要注意它们各自的发音特点以外,还要注意它们之间的差别。

1. 字　例

en

根本 gēnběn	人参 rénshēn	认真 rènzhēn	身份 shēnfèn
深沉 shēnchén	审慎 shěnshèn	分神 fēnshén	很嫩 hěn nèn

in

信心 xìnxīn	拼音 pīnyīn	亲近 qīnjìn	引进 yǐnjìn
辛勤 xīnqín	濒临 bīnlín	薪金 xīnjīn	贫民 pínmín

un

论文 lùnwén	温存 wēncún	混沌 hùndùn	滚轮 gǔnlún
困顿 kùndùn	温顺 wēnshùn	馄饨 húntún	春笋 chūnsǔn

ün

均匀 jūnyún	军训 jūnxùn	群雄 qúnxióng	芸芸 yúnyún

2. 拼读下列读音

人民 rénmín	本心 běnxīn	珍禽 zhēnqín	枕巾 zhěnjīn
本文 běnwén	沉稳 chénwěn	审问 shěnwèn	人伦 rénlún
人群 rénqún	审讯 shěnxùn	神韵 shényùn	真菌 zhēnjūn
信任 xìnrèn	谨慎 jǐnshèn	聘任 pìnrèn	亲身 qīnshēn
贫困 pínkùn	新闻 xīnwén	金婚 jīnhūn	新春 xīnchūn
进军 jìnjūn	音讯 yīnxùn	禁运 jìnyùn	因循 yīnxún
纯真 chúnzhēn	村镇 cūnzhèn	存根 cúngēn	文人 wénrén
婚姻 hūnyīn	存心 cúnxīn	顺心 shùnxīn	寸阴 cùnyīn
遵循 zūnxún	问讯 wènxùn	轮训 lúnxùn	春运 chūnyùn
寻根 xúngēn	匀称 yúnchèn	军心 jūnxīn	寻衅 xúnxìn
询问 xúnwèn	韵文 yùnwén	群婚 qúnhūn	驯顺 xùnshùn

3. 特别对照操练

粤语里读 en, in, un 或 ün 韵母的字,在普通话里可能读做其他韵母。请注意:

(1) 粤语里读 en 韵母的字,在普通话里可能读做以下韵母

分 fēn (fen¹) …别　　很 hěn (hen²) …大　　恩 ēn (yen¹) …人
因 yīn (yen¹) …此　　斤 jīn (gen¹) 三…　　银 yín (ngen⁴) …行
吞 tūn (ten¹) …并　　婚 hūn (fen¹) …姻　　困 kùn (kuen³) …难
群 qún (kuen⁴) …体　　熏 xūn (fen¹) …陶　　蕴 yùn (wen²) …藏

(2) 粤语里读 in 韵母的字,在普通话里可能读做以下韵母

言 yán (yin⁴) …语　　边 biān (bin¹) …界　　天 tiān (tin¹) …津
先 xiān (xin¹) …前　　篇 piān (pin¹) …幅　　棉 mián (min⁴) …布
扇 shàn (xin³) …子　　然 rán (yin⁴) …而　　轩 xuān (hin¹) …昂

(3) 粤语里读 un 韵母的字,在普通话里可能读做以下韵母

般 bān (bun¹) 一…　　满 mǎn (mun⁵) …足　　判 pàn (pun³) …断
宽 kuān (fun¹) …大　　灌 guàn (gun³) …水　　款 kuǎn (fun²) …待
换 huàn (wun⁶) …取　　欢 huān (fun¹) …喜　　观 guān (gun¹) …察
本 běn (bun²) …身　　盆 pén (pun⁴) …地　　闷 mēn (mun⁶) …热

(4) 粤语里读 ün 韵母的字,在普通话里可能读做以下韵母

暖 nuǎn (nün⁵) …流　　短 duǎn (dün²) …期　　团 tuán (tün⁴) …体
川 chuān (qun¹) …江　　专 zhuān (jun¹) …家　　乱 luàn (lün⁶) 捣…
元 yuán (yun⁴) …件　　权 quán (kün⁴) …益　　全 quán (qun⁴) …面
尊 zūn (jun¹) …重　　存 cún (qun⁴) …档　　损 sǔn (xun²) …坏

粤语里有各种韵母的字在普通话里读 en, in, un 或 ün 韵母。请注意：

(1) 粤语里以下的字在普通话里读 en 韵母

人 rén (yen⁴)…士　　　陈 chén (cen⁴)…述　　　奔 bēn (ben¹)…走
分 fēn (fen¹)…配　　　真 zhēn (zen¹)…实　　　身 shēn (sen¹)…体
甚 shèn (sem⁶)…至　　任 rèn (yem⁶)…命　　　沉 chén (cem⁴)…淀
森 sēn (sem¹)…林　　　斟 zhēn (zem¹)…酌　　审 shěn (sem²)…核
本 běn (bun²)…来　　　门 mén (mun⁴)…户　　　闷 mèn (mun⁶)…苦…
认 rèn (ying⁶)…为　　 肯 kěn (heng²)…定　　　嫩 nèn (nun⁶)…绿

(2) 粤语里以下的字在普通话里读 in 韵母

新 xīn (sen¹)…鲜　　　因 yīn (yen¹)…故　　　宾 bīn (ben¹)…馆
谨 jǐn (gen²)…慎　　　亲 qīn (cen¹)…自　　　民 mín (men⁴)…间
音 yīn (yem¹)…乐　　　林 lín (lem⁴)…木　　　临 lín (lem⁴)…近
心 xīn (sem¹)…思　　　赁 lìn (yem⁶)…租…　　钦 qīn (yem¹)…佩
进 jìn (zên³)…行　　　邻 lín (lên⁴)…居　　　津 jīn (zên¹)…贴
劲 jìn (ging³)…头　　　聘 pìn (ping³)…任　　　矜 jīn (ging¹)…持

(3) 粤语里以下的字在普通话里读 un 韵母

春 chūn (cên¹)…笋　　唇 chún (cên⁴)…嘴…　 吨 dūn (dên¹)…万…
顺 shùn (sên⁶)…序　　准 zhǔn (zên²)…许　　 伦 lún (lên⁴)…敦
温 wēn (wen¹)…存　　 问 wèn (men⁶)…询　　 昏 hūn (wen¹)…头…
村 cūn (qun¹)…镇　　 孙 sūn (xun¹)…子　　 尊 zūn (jun¹)…重

(4) 粤语里以下的字在普通话里读 ün 韵母

云 yún (wen⁴)…南　　 君 jūn (guen¹)…子　　菌 jūn (kuen²)…细…
匀 yún (wen⁴)…称　　 允 yǔn (wen⁵)…许　　 孕 yùn (yen⁶)…育
迅 xùn (sên³)…速　　 巡 xún (cên⁴)…警　　 逊 xùn (sên³)…色
询 xún (sên¹)…问　　 俊 jùn (zên³)…英　　 寻 xún (cem⁴)…找

第十九课

请注意不要混淆下面的词语：

人参 rénshēn—人心 rénxīn　　奔走 bēnzǒu—宾主 bīnzhǔ
恩惠 ēnhuì—因为 yīnwèi　　　身家 shēnjiā—新家 xīnjiā
一根 yì gēn—一斤 yì jīn

昏黑 hūnhēi—熏黑 xūnhēi　　捆起 kǔnqǐ—群起 qúnqǐ
灵魂 línghún—凌云 língyún　　通顺 tōngshùn—通讯 tōngxùn
棍子 gùnzi—裙子 qúnzi

进攻 jìngōng—竣工 jùngōng　　通信 tōngxìn—通讯 tōngxùn
白银 báiyín—白云 báiyún　　　印书 yìnshū—运输 yùnshū
隐藏 yǐncáng—蕴藏 yùncáng　　寝室 qǐnshì—巡视 xúnshì
珍珠 zhēnzhū—谆嘱 zhūnzhǔ　　分配 fēnpèi—婚配 hūnpèi

请注意不要把下列词语读成横线后面的音：

满意 mǎnyì—＊mǔn 意　　　判官 pànguān—＊pùngūn
门口 ménkǒu—＊mún 吼　　　观看 guānkàn—＊gūnhòn
欢呼 huānhū—＊fūn 夫　　　款待 kuǎndài—＊fǔndòi
宽恕 kuānshù—＊fūn 续　　　换算 huànsuàn—＊wùn 讯

4. 绕口令

（1）小陈和小文
XIĂOCHÉN HÉ XIĂO WÉN

xiǎo chén hé xiǎo wén　liǎng rén zuì qín fèn　yí ge dǎ fēi wén　yí ge
小 陈 和小 文，两 人 最 勤奋；一个 打 飞 蚊，一个扫灰尘；一个用烟熏，一个用水喷；一个除草根，一个用火焚。飞蚊和灰尘，定无处藏身。

（2）茵茵和彬彬

茵茵住海滨，穿裙扎头巾；彬彬住森林，种菌养家禽。茵茵想彬彬，忧愁泪满襟；彬彬思茵茵，辗转夜半吟。茵茵念彬彬，望能一条心；彬彬梦茵茵，盼能早结亲。

二 句型操练 双宾语句

1. 基本句型

他送我一条领带。

我请了他一顿饭。

我骂了他一句。

我问他谁是大夫。

别人告诉她许多事儿。

还我书。

别送他东西。

甭指望我什么。

2. 常用词汇

送 sòng
问 wèn
指望 zhǐwàng（指倚）
赔 péi
教 jiāo
请(客) qǐng(kè)（请饮）
还 huán（还翻）
东西 dōngxi（嘢）
两招 liǎngzhāo（两手）
人家 rénjia（人哋）
耳刮子 ěrguāzi（巴）
表 biǎo
窝囊废 wōnangfèi（废柴）
事儿妈 shìrmā（八卦婆）
废物 fèiwu（废柴；废物）
黄鼠狼 huángshǔláng
白痴 báichī
舍不得 shěbudé（唔舍得）
口口声声 kǒukoushēngshēng
出租房 chūzūfáng（出租屋）
皮带 pídài

大夫 dàifu（医生）
别人 biéren（人哋）
钢笔 gāngbǐ
刀子 dāozi（刀；刀仔）
剪子 jiǎnzi（铰剪）
面条儿 miàntiáor（面）
馄饨 húntun（云吞）
西红柿 xīhóngshì（番茄）
萝卜 luóbo（萝白）
尺寸 chǐcùn（晒士）
办法 bànfǎ（计仔）
字号 zìhào（唛）
真相 zhēnxiàng
尺子 chǐzi（间尺）
帐子 zhàngzi（蚊帐）
扇子 shànzi（扇）
塑料布 sùliàobù（胶布）
话筒 huàtǒng（咪）
混 hùn
学坏 xuéhuài
打交道 dǎ jiāodào

3. 习惯用语

扯淡 chědàn（发噏风）
够份儿 gòufènr
侃大山 kǎn dàshān（打牙较）
死心眼儿 sǐxīnyǎnr（死牛一便颈）
八字没一撇 bāzì méi yì piě（十划有一撇）

舍不得孩子套不住狼 shěbude háizi tàobuzhu láng

烂泥糊不上墙，朽木当不了梁 lànní húbushàng qiáng, xiǔmù dàngbuliǎo liáng（烂泥扶唔上壁）

见人说人话，见鬼说鬼话 jiàn rén shuō rén huà, jiàn guǐ shuō guǐ huà（见人讲人话，见鬼讲鬼话）

4. 句型替换

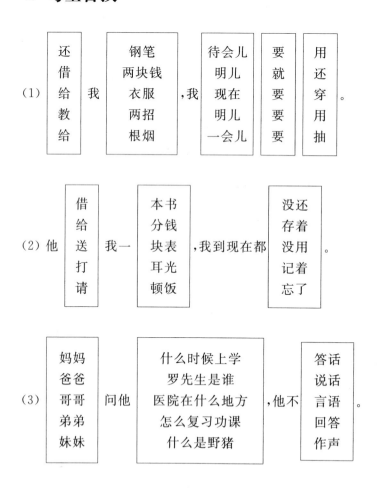

5. 短小课文

他送我一根领带,我请他一顿饭;他给了我一把漂亮的刀子,还教了我两招,我送给他一块表,还给了他一些钱;他口口声声喊我兄弟,我进进出出叫他大哥,我们常在一块儿混:上馆子、逛大街、呆在出租房里。我爸问我他是谁,住哪儿,干嘛的,我没告诉我爸什么。我明白我爸他是担心我,他让我别送他东西,别跟他打交道。毕竟,我才十五岁。

6. 词语注释

(1) 甭:是"不用"的合音词。粤语里也有这样的合音词,如"唔好"常说成"冇","别去"说成"冇(唔好)去"。

(2) 大夫:读成 dàifu 是医生,读成 dàfū 是古代官名,它们是两个不同的词。

(3) 侃大山:"侃"是"侃侃而谈"的"侃"。"侃大山"意即海阔天空、包罗万象地闲扯,"大山"意指范围广阔。

7. 语言常识

在普通话中，双宾语句是指人宾语在前，指物宾语在后，如"他给我一块钱"，指人宾语"我"放在指物宾语"一块钱"之前。而粤语含有"给予义"的双宾语句的这种次序恰好与普通话的相反，即指物宾语在前，指人宾语在后，如"佢畀一蚊我"，指人宾语"我"放在"一蚊"后面。而非"给予义"的动词（如"教"、"问"、"叫"、"欠"、"拿"、"收"等）与普通话的格式相同，如"教我两句"一般不说成"教两句我"。粤语有些词语兼含"给予义"和"获取义"，如"借两百蚊我"（借给我两百块）与"借我两百蚊"（向我借了两百块）。普通话也类似，如"借他一百元"，可以是向他借，也可以是借给他。这是要注意区别的。

三　课文练习

1. 语音练习

婶婶 shěnshen　　纷纷 fēnfēn　　本本主义 běnběnzhǔyì
频频 pínpín　　　仅仅 jǐnjǐn　　　斤斤计较 jīnjīnjìjiào
顿顿 dùndùn　　　昏昏 hūnhūn　　蠢蠢欲动 chǔnchǔnyùdòng
均均 jūnjūn　　　匀匀 yúnyún　　循循善诱 xúnxúnshànyòu

拼读下列音节
人们 rénmen　　临近 línjìn　　温润 wēnrùn　　身心 shēnxīn
人文 rénwén　　人均 rénjūn　　纷纭 fēnyún　　问询 wènxún
春汛 chūnxùn　　军民 jūnmín　　训人 xùnrén　　询问 xúnwèn
门诊 ménzhěn　　深信 shēnxìn　　寻人 xúnrén

2. 句型练习

替换练习

(1) 别随便<u>拿</u><u>人家</u>的东西。

看	她
翻	任何人
借	王小姐
用	大伙儿

(2) 别告诉他<u>什么</u>。

尺寸
办法
号码
字号
真相

(3) 请借我<u>一本书</u>。

一把尺子
一床帐子
一把扇子
一块塑料布
一个话筒

四 听说欣赏

Wēi lóu gāo bǎi chǐ,
shǒu kě zhāi xīng chén.
Bù gǎn gāo shēng yǔ,
kǒng jīng tiān shàng rén.

Fù lǎo zhēng yán yǔ shuǐ yún,
méi tóu bú sì qù nián pín.
Yīn qín xiè què zèng zhōng chén,
tí niǎo yǒu shí néng quàn kè.
Xiǎo táo wú lài yǐ liáo rén,
lí huā yě zuò bái tóu xīn.

Lánlán de tiānkōng shang piāozhe nà báiyún,
báiyún de xiàmian gàizhe xuěbái de yángqún.
Yángqún hǎoxiàng shì bānbān nà báiyín,
sǎzài cǎoyuán shang duōme ài shà rén.

第二十课

一 正音专题 韵母 ang iang uang

ang,iang,uang 是普通话的三个后鼻音韵母。

发 ang 时,先发 a,紧接着将舌头往后缩,让舌根抵向软腭,堵住口腔气流,使气流从鼻腔出来。如:"昂"(áng)、"狼"(láng)等。它类似于粤语"硬"(ngang6)的发音,只是口形较粤语的"硬"小。

发 iang 和 uang 时,先发过渡音-i-或-u-,再紧接着发 ang。如:"羊"(yáng(＝iáng))、"王"(wáng(＝uáng))等。粤语里类似的音是"yang3"(蹬腿)和"横"(wang4),只是它们的口形比普通话的 iang 和 uang 大,而且没有清晰的 -i-,-u-过渡音。由于粤语里没有过渡音-i-,-u-等,我们要特别注意不要把普通话的 iang 韵母读成粤语的 êng 韵母,uang 韵母读成粤语的 ong 韵母。如:不能把"梁"(liáng)读成粤语的"两"(lêng2),也不能把"床"(chuáng)读成粤语的"厂"(cong2),一定要注意把过渡音读出来。

学习这几个韵母的时候,除了要注意它们各自的发音特征以外,还要注意它们之间的区别。

1. 字 例

ang

帮忙 bāngmáng	厂长 chǎngzhǎng	商场 shāngchǎng
上涨 shàngzhǎng	仓房 cāngfáng	沧桑 cāngsāng
当场 dāngchǎng	长方 chángfāng	

iang

想像 xiǎngxiàng	响亮 xiǎngliàng	香江 xiāngjiāng
强项 qiángxiàng	像样 xiàngyàng	洋相 yángxiàng
相像 xiāngxiàng	亮相 liàngxiàng	

uang

狂妄 kuángwàng	状况 zhuàngkuàng	矿床 kuàngchuáng
双簧 shuānghuáng	黄庄 huángzhuāng	网状 wǎngzhuàng
忘光 wàngguāng	装潢 zhuānghuáng	

2. 拼读下列读音

榜样 bǎngyàng	方向 fāngxiàng	商量 shāngliang
敞亮 chǎngliàng	猖狂 chāngkuáng	厂矿 chǎngkuàng
张望 zhāngwàng	莽撞 mǎngzhuàng	两旁 liǎngpáng
相当 xiāngdāng	香肠 xiāngcháng	奖章 jiǎngzhāng
奖状 jiǎngzhuàng	凉爽 liángshuǎng	向往 xiàngwǎng
阳光 yángguāng	慌张 huāngzhāng	荒唐 huāngtáng
矿藏 kuàngcáng	往常 wǎngcháng	荒凉 huāngliáng
妄想 wàngxiǎng	光亮 guāngliàng	装腔 zhuāngqiāng

3. 特别对照操练

粤语里没有读 iang 和 uang 韵母的字。粤语里读 ang 韵母的字,在普通话里可能读做以下韵母:

烹 pēng（pang[1]）…饪	横 héng（wang[4]）…线	冷 lěng（lang[5]）…却
耕 gēng（gang[1]）…地	撑 chēng（cang[1]）…住	坑 kēng（hang[1]）…道
棒 bàng（pang[5]）…球	盲 máng（mang[4]）…目	硬 yìng（ngang[6]）…化

粤语里有各种韵母的字在普通话里读 ang, iang 或 uang 韵母。请注意：

(1) 粤语里以下的字在普通话里读 ang 韵母

方 fāng（fong¹）…案　当 dāng（dong¹）…然　傍 bàng（pong⁴）…晚
帮 bāng（bong¹）…忙　康 kāng（hong¹）…熙　港 gǎng（gong²）…澳
商 shāng（sêng¹）…品　章 zhāng（zêng¹）…程　赏 shǎng（sêng²）…识
让 ràng（yêng⁶）…步　丈 zhàng（zêng⁶）…夫　畅 chàng（cêng³）…通

(2) 粤语里以下的字在普通话里读 iang 韵母

样 yàng（yêng²）…子　凉 liáng（lêng⁴）…爽　将 jiāng（zêng¹）…来
两 liǎng（lêng⁵）…边　强 qiáng（kêng⁴）…调　央 yāng（yêng¹）…中…
江 jiāng（gong¹）…苏　降 jiàng（gong³）…温　讲 jiǎng（gong²）…话

(3) 粤语里以下的字在普通话里读 uang 韵母

望 wàng（mong⁶）…希　广 guǎng（guong²）…泛　床 chuáng（cong⁴）…位
况 kuàng（fong³）…情…　壮 zhuàng（zong³）…观　黄 huáng（wong⁴）…河
窗 chuāng（cêng¹）…口　双 shuāng（sêng¹）…方　霜 shuāng（sêng¹）…冻

请注意不要混淆下列词语：

航空 hángkōng—*巷空 xiàngkōng　　一行 yīháng——一项 yīxiàng
长臂 chángbì—墙壁 qiángbì　　　　赏玩 shǎngwán—想玩 xiǎngwán
丈人 zhàngrén—像人 xiàngrén　　　一盘酱 yīpánjiàng——盘账 yīpánzhàng
荒唐 huāngtáng—方糖 fāngtáng　　近况 jìnkuàng—*净放 jìngfàng
壮族 zhuàngzú—藏族 zàngzú　　　不忘 búwàng—不忙 bùmáng
窗明 chuāngmíng—昌明 chāngmíng　双号 shuānghào—伤号 shānghào
外甥 wàisheng—外商 wàishāng　　 马棚 mǎpéng—马旁 mǎpáng
冷水 léngshuǐ—*朗水 lǎngshuǐ　　 橙子 chéngzi—肠子 chángzi
姓庞 xìngpáng—姓彭 xìngpéng　　 省钱 shěngqián—赏钱 shǎngqián

钢水 gāngshuǐ—江水 jiāngshuǐ—光绪 guāngxù
商业 shāngyè—相约 xiāngyuē—霜叶 shuāngyè
健康 jiànkāng—京腔 jīngqiāng—镜框 jìngkuàng
港货 gǎnghuò—讲课 jiǎngkè—广货 guǎnghuò

4. 绕口令

(1) 两人抬缸
LIĂNG RÉN TÁI GĀNG

　　大胖二胖两人抬缸。大胖要抬到上房，二胖要抬到下房；大胖说上房好放缸，二胖说下房缸好放；缸好放好放缸，二人抬缸成抬杠。抬抬缸，抬抬杠，抬到上房抬下房，抬抬杠抬抬缸，抬到下房抬上房，忽听一声咣当响，抬缸抬杠打破缸。打破缸，怨抬杠，大胖怨二胖，二胖怨大胖，两个胖子泪汪汪。

(2) 羊和墙
YÁNG HÉ QIÁNG

　　杨家养了一只羊，蒋家修了一堵墙；杨家的羊撞倒了蒋家的墙，蒋家的墙压死了杨家的羊，杨

jiā yào jiǎng jiā péi yáng jiā de yáng   jiǎng jiā yào yáng jiā péi jiǎng jiā de qiáng
家要 蒋 家赔 杨 家的 羊 ，蒋 家要 杨 家赔 蒋 家的 墙 。

二 句型操练 祈使句

1. 基本句型

把桌子擦干净。
请进。
你等(一)会儿吧。
请您有空来帮帮忙。
让我走，行吗？
我们一起照张相，好吗？
您看看这件衣服吧。
请慢走，各位。
(千万)别忘了这事儿。
不准在这儿吸烟！
禁止吸烟！

2. 常用词汇

有空 yǒukòng（得闲）
水龙头 shuǐlóngtóu（水喉）
修理 xiūlǐ（修；整）
进(屋) jìn（wū）（入房）
等(待) děng（dài）
歇 xiē（歇）
躺 tǎng（瞓）
呆 dāi（留低；停低）
提意见 tí yìjiàn
表态 biǎotài

吃饺子 chī jiǎozi（食饺子）
沏茶 qīchá（冲茶）
味道 wèidào（味）
德性 déxing（衰样）
安静 ānjìng（静；静局）
扔垃圾 rēng lājī（扰垃圾）
三心二意 sānxīn-èryì
瞧 qiáo（睇）
闲逛 xiánguàng（行行企企）
整理 zhěnglǐ（执；执拾）

书包 shūbāo
张家界 Zhāngjiājiè
长城 Chángchéng
泰山 Tài Shān
大屿山 Dàyǔ Shān
尝 cháng（试）
闻 wén
合计 héjì（商量）

报告 bàogào
公司 gōngsī
销售 xiāoshòu
难题 nántí
出力 chūlì（落力）
便饭 biànfàn
聚 jù
落功课 là gōngkè

3. 习惯用语

没准儿 méizhǔnr（唔一定；话唔埋）
一边歇着吧 yìbiān xiēzhe ba（企埋一便）
悠着点儿 yōuzhediǎnr（滋柔啲）
邪门儿 xiéménr（邪）
破罐子破摔 pòguànzi pò shuāi
跑得了和尚跑不了庙 pǎodeliǎo héshang pǎobuliǎo miào
上什么山唱什么歌 shàng shénme shān chàng shénme gē
想吃羊肉就别怕膻 xiǎng chī yángròu jiù bié pà shān

4. 句型替换

(1) 你 | 瞧瞧 / 尝尝 / 闻闻 / 听听 / 想想 | 这 | 德性 / 味道 / 花香 / 鸟叫 / 问题 | 吧， | 啥玩艺儿还不错呢 / 还挺香呢 / 挺好听呢 / 真不易呀 |！

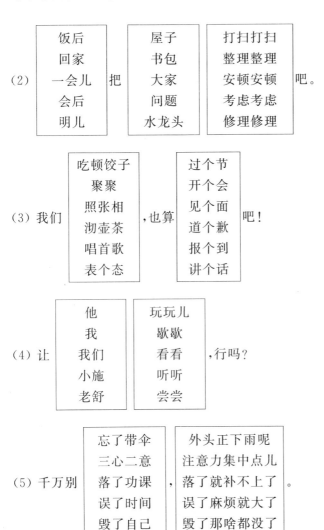

5. 短小课文

请安静一点儿,各位!我们开个会吧!今天请大伙儿来合计合计。先看看这份报告!哦,对不起,请别在这儿抽烟,这儿禁止抽烟。公司销售碰到了难题,大伙儿考虑考虑这个问题吧!千万别以为这事儿与大家无关,让我们都为公司出点儿力吧！一会儿请你们提提意见,会后一起吃顿便饭,好吗？

6. 词语注释

(1) 呆：在这儿是"逗留"、"停留"的意思,是个动词。粤语没有相应的说法。粤语多用"留"、"住"、"坐"等具体动作来表达。

(2) 德性：讽刺用语,表示看不起对方的仪容、举止、行为、作风等。可单用,如："德性！"也可与其他词连用,如："什么德性！"等等。

(3) 大屿山："大屿山"和"鼓浪屿"中的"屿"在粤语里读音是不同的,在普通话里读音相同。要注意区别。

(4) 瞧：意思是"看",但比"看"更口语化。

(5) 膻：又做"膻"。动物的体味儿。如："这牛肉一股膻味儿,闻着不舒服。"

(6) 表个态、道个歉：汉语词语述宾结构如"道歉"、"表态"、"见面"、"开会"、"过节"、"报到"、"讲话"等都可以插入"个",说成"报个到"、"开个会"等。

7. 语言常识

普通话与粤语的祈使句都是根据说话时句子的语气不同而划分出来的句子类型。按具体使用范围,至少可以有命令、请求、建议、禁止、吩咐、告诫、催促和号召几类。祈使句由于对象明确,因而大多没有主语,但有时候为了明确祈使对象也可出现主语,如："你滚出去！"一般来说,祈使句句首或句末可加上如"请"、"劳驾"（粤语用"唔该、劳烦"）之类的礼貌用词,使说话语气更委婉和客气。语气助词和某些附加成分是造成语气不同的重要手段,普通话用于祈使句里的语气助词很少（"吧"用得最普遍）,而粤语里用于祈使句的语气助词数量很多,对说话语气影响很大,如"帮下手啦"带有请求语气,"帮下手吖"带有催促语气,"帮下手嗮"则带有告诫意味。

三 课文练习

1. 语音练习

常常 chángcháng　　茫茫 mángmáng
想想 xiǎngxiǎng　　讲讲 jiǎngjiǎng
框框 kuàngkuang　　往往 wǎngwǎng
朗朗笑声 lǎnglǎngxiàoshēng　　洋洋自得 yángyángzìdé
惶惶不安 huánghuángbù'ān

拼读下列音节

芳香 fāngxiāng　　彷徨 pánghuáng　　相仿 xiāngfǎng　　强壮 qiángzhuàng
仰望 yǎngwàng　　黄酱 huángjiàng　　上当 shàngdàng　　厂矿 chǎngkuàng
慌忙 huāngmáng　　两广 liǎngguǎng　　奖赏 jiǎngshǎng　　广场 guǎngchǎng
爽朗 shuǎnglǎng　　宽广 kuānguǎng　　浪荡 làngdàng　　霜降 shuāngjiàng

2. 句型练习
替换练习

（1）您先坐一会儿吧，时间还早呢！

等	三五分钟	人都没到齐
歇	一阵子	时间还早着
躺	一下	医生还没来
呆	几天	玩儿都没玩儿
睡	一会儿	三点才上班

(2) 别在这儿吵架，要吵上别地儿吵去。

扔垃圾	扔	扔
吸烟	吸	吸
吐痰	吐	吐
闲逛	逛	逛
停车	停	停

(3) 放寒假咱(们)上北京好吗？

放暑假	去张家界
星期六	上大屿山
下星期	登长城
放假	爬泰山
星期天	到鼓浪屿

四 听说欣赏

现代京剧《沙家浜》选段

ZHÌ DÒU
智 斗

Diāo Déyī: Zhè ge nǚrén bù xúncháng!
Āqìngsǎo: Diāo Déyī yǒu shénme guǐ xīncháng?

Hú Chuánkuí: Zhè Xiǎo Diāo yìdiǎn miànzi yě bù jiǎng!
Ā: Zhè cǎobāo dàoshì yì dǔ dǎngfēng de qiáng.
Diāo: Tā tàidù bù bēi yòu bú kàng.
Ā: Tā shénqíng bù yīn yòu bù yáng.
Hú: Diāo Déyī gǎode shénme guǐ huāyàng?
Ā: Tāmen dàodǐ shì xìng Jiǎng háishi xìng Wāng?
Diāo: Wǒ dài yào pángqiāocèjī jiāng tā fǎng.
Ā: Wǒ bìxū cháyángguānsè bǎ tā fáng.
Diāo: Shìcái tīngde sīlìng jiǎng, Āqìng sǎo zhēn shì bù xúncháng. Wǒ pèifú nǐ chénzhuó jīlíng yǒu dǎnliàng, jìng gǎn zài guǐzi miànqián shuǎ huāqiāng. Ruò wú yǒu kàngRìjiùguó de hǎo sīxiǎng, yān nénggòu shějǐjiùrén bù huāngzhāng!
Ā: Cānmóuzhǎng, xiū yào miù kuājiǎng, shějǐjiùrén bù gǎn dāng. Kāi cháguǎn pàn xīngwàng, jiānghú yìqì dì-yī zhuāng. Sīlìng cháng lái yòu cháng wǎng, wǒ yǒuxīn bèikào dàshù hǎo chéngliáng. Yěshì sīlìng hóngfú guǎng, fāng néng yùnàn yòu chéngxiáng.
Diāo: Xīnsìjūn jiǔ zài Shājiābāng, zhè kē dàshù yǒu yīnliáng, nǐ yǔ tāmen cháng láiwǎng, xiǎngbì shì ānpái zhàoyìng gèng zhōuxiáng!
Ā: Lěiqǐ qīxīngzào, tónghú zhǔ sānjiāng. Bǎikāi bāxiānzhuō, zhāodài shíliù fāng. Láide dōushì kè, quán píng zuǐ yì zhāng. Xiāngféng kāikǒu xiào, guòhòu bù sīliàng, rén yǐ zǒu, chá jiù liáng, yǒu shénme zhōuxiáng bù zhōuxiáng!

Chuáng qián míng yuè guāng,
yí shì dì shàng shuāng,
jǔ tóu wàng míng yuè,
dī tóu sī gù xiāng.

第二十一课

一 正音专题 韵母 ing eng ueng

ing，eng，ueng 都是鼻音韵母。

发 ing 时，先发 i，然后舌头往后缩，舌根与软腭一起堵住口腔，使气流从鼻腔出来而成音。要注意的是，普通话的 ing 并不就是粤语的 ing。普通话的 ing 口形比较小，粤语里的 ing 口形比较大，近似于 eng。要注意普通话的"英"（yīng）与粤语的"英"（ying[1]）的区别。

发 eng 时，先发 e，然后舌头往后缩，舌根与软腭一起堵住口腔，使气流从鼻腔出来而成音。比较粤语的"莺"（ngeng[1]）中的 eng，发普通话的 eng 时，舌位较后，口形比较小。要注意普通话的"烹"（pēng）和粤语的"烹"（peng[1]）不同。

发 ueng 时，先发过渡音 u-，再发 eng。普通话的 ueng 和粤语的 weng 的发音有两个明显不同的地方。首先是在普通话的 ueng 里，过渡音 u- 摩擦明显，相当清晰，而粤语的 w- 没有强烈的摩擦。第二是发普通话的 ueng 的时候，口形比粤语的 eng 小。所以普通话的"翁"（wēng）和粤语的"宏"（weng[4]）除了声调不一样外，韵母的发音也不一样。

学习这几个韵母的时候，除了要注意它们各自的发音特点以外，还要注意它们之间的区别，以及 eng 与 ong，ueng 与 iong 的区别。

1. 字　例

ing

| 并行 bìngxíng | 经营 jīngyíng | 零星 língxīng | 平静 píngjìng |
| 菱形 língxíng | 情景 qíngjǐng | 姓名 xìngmíng | 命令 mìnglìng |

eng

风筝 fēngzheng　　更正 gēngzhèng　　逞能 chěngnéng
承蒙 chéngméng　　登程 dēngchéng　　丰盛 fēngshèng
生冷 shēnglěng　　增生 zēngshēng

ueng

渔翁 yúwēng　　蕹菜 wèngcài　　瓮中之鳖 wèngzhōngzhībiē

2. 拼读下列读音

曾经 céngjīng　　澄清 chéngqīng　　奉行 fèngxíng
恒星 héngxīng　　横行 héngxíng　　冷静 lěngjìng
生命 shēngmìng　　声明 shēngmíng　　竞争 jìngzhēng
名声 míngshēng　　柠檬 níngméng　　平等 píngděng
平衡 pínghéng　　行程 xíngchéng　　性能 xìngnéng
行政 xíngzhèng

3. 特别对照操练

　　粤语里读 weng 的字，在普通话里也读 weng。粤语里读 eng 或 ing 韵母的字，在普通话里可能读做其他韵母。请注意：

(1) 粤语里读 eng 韵母的字在普通话里可能读以下韵母

幸 xìng (heng[6])…运　　杏 xìng (heng[6])…仁　　莺 yīng (eng[1])…夜…
登 dēng (deng[1])…记　　等 děng (deng[2])…待　　腾 téng (teng[4])…空
增 zēng (zeng[1])…加　　盟 méng (meng[4])…同…　灯 dēng (deng[1])…光
肯 kěn (heng[2])…定　　轰 hōng (gueng[1])…动　　宏 hóng (weng[4])…观

(2) 粤语里读 ing 韵母的字在普通话里可能读以下韵母

京 jīng (ging[1])…剧　　评 píng (ping[4])…议　　明 míng (ming[4])…显
兴 xìng (hing[3])…趣　　经 jīng (ging[1])…验　　青 qīng (qing[1])…年

成 chéng（xing⁴）…立　　呈 chéng(qing⁴)…现　　征 zhēng（jing¹）…求
升 shēng（xing¹）…降　　诚 chéng（xing⁴）…意　　澄 chéng（qing⁴）…清
认 rèn（jing⁶）…为　　　贞 zhēn(jing¹）坚…　　琼 qióng（king⁴）…海
兄 xiōng（hing¹）…弟　　荣 róng（wing⁴）…幸　　劲 jìn（ging³）…头

粤语里不同韵母的字在普通话里读 eng，ing 或 ueng 韵母。请注意：

（1）粤语里以下的字在普通话里读 eng 韵母

崩 bēng（beng¹）…溃　　层 céng（ceng⁴）楼…　　更 gēng（geng¹）…改
能 néng（neng⁴）…力　　赠 zèng（zeng⁶）…送　　衡 héng（heng⁴）平…
撑 chēng（cang¹）…住　　橙 chéng（cang²）…子　　横 héng（wang⁴）…梁
冷 lěng（lang⁵）…却　　坑 kēng（hang¹）…道　　鹏 péng（pang⁴）大…
成 chéng（xing⁴）…分　　呈 chéng（qing⁴）…报　　称 chēng（qing¹）…呼
正 zhèng（jing³）…确　　蒸 zhēng(jing¹）…汽　　愣 lèng（ling⁶）发…
风 fēng（fung¹）…味　　梦 mèng（mung⁶）…见　　碰 pèng（pung³）…撞
封 fēng（fung¹）…闭　　郑 zhèng（zeng⁶）…州　　泵 bèng（bem¹）水…

（2）粤语里以下的字在普通话里读 ing 韵母

京 jīng（ging¹）…城　　精 jīng（jing¹）…心　　名 míng（ming⁴）…称
饼 bǐng（béng²）…干　　病 bìng（béng⁶）…人　　厅 tīng（téng¹）大…
凭 píng（peng⁴）…证　　行 xíng（heng⁴）…为　　幸 xìng（heng⁶）…运

（3）粤语里以下的字在普通话里读 ueng 韵母

翁 wēng（yung¹）老…　瓮 wèng（ung³）酒…　蕹 wèng（ung³）…菜

请注意不要混淆下面的词语：

星期 xīngqī — 升旗 shēngqí　　　性情 xìngqíng — 盛情 shèngqíng
精兵 jīngbīng — 征兵 zhēngbīng　　真行 zhēnxíng — 真诚 zhēnchéng

清明 qīngmíng — 成名 chéngmíng　　姓名 xìngmíng — 圣明 shèngmíng
鲸鱼 jīngyú — 蒸鱼 zhēngyú　　大型 dàxíng — 大绳 dàshéng
平行 píngxíng — 平衡 pínghéng　　高兴 gāoxìng — 高兄 gāoxiōng

4. 绕口令

(1) 高高山上一根藤

gāo gāo shān shang　yì gēn téng　téng tiáo tóu shang guà tóng líng
高　高　山　上　一　根　藤，藤　条　头　上　挂　铜　铃，
fēng chuī téng dòng tóng líng xiǎng　fēng zhǐ téng jìng tóng líng tíng
风　吹　藤　动　铜　铃　响，风　止　藤　静　铜　铃　停。

(2) 山上有个棚

shān shang yǒu ge péng　péng shang yǒu ge píng　fēng chuī píng ér
山　上　有　个　棚，棚　上　有　个　瓶，风　吹　瓶　儿
dòng　píng ér pèng　péng ér bèng
动，瓶　儿　碰，棚　儿　蹦。

二　句型操练　语序

1. 基本句型

多躺一会儿。

多穿一件衣服。

少吃点儿。

我先走。

让他先买吧。(先让他买吧。)
先别叫他走。
别少给钱。
再给二毛五分钱。

2. 常用词汇

多 duō
少 shǎo
先 xiān
再 zài（又；再）
上学 shàngxué（翻学；上堂）
放学 fàngxué（落堂）
出去 chūqu
动手 dòngshǒu（嘟手）
故事 gùshi（古仔；古）
(一壶)茶 (yìhú) chá
(一个)来回 (yíge) láihuí
朋友 péngyou
工钱 gōngqián（人工）
唠叨 lāodao（嚼气；啰嗦）
土豆儿 tǔdòur（薯仔）
废话 fèihuà
冰棍儿 bīnggùnr（雪条）
酱油 jiàngyóu（豉油）
巧克力 qiǎokèlì（朱古力）
洗相片儿 xǐ xiàngpiānr（晒相）
这年头儿 zhèi niántóur
手头儿紧 shǒutóur jǐn（手紧）
挤 jǐ（逼）
商场 shāngchǎng
自在 zìzai（他条；滋柔）
准 zhǔn（实；奉旨）
(茶)浓 nóng（溶）
烈酒 lièjiǔ（烧哥；烧酒）
奶油 nǎiyóu（忌廉）
香烟 xiāngyān（烟仔）
放假 fàngjià
盛 chéng（装）
当 dāng（应该；应当）
醋溜 cùliū
尝鲜 chángxiān
白开水 báikāishuǐ
降温 jiàngwēn
解渴 jiěkě
虱子 shīzi（虱）

3. 习惯用语

没门儿 méiménr（唔得）

费劲儿 fèi jìnr（嚡气）

瞎掰 xiā bāi（乱噏）

没说的 méi shuōde（唔话得）

先这么着 xiān zhèmezhāo（系嗽先）

死猪不怕开水烫 sǐzhū bú pà kāishuǐ tàng（死猪唔惊滚水溅）

瘦死骆驼比马大 shòusǐ luòtuo bǐ mǎ dà（烂船仲有三斤钉）

秃子头上的虱子——明摆着 tūzi tóushang de shīzi——míngbǎizhe（墙上吊钟——明摆）

4. 句型替换

(1) 多 | 聊儿 / 坐 / 呆 / 躺 / 歇 | (一)会儿吧，| 咱俩好久没见面了 / 这儿气氛挺好的 / 这地儿挺舒服的 / 我真舍不得起床呢 / 反正时间还早着呢 |。

(2) 少 | 玩儿 / 喝 / 抽 / 唠叨 / 吃 | 点儿，嗯？该不该 | 玩儿 / 喝 / 抽 / 唠叨 / 吃 | 你难道就没个底儿？

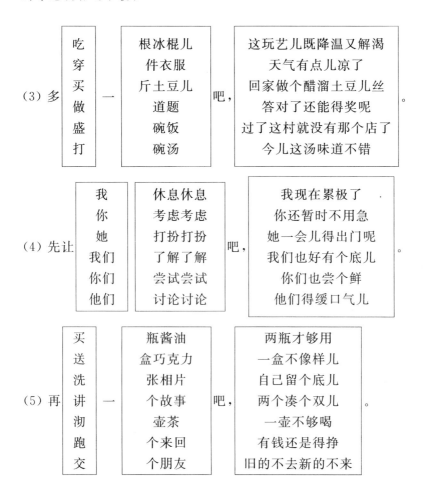

5. 短小课文

这年头儿做人嘛,还是得悠着点儿。累了,多歇一会儿;胖了,少吃一点儿。冷了,多穿一些;手头儿紧了,少花一些。街上人挤,让人先走呗;商场人多,让人先买。别人没听清,那就再说一遍吧;朋友走了,那咱就再交一位。别多管闲事儿,也别多说废话;少操点儿心,嗯?日子过得自在点儿,准没错儿!

6. 词语注释

(1) 这年头儿:这样的时代,这样一段时间里(可指一年,也可指多年)。这个短语也同时指社会的现实、风尚等等。

(2) 洗相片儿:普通话里"洗相片儿"强调的是用药水显影,所以用"洗";粤语里强调的是晒图纸似的显影,因此用"晒"。

(3) 巧克力:普通话与粤语都从各自的角度借入英语 chocolate 一词,普通话音译成"巧克力",粤语音译成"朱古力",是借入途径不同。

(4) 冰棍儿:粤语区大都地处亚热带,常年无冰雪,因此把冰和雪都笼统地称为"雪",如"电冰箱"说成"雪柜","溜冰鞋"说成"雪屐","冰镇"说成"雪藏","冰棍儿"也就说成"雪条"了。

(5) 瞎掰:掰,用手把东西分开,这儿引申为胡说、乱扯。

7. 语言常识

在普通话里副词一般放在动词或形容词前面当状语,如"你先走,我一会儿就来"中"先"是副词,放在动词"走"之前,起修饰作用,表示走的时间。粤语里有少数几个副词位置不在被修饰的动词或形容词的前面,而是在被修饰语的后面,有的还放在句子末尾,如上述一句粤语说成"你行先,我一阵间就嚟","先"放在了"走"的后头。另外几个副词"多"、"少"、"添"等都有这种后置的现象。

三 课文练习

1. 语音练习

耿耿 gěnggěng　　冷冷 lěnglěng　　坑坑洼洼 kēngkengwāwā
星星 xīngxing　　明明 míngmíng　　宁宁静静 níngníngjìngjìng
酒瓮 jiǔwèng　　渔翁 yúwēng　　瓮声瓮气 wèngshēngwèngqì

拼读下列音节

更生 gēngshēng	评定 píngdìng	证明 zhèngmíng
清醒 qīngxǐng	名胜 míngshèng	冷风 lěngfēng
秉性 bǐngxìng	生病 shēngbìng	形成 xíngchéng
奉承 fèngcheng	另行 lìngxíng	平整 píngzhěng
风声 fēngshēng	明星 míngxīng	凭证 píngzhèng
主人翁 zhǔrénwēng		

2. 句型练习

替换练习

（1）按<u>计划</u>，<u>他</u>先<u>动手</u>。

顺序	你	进来
先后	他	出去
设想	我们	下去
说的	你们	上学
想的	他们	放假

（2）就是<u>渴</u>也先别叫他<u>喝水</u>。

急	走
想	说
气	开口
急	动手
饿	吃饭

(3) 别多管 <u>闲事儿</u>,还是多管管<u>自个儿</u>吧。

喝	烈酒	喝喝果汁儿
说	废话	说说正经事儿
喝	浓茶	喝喝白开水
看	电视	看看报纸
打	麻将	打打球儿

四 听说欣赏

Wǒ mèngjiàn zìjǐ zhèngzài xiǎoxuéxiào de jiǎngtáng shang yùbèi zuòwén, xiàng lǎoshī qǐngjiào lìlùn de fāngfǎ.

"Nán!" Lǎoshī cóng yǎnjìngquān wài xiéshè chū yǎnguāng lai, kànzhe wǒ, shuō: "Wǒ gàosu nǐ yí jiàn shì ——

"Yì jiā rénjiā shēngle yí ge nánháir, héjiā gāoxìng tòudǐng le. Mǎnyuè de shíhou, bào chulai gěi kèren kàn ——dàgài zìrán shì xiǎng dé diǎn hǎo zhàotou.

"Yí ge shuō:'Zhè háizi jiānglái yào fācái de.' Tā yúshì dédào yì fān gǎnxiè.

"Yí ge shuō:'Zhè háizi jiānglái yào zuòguān de.' Tā yúshì shōuhuí jǐ jù gōngwéi.

"Yí ge shuō:'Zhè háizi jiānglái yàosǐ de.' Tā yúshì dédào yí dùn dàjiā hélì de tòngdǎ.

"Shuō yàosǐ de bìrán, shuō fùguì de xǔhuǎng. Dàn shuōhuǎngde dé hǎobào, shuō bìránde zāo dǎ. Nǐ…"

"Wǒ yuànyì jì bù huǎngrén, yě bù zāodǎ. Nàme, lǎoshī, wǒ děi zěnme shuō ne?"

"Nàme, nì děi shuō:'Ā yā! zhè háizi a! Nǐ qiáo, duōme … Ā yō! Hāhā! Hehe! He, he he he he!"

歌　曲

CǍOYUÁN ZHĪ YÈ
草　原　之　夜
TIÁN GĒ
田　歌

Měilì de yèsè duō chénjìng, cǎoyuán shang zhǐ liúxia wǒ de qínshēng, xiǎng gěi yuǎnfāng de gūniang xiě fēng xìn, yē, kěxī méiyǒu yóudìyuán lái chuánqíng.

Děngdào qiānlǐ xuě xiāoróng, děngdào cǎoyuán shang sònglái chūnfēng, kěkèdálā gǎibiànle móyàng, yē, gūniang jiù huì lái bàn wǒ de qínshēng.

Láiláiláilái, láiláiláiláilái, láiláiláilái, láiláiláilái, gūniang jiù huì lái bàn wǒ de qínshēng.

第二十二课

一 正音专题 韵母 ong iong

ong 和 iong 都是鼻音韵母。

发 ong 时,先发 o,然后舌头往后缩,舌根与软腭一起堵住口腔,使气流从鼻腔出来而成音。要注意的是,普通话 ong 的口形比粤语里 ung(如:"瓮"(ung³))的口形小。普通话的"东"(dōng)和粤语里的"东"(dung¹)发音不完全一样。

发 iong 时,先发过渡音 i-,然后发 ong。这个音与粤语的 yung 不同:一是普通话的 iong,过渡音 i- 摩擦较强烈,发音清晰,而粤语的 yung 没有摩擦强烈的 i- 音;二是发普通话 iong 的时候,口形比发粤语的 yung 小。

学习这两个韵母的时候,除了要注意它们各自发音的特点外,还要注意 ong 与 iong 的区别,以及 ong,iong 与 eng,ueng 的区别。

1. 字 例

ong

从中 cóngzhōng	公共 gōnggòng	轰动 hōngdòng	恐龙 kǒnglóng
空洞 kōngdòng	总统 zǒngtǒng	隆重 lóngzhòng	通融 tōngróng

iong

雄厚 xiónghòu	兄弟 xiōngdì	穷苦 qióngkǔ	琼浆 qióngjiāng
窘况 jiǒngkuàng	迥然 jiǒngrán	熊猫 xióngmāo	凶恶 xiōng'è

2. 拼读下列读音

动用 dòngyòng　　功用 gōngyòng　　农用 nóngyòng　　通用 tōngyòng
重用 zhòngyòng　　中用 zhōngyòng　　中庸 zhōngyōng　　炯炯 jiǒngjiǒng
臃肿 yōngzhǒng　　佣工 yōnggōng　　穹隆 qiónglóng　　雍容 yōngróng

3. 特别对照操练

粤语里读 ong 韵母或者读 yung 音的字，在普通话里可能读做其他韵母。请注意：

(1) 粤语里读 ong（ung）韵母的字在普通话里可能读以下韵母

东 dōng（dung¹）…西　　懂 dǒng（dung²）…得　　通 tōng（tung¹）…过
同 tóng（tung⁴）…时　　农 nóng（nung⁴）…业　　公 gōng（gung¹）…司
空 kōng（hung¹）…气　　红 hóng（hung⁴）…茶　　中 zhōng（zung¹）…间
风 fēng（fung¹）…格　　奉 fèng（fung⁶）…行　　梦 mèng（mung⁶）…想
穷 qióng（kung⁴）…困　　凶 xiōng（hung¹）…猛　　雄 xióng（hung⁴）…厚
雍 yōng（yung¹）…正　　用 yòng（yung⁶）…途　　瓮 wèng（ung³）酒…

(2) 粤语里读 yung 音的字在普通话里都读 yong

粤语里有各种韵母的字在普通话里读 ong 或 iong 韵母。请注意。

(3) 粤语里以下的字在普通话里读 ong 韵母

公 gōng（gung¹）…司　　冲 chōng（cung¹）…突　　冬 dōng（dung¹）…季
中 zhōng（zung¹）…部　　通 tōng（tung¹）…用　　龙 lóng（lung⁴）…门
容 róng（yung⁴）…易　　农 nóng（nung⁴）…田　　松 sōng（sung⁴）…动
轰 hōng（gueng¹）…动　　宏 hóng（weng⁴）…伟　　荣 róng（wing⁴）…幸

(4) 粤语里以下的字在普通话里读 iong 韵母

穷 qióng（kung⁴）…尽　　匈 xiōng（hung¹）…奴　　熊 xióng（hung⁴）…猫
拥 yōng（yung²）…有　　庸 yōng（yung⁴）…俗　　雄 xióng（hung⁴）…辩

炯 jiǒng（guing²）…炯　琼 qióng（king⁴）…海　兄 xiōng（hing¹）…妹

注意不要混淆下列词语：

空中 kōngzhōng — 胸中 xiōngzhōng　　松气 sōngqì — 凶气 xiōngqì
孔府 kǒngfǔ — 穷苦 qióngkǔ　　　　红心 hóngxīn — 雄心 xióngxīn

请注意下列词语不要读成横线后的音：

轰动 hōngdòng — *guēng 动　　宏愿 hóngyuàn — *wéng 愿
光荣 guāngróng — *光 wíng　　游泳 yóuyǒng — *有 wǐng
老兄 lǎoxiōng — *楼 hīng　　　琼浆 qióngjiāng — *kíng 张

4. 绕口令

(1) 葱和松 CŌNG HÉ SŌNG

　　　　shān shang sōng　dì li cōng　sōng sòng cōng　cōng sòng sōng；sōng
　　　　山　上　松，地里葱，松　颂　葱，葱　颂　松；松
sòng cōng yè jìng　yù cōng cōng　cōng sòng sōng bú wèi hán hé dōng
颂　葱 叶 茎　郁 葱　葱，葱　颂　松 不畏 寒 和 冬。

(2) 雄雄和锋锋 XIÓNGXIÓNG HÉ FĒNGFĒNG

　　　　xióng xióng　hé fēng fēng，qíng kōng fàng fēng zheng，xióng xióng fàng
　　　　雄　雄　和 锋　锋，晴　空　放　风　筝，雄　雄　放
qīng tíng，fēng fēng fàng xióng yīng，yíng miàn kōng zhōng qǐ dōng fēng，qīng
蜻　蜓，锋　锋　放　雄　鹰，迎　面　空　中　起 东　风，蜻

tíng xióng yīng chéng fēng xíng
蜓雄鹰乘风行。

二　句型操练　联合复句(并列、承接、递进、选择)

1. 基本句型

他会说广州话,也会说潮州话。
他们一边儿(一面)聊天儿,一边儿(一面)喝功夫茶。
小王又会挣钱,又会省钱。
你先走,随后我就来。
我看到他回了家,便(就)放心了。
小胖子不光(不仅)会打球,而且也会下棋。(甚至还会照相。)
我喜欢吃茄子,更喜欢吃黄瓜。
他这样做不光不能解决问题,反而把事儿弄糟了。
要么(或者)坐车去,要么(或者)骑车去,步行我可不去。
洗衣服是用肥皂,还是用洗衣粉?

2. 常用词汇

过头 guòtóu (过咗龙;过分)
广州话 Guǎngzhōuhuà
潮州话 Cháozhōuhuà
挣钱 zhèngqián (揾钱;赚钱)
省(钱) shěng (qián) (悭钱)
随后 suíhòu (跟住)
书法 shūfǎ
写作 xiězuò
一边儿(一面)…一边儿(一面)…yìbiānr …yìbiānr…(一便…一便…)
便(就) biàn(jiù)(就)
不光…而且… búguāng … ěrqiě… (唔单止…而且…)
不光不…反而… búguāngbù… fǎn'ér … (唔单止唔…反为…)
要么(或者)…要么(或者)… yàome (huòzhě)… yàome (huòzhě)… (一係…一係…)

顺溜 shùnliu（顺；顺利）
顺当 shùndang（顺；顺利）
难熬 nán'áo（难捱）
溜 liù（散步；行）
区（姓）Ōu
惬意 qièyì（梳扶）
步行 bùxíng（行路）
歌仔戏 gēzǎixì
黄瓜 huángguā（青瓜）
弄糟 nòngzāo（搞横*；横*）
洗衣粉 xǐyīfěn（洗衫粉；梘粉）
小胖子 xiǎopàngzi（肥仔）

溜号儿 liū hàor（走人）
养鸟儿 yǎngniǎor（养雀仔）
种花儿 zhònghuār（种花）
难过 nánguò（难捱；唔聚财）
功夫茶 gōngfuchá
听课 tīngkè
听音乐 tīng yīnyuè（听歌）
出乱子 chū luànzi（乱晒龙）
捅娄子 tǒng lóuzi（扠搉）
跟着 gēnzhe（跟住）
蟑螂 zhāngláng（曱甴）
人物 rénwù

3. 习惯用语

干瞪眼儿 gāndèngyǎnr
没事儿找事儿 méishìr zhǎoshìr（冇事搵事做）
白搭 báidā（嘥气）
玩儿命 wánrmìng（搏命）
挑刺儿 tiāocìr（捉鸡脚）
是驴是马，拉出来遛遛 shì lǘ shì mǎ, lā chūlái liùliu
天要下雨，娘要嫁人 tiān yào xiàyǔ, niáng yào jiàrén
好人不长命，坏人活千年 hǎorén bù chángmìng, huàirén huó qiānnián

4. 句型替换

(1) | 甘先生 / 田小姐 / 咸先生 / 辛小姐 / 腊先生 | 既 | 能说会道 / 爱游泳 / 会画画 / 是学生 / 能干活儿 | ，也 | 能唱会跳 / 爱滑冰 / 会照相 / 是老师 / 能玩儿 | 。

(2) | 小盖 / 大苟 / 老管 / 小古 / 老葛 | ，你先 | 说 / 唱 / 走 / 跳 / 上 | 吧，随后 | 国先生 / 我们 / 他们 / 大伙儿 / 我 | 跟着说 / 跟着唱 / 一起走 / 跟着跳 / 跟着上 | 。

(3) | 事实上 / 其实 / 说实在的 / 说实话 / 实际上 | ，我 | 了解他 / 喜欢京剧 / 爱喝橘子水儿 / 想读书 / 讨厌耗子 | ，更 | 了解我自己 / 喜欢粤剧 / 爱喝矿泉水 / 想玩儿 / 讨厌蟑螂 | 吧。

(4) | 大伙儿 / 他们 / 你们 / 我们 | 一边儿(一面) | 唱歌 / 说 / 听课 / 看书 | ，一边儿(一面) | 跳舞 / 笑 / 打瞌睡 / 听音乐 | 。

(5)

小安区小姐 伍大哥 翁先生 欧二嫂 老魏	不光(但)	会唱歌 爱打扮 爱喝茶 到过上海 会做饭 会说广州话	,而且也	会弹琴 爱逛街 爱抽烟 到过广州 会做衣服 会说客家话

甚至还 〔会写曲子 爱上舞厅 爱喝酒 到过香港 会绣花 会说闽南话〕 呢。

5. 短小课文

黄先生算得上是个人物。他不光能说会道,而且也能唱会跳,甚至还会画画,照相也能来几下子呢。他常常一边儿和张二婶说着普通话,一边儿又跟李大伯说潮州话,一边还跟钟大哥说客家话。他是又会拉琴又会唱戏;他会唱粤剧,也会唱京剧,时不时还来几段歌仔戏。他爱好书法,更爱好写作。假日里他要么练字儿,要么写东西。有时干过了头,不但不能让身体得到充分的休息,反而落下些小毛病。不过,他老婆看他总呆在家里,便对他放心了。

6. 词语注释

(1) 功夫茶:福建南部(厦、漳、泉地区)、广东东部(潮汕地区)、台湾大部地区泡饮乌龙茶方式、种类等的总称,因对茶叶和水等质量、泡饮方式、泡茶用具讲究等而称之为"功夫茶"。

(2) 歌仔戏:也叫"芗剧",流行于台湾大部和闽南漳州、厦门地区的地方戏。这种戏起源于台湾,20世纪初开始流行于闽南。
(3) 人物:指各方面或某方面有突出表现的人。
(4) 捅娄子:意为惹祸,为……找麻烦。

7. 语言常识

联合复句的各分句之间在语法关系上是平等的,不互相修饰或说明,可以有并列、承接、递进和选择等几种类型。这些复句大多需要有相应的关联词起连接作用,普通话和粤语各自都有许多不同的关联词,如"我喜欢吃茄子,更喜欢吃黄瓜",粤语通常说成"仲、仲加";"不但……而且……"粤语也说成"不单止……仲……"等。也有许多时候粤语与普通话说话格式并不完全对等,如"你先走,随后我就来",粤语通常说成"你行先,我跟住就嚟"。又如"要不……要不……",粤语说成"一系……一系……"等。

三 课文练习

1. 语音练习

种种 zhǒngzhǒng　　重重 chóngchóng
汹汹 xiōngxiōng　　熊熊 xióngxióng
匆匆忙忙 cōngcōngmángmáng　炯炯有神 jiǒngjiǒngyǒushén

拼读下列读音

从容 cóngróng　　笼统 lǒngtǒng　　动工 dònggōng　　溶洞 róngdòng
功用 gōngyòng　　共同 gòngtóng　　用功 yònggōng　　公众 gōngzhòng
融会贯通 rónghuìguàntōng　　穷凶极恶 qióngxiōngjí'è
汹涌澎湃 xiōngyǒngpéngpài　　从容不迫 cóngróngbúpò
丰功伟绩 fēnggōngwěijì　　迥然不同 jiǒngránbùtóng

2. 句型练习
替换练习

(1) 那阵子我既<u>当老师</u>,又<u>当学生</u>,日子挺<u>顺溜</u>。

| 当爹
能吃
种花儿
能说 | 当娘
能睡
养鸟儿
会道 | 难熬
好过
惬意
顺当 |

(2) 他这样做,不但<u>不省事儿</u>,反而<u>找麻烦</u>。

| 不顶用
不可行 | 出乱子
捅娄子 |

(3) 要么<u>洗澡</u>,要么<u>睡觉</u>,你看着办吧。

| 干活儿
挣点钱
呆这儿
装病
高高兴兴 | 歇着去
省点钱
回家
溜号儿
哭哭啼啼 |

四 听说欣赏

歌　曲

NÁNPÍNG WǍNZHŌNG
南　屏　晚　钟

Wǒ cōngcōng de zǒurù sēnlín zhōng,
sēnlín tā yì cóngcóng.
Wǒ zhǎobudào tā de xíngzōng,
zhǐ kàndào nà shù yáo fēng.

Wǒ cōngcōng de zǒurù sēnlín zhōng,
sēnlín tā yì cóngcóng.
Wǒ zhǎobudào tā de xíngzōng,
zhǐ tīngde nà nánpíngzhōng.
Nánpíng wǎnzhōng,
suífēng piāosòng,
tā hǎoxiàng shì qiāo yā qiāo zài wǒ xīnkǎn zhōng.
Nánpíng wǎnzhōng,
suífēng piāosòng,
tā hǎoxiàng shì cuī ya cuī xǐng wǒ xiāngsī mèng,
tā cuīxǐngle wǒ de xiāngsī mèng.
Xiāngsī yǒu shénme yòng?
Wǒ zǒuchūle cóngcóng sēnlín,

yòu kàndàole xīyánghóng.

TÍ XĪ LÍN BÌ
题西林壁
[SÒNG] SŪ SHÌ
〔宋〕 苏轼

Héng kàn chéng lǐng cè chéng fēng,
yuǎn jìn gāo dī gè bù tóng,
bù shí Lú Shān zhēn miàn mù,
zhǐ yuán shēn zài cǐ shān zhōng.

第二十三课

一 正音专题 声调

普通话有四个声调：第一声阴平，是高平调，相当于粤语里"知"（ji$^{1(55)}$）的声调，如"知"（zhī）；第二声阳平，是中升调，相当于粤语里"纸"（ji$^{2(35)}$）的声调，如"十"（shí）；第三声上声，是低降升调，在语流中通常读成低降调（在第三声前除外），接近于粤语里"时"（xi$^{4(11)}$）的声调，如"史"（shǐ）；第四声去声，是高降调，相当于粤语里"知"的另一个声调（ji$^{1(53)}$），如"智"（zhì）。

粤语有六个声调，普通话有四个声调。两套声调有一定的对应规律：粤语第一声在普通话里大部分读做第一声，如"中 zhōng"（zung^1）；粤语第四声在普通话里多读做第二声，如"人 rén"（yen^4）；粤语第二、第五声在普通话里多读第三声，如"好 hǎo"（hou^2）、"老 lǎo"（lou^5）；粤语第三、第六声在普通话里多读做第四声，如"爱 ài"（oi^3）、"大 dà"（dai^6）。下面"字例"中所列的都是这一类的词语。

但是除了比较有规律的对应以外，不规律的也很多。事实上，粤语里的任何声调在普通话里都可能读做第一声，或者第二声、第三声、第四声。说粤语的人学习普通话的时候，常常在没有规律的对应上出错，一定要特别注意。特殊对应的词语列在本课的"特殊对照训练"下面。

1. 字　例

第一声

春天 chūntiān　　新鲜 xīnxiān　　山川 shānchuān　　沙滩 shātān
交通 jiāotōng　　飞机 fēijī　　　呼吸 hūxī　　　　空间 kōngjiān

第二声

人才 réncái	国营 guóyíng	和平 hépíng	轮流 lúnliú
零钱 língqián	楼房 lóufáng	赔偿 péicháng	能源 néngyuán

第三声

品种 pǐnzhǒng	水果 shuǐguǒ	采取 cǎiqǔ	影响 yǐngxiǎng
买马 mǎimǎ	你我 nǐwǒ	以往 yǐwǎng	老李 lǎolǐ
起码 qǐmǎ	所有 suǒyǒu	小米 xiǎomǐ	本领 běnlǐng
往返 wǎngfǎn	引起 yǐnqǐ	友好 yǒuhǎo	雨水 yǔshuǐ

第四声

注意 zhùyì	血液 xuèyè	世界 shìjiè	汉字 hànzì
变化 biànhuà	辩护 biànhù	对待 duìdài	放假 fàngjià

2. 拼读下列读音

高原 gāoyuán	工人 gōngrén	共同 gòngtóng	积极 jījí
标点 biāodiǎn	钢笔 gāngbǐ	工厂 gōngchǎng	积累 jīlěi
高兴 gāoxìng	工作 gōngzuò	公共 gōnggòng	工具 gōngjù
国家 guójiā	航空 hángkōng	滑冰 huábīng	农村 nóngcūn
国产 guóchǎn	合理 hélǐ	寒冷 hánlěng	流水 liúshuǐ
材料 cáiliào	国际 guójì	环境 huánjìng	合适 héshì
补充 bǔchōng	感激 gǎnjī	好听 hǎotīng	首先 shǒuxiān
表明 biǎomíng	本来 běnlái	满足 mǎnzú	海洋 hǎiyáng
笔记 bǐjì	比赛 bǐsài	采用 cǎiyòng	旅客 lǚkè
病菌 bìngjūn	互相 hùxiāng	后天 hòutiān	教师 jiàoshī
便条 biàntiáo	部门 bùmén	构成 gòuchéng	过程 guòchéng
避免 bìmiǎn	不许 bùxǔ	个体 gètǐ	会场 huìchǎng

3. 特别对照操练

以下是说粤语的人学习普通话时声调常常出错的一些词语：

(1) 粤语里的第二、三、四、(五)、六声读做普通话的第一声

(粤2 — 普1)

稍微 shāowēi	纠正 jiūzhèng	估计 gūjì	慷慨 kāngkǎi
解剖 jiěpōu	簇拥 cùyōng	细菌 xìjūn	副刊 fùkān

(粤3 — 普1)

咖啡 kāfēi	教书 jiāoshū	听任 tīngrèn	勘探 kāntàn
吃饭 chīfàn	发展 fāzhǎn	踢球 tīqiú	桌子 zhuōzi
广播 guǎngbō	树荫 shùyīn	粗糙 cūcāo	终究 zhōngjiū
烤鸭 kǎoyā	倒塌 dǎotā	拜托 bàituō	听说 tīngshuō

(粤4 — 普1)

帆船 fānchuán	提防 dīfáng	溜冰 liūbīng	打捞 dǎlāo
几乎 jīhū	波涛 bōtāo	时期 shíqī	特殊 tèshū
铅笔 qiānbǐ	微弱 wēiruò	椰子 yēzi	鲸鱼 jīngyú
庸俗 yōngsú	危险 wēixiǎn	河堤 hédī	雇佣 gùyōng

(粤6 — 普1)

拨款 bōkuǎn	突出 tūchū	滴水 dīshuǐ	肋骨 lèigǔ

(2) 粤语里的第一、(二)、三、(五)、六声读做普通话的第二声

(粤1 — 普2)

芒果 mángguǒ	摩擦 mócā	蚊子 wénzi	询问 xúnwèn
啤酒 píjiǔ	雌雄 cíxióng	黏性 niánxìng	于是 yúshì
得到 dédào	福气 fúqi	骨头 gútou	急忙 jímáng
吉利 jílì	即使 jíshǐ	执行 zhíxíng	咳嗽 késou
阿姨 āyí	鹌鹑 ānchún	苍蝇 cāngying	时髦 shímáo

| 一打 yìdá | 柠檬 níngméng | 脂肪 zhīfáng | 牛娃 niúwá |
| 编辑 biānjí | 否则 fǒuzé | 升级 shēngjí | |

（粤 3 — 普 2）

炸鸡 zhájī	博学 bóxué	国家 guójiā	觉得 juéde
隔热 gérè	砸破 zápò	头疼 tóuténg	回答 huídá
整洁 zhěngjié	职责 zhízé	检察 jiǎnchá	坚决 jiānjué
威胁 wēixié	穿着 chuānzhuó		

（粤 6 — 普 2）

馒头 mántou	玩弄 wánnòng	什么 shénme	鼻子 bízi
脖子 bózi	达到 dádào	独立 dúlì	合计 héjì
籍贯 jíguàn	实在 shízài	习俗 xísú	划算 huásuàn
主席 zhǔxí	海峡 hǎixiá	狡猾 jiǎohuá	审核 shěnhé

（3）粤语里的第一、三、四、六声读做普通话的第三声

（粤 1 — 普 3）

烤鸭 kǎoyā	垮台 kuǎtái	侥幸 jiǎoxìng	卡住 kǎzhù
笔墨 bǐmò	北方 běifāng	癖好 pǐhào	瞩目 zhǔmù
拥挤 yōngjǐ	撒谎 sāhuǎng	手表 shǒubiǎo	月卡 yuèkǎ
歌曲 gēqǔ	山谷 shāngǔ	一匹 yìpǐ	

（粤 3 — 普 3）

黄埔 huángpǔ	洗澡 xǐzǎo	出使 chūshǐ	后悔 hòuhuǐ
恶心 ěxin	百年 bǎinián	甲级 jiǎjí	渴望 kěwàng
请帖 qǐngtiě	下雪 xiàxuě	出血 chūxiě	办法 bànfǎ

（粤 4 — 普 3）

| 蒙古 měnggǔ | 会场 huìchǎng | 红薯 hóngshǔ | 话筒 huàtǒng |

(粤6—普3)

土壤 tǔrǎng	雨伞 yǔsǎn	辅导 fǔdǎo	感慨 gǎnkǎi
逮捕 dàibǔ	伪造 wěizào	腐蚀 fǔshí	哺育 pǔyù
辱骂 rǔmà	属于 shǔyú	蜀国 shǔguó	

(4) 粤语里的第一、二、四、五声读做普通话的第四声

(粤1—普4)

辫子 biànzi	酵母 jiàomǔ	纵横 zònghéng	俱乐部 jùlèbù
水泵 shuǐbèng	洋芋 yángyù	提倡 tíchàng	镜框 jìngkuàng

(粤2—普4)

倒掉 dàodiào	恋爱 liàn'ài	院长 yuànzhǎng	贿赂 huìlù
溃疡 kuìyáng	绘图 huìtú	纪律 jìlǜ	竟然 jìngrán

(粤4—普4)

傍晚 bàngwǎn	忘记 wàngjì	那边 nàbian	刨木 bàomù
掌舵 zhǎngduò	友谊 yǒuyì	白桦 báihuà	裂缝 lièfèng

(粤5—普4)

愤怒 fènnù	妇女 fùnǚ	市场 shìchǎng	议会 yìhuì
深厚 shēnhòu	发奋 fāfèn	头绪 tóuxù	黄鳝 huángshàn
肚子 dùzi	拒绝 jùjué	被子 bèizi	怠慢 dàimàn
几倍 jǐbèi	矛盾 máodùn	木棒 mùbàng	实践 shíjiàn

请注意不要混淆下列词语:

资方 zīfāng — 脂肪 zhīfáng　　熄火 xīhuǒ — 媳妇 xífù
织布 zhībù — 职务 zhíwù　　　捉贼 zhuōzéi — 足迹 zújì
估计 gūjì — 古迹 gǔjì　　　　淑女 shūnǚ — 蜀女 shǔnǚ
夸奖 kuājiǎng — 跨江 kuàjiāng　朱叔 zhūshū — 住宿 zhùsù

巴巴 bābā — 爸爸 bàba　　　嘱咐 zhǔfù — 祝福 zhùfú
属地 shǔdì — 熟地 shúdì　　　耻辱 chǐrǔ — 食欲 shíyù

请注意不要把下列词语读成括号里的音：

提防 dīfáng(＊tífáng)　　　桌子 zhuōzi(＊zhuózi)
缺少 quēshǎo(＊juéshǎo)　　炸鸡 zhájī(＊zhàjī)
花蕾 huālěi(＊huāléi)　　　复习 fùxí(＊fūxí)
口渴 kǒukě(＊kǒukè)　　　 垮台 kuǎtái(＊kuātái)
撒谎 sāhuǎng(＊sāhuāng)　　建筑 jiànzhù(＊jiànzhū)
会计 kuàijì(＊huìjì)　　　　试卷 shìjuàn(＊shìjuǎn)

另外，请注意普通话有三种变调的情况：

(1) 第三声变调：两个第三声的字在一起的时候，前面的字声调读做第二声，如字例中所列的两个第三声相连的词语；另外，第三声在第一声、第二声和第四声之前常常发音短促，读做低降调。

(2) "一"字的变调

① "一"表示序数、基数或在词语后面读第一声

第一 dìyī　　　　一 yī　　　　二十一 èrshíyī　　　一九九一 yī-jiǔ-jiǔ-yī
同一 tóngyī　　统一 tǒngyī　　万一 wànyī　　　　划一 huàyī

② "一"在第四声之前读第二声

一次 yícì　　　一定 yídìng　　一样 yíyàng　　一共 yígòng
一面 yímiàn　　一致 yízhì　　　一律 yílǜ　　　一贯 yíguàn
一阵 yízhèn　　一下 yíxià　　　一刻 yíkè　　　一套 yítào

③ "一"在第一、二、三声之前读第四声

一般 yìbān　　一些 yìxiē　　一天 yìtiān　　一心 yìxīn
一直 yìzhí　　一行 yìháng　　一旁 yìpáng　　一头 yìtóu
一起 yìqǐ　　一早 yìzǎo　　一手 yìshǒu　　一角 yìjiǎo

④ "一"在词语中间时读轻声

听一听 tīngyitīng　　　　说一说 shuōyishuō
看一下 kànyixià　　　　写一会儿 xiěyihuìr

(3) "不"字的变调

① "不"在第四声之前读第二声

不是 búshì　　不断 búduàn　　不过 búguò　　不会 búhuì
不要 búyào　　不但 búdàn　　不够 búgòu　　不变 búbiàn

② "不"在词语中间读轻声

对不起 duìbuqǐ　　　　了不得 liǎobudé
去不了 qùbuliǎo　　　　好不好 hǎobuhǎo

③ "不"在其他情况下读第四声。

4. 绕口令

(1) 东西胡同 南北走
DŌNG XĪ HÚ TÒNG NÁN BĚI ZǑU

dōng xī hú tòng nán běi zǒu, yù dào yí ge rén yǎo gǒu, shēn shǒu shí
东 西 胡 同 南 北 走,遇 到 一 个 人 咬 狗,伸 手 拾
gǒu zá shí tou, yòu bèi shí tou yǎo yì kǒu, cóng lái bù shuō diān dǎo huà, bù
狗 砸 石 头,又 被 石 头 咬 一 口。从 来 不 说 颠 倒 话,布
dài tuó zhe lǘ zi zǒu
袋 驮 着 驴 子 走。

_{táng}堂 _{tang}堂 _{duān}端 _{táng}糖 _{tāng}汤 _{tāng}蹚 _{táng}塘 _{shàng}上 _{táng}堂，_{tāng}汤 _{tàng}烫 _{táng}糖 _{tǎng}淌，
_{tāng}汤 _{tǎng}淌 _{táng}糖 _{tàng}烫，_{tàng}烫 _{táng}堂 _{tang}堂 _{tǎng}躺 _{táng}塘。

二 句型操练　偏正复习（因果、转折）

1. 基本句型

因为刮风，所以我坐出租汽车上班。
由于迟到，我挨了顿剋。
既然你答应了，你就得照办。
既然你说忙，那么你又为什么在这儿闲逛呢？
虽然碰到困难，但他仍不泄气。
幸亏他早来，要不他又误车了。
他的话是对的，不过要看他是否能坚持下来。
他又打了一夜扑克，不然干吗他两眼都熬红了。

2. 常用词汇

因为…所以… yīnwèi...suǒyǐ...
（事关…故此…）
由于 yóuyú
既然…就（又）… jìrán...jiù(yòu)...
虽然…但（是） suīrán...dàn

(shì)...（虽然…但（系）…）
幸亏…要不（然）… xìngkuī...yàobù(rán)...（好彩…唔系…）
不过 búguò（之不过）
不然 bùrán（唔系）
刮风 guāfēng（翻风；打风）

285

坐（车）zuò
出租汽车 chūzū qìchē（的士）
给面子 gěi miànzi（界面）
挨（剋）āi（kēi）（畀人揢）
淋（雨）lín(yǔ)（搷湿）
撒气 sāqì（出气）
头儿 tóur（波士；老细）
照办 zhàobàn（照做）
落汤鸡 luòtāngjī
困难 kùnnan
泄气 xièqì
误（车）wù（chē）
坚持 jiānchí
是否 shìfǒu
打扑克 dǎ pūkè（打啵牌）
干吗 gànmá（做乜；点解）
以致 yǐzhì
卖劲儿 màijìnr（落力）

迁怒 qiānnù
熬 áo（捱）
内行 nèiháng（熟行）
赶上趟 gǎnshangtàng（赶到）
睁眼瞎 zhēngyǎnxiā（文盲）
天黑 tiānhēi
生病 shēngbìng（病咗）
逞强 chěngqiáng（认呢；充大头鬼）
勉强 miǎnqiǎng
中看 zhòngkàn（襟睇）
凶巴巴的 xiōngbābāde（恶死能登）
大胖子 dàpàngzi（肥佬）
瓢儿 piáor（壳）
刻薄 kèbó
侣 Sì

3. 习惯用语

差点儿 chàdiǎnr（差小小；差（争）（一）啲）
差不离儿 chàbulír（唔争得几多）
回头再说 huítóu zàishuō（翻转头讲过；系噉先）
找麻烦 zhǎo máfan（唔衰搵嚟衰）
说的比唱的还好听 shuōde bǐ chàngde hái hǎotīng（讲得好听）
心急吃不了热豆腐，一口气吃不下个大胖子 xīnjí chībuliǎo rè dòufu, yì kǒu qì chībuxià ge dàpàngzi
按下葫芦浮起瓢儿 ànxià húlu fúqǐ piáor

4. 句型替换

(1) 你既然 { 不行 / 生病了 / 不想干 / 能干 / 还行 },为什么 { 还逞强 / 不早说 / 勉强干 / 不好好干 / 不表现表现 } 呢？

(2) 幸亏 { 你及时提醒 / 他早说 / 他内行 / 我懂英文 / 她在场 },要不 { 得出乱子了 / 就赶不上趟了 / 这活儿没人干得了 / 真得当睁眼瞎了 / 准得挨顿揍了 }。

(3) 因为 { 下雨 / 误车 / 迟到 / 天黑 / 刮风 },所以我 { 误了车 / 上班迟到了 / 挨了批评 / 没来学校 / 没骑自行车 }。

(4) 由于 { 忙 / 时间关系 / 天气原因 / 个人原因 / 交通原因 },{ 冼小姐 / 习先生 / 项小姐 / 徐先生 / 萧小姐 } { 没空来 / 不能来 / 来不了 / 不来了 / 晚点来 }。

5. 短小课文

昨天上午,因为又刮风又下雨,所以我只好花大钱坐出租汽车去上班,结果呢还是迟到了。我狠狠挨了顿剋。但不光是由于迟到,原因很简单,头儿出门忘了带伞,淋成个落汤鸡,以致迁怒于我。刘小姐幸亏早到了,要不她也得挨骂。虽然我有点儿生气,但还是给头儿面子了。不过心里总有那么点不高兴……他个儿淋了雨,干吗拿我撒气呢?

6. 词语注释

(1) 剋:骂、申斥的意思,是北京话口语词。

(2) 眼熬红:"熬"是"熬夜"的"熬",当动词,意思是"捱、挨",即困难地度过(某段时间);"熬红"是"熬夜熬得眼睛红"之意。

(3) 回头再说:是句客套话儿,并不意味着一定有下文。听对方说"回头再说",一般不必等下文。粤语里"系嗽先"、"翻转头再讲"等也是这类情况,一般可以没有下文。

7. 语言常识

偏正复句一般有两个分句,其中一个分句修饰、限制另一分句,被修饰、限制的是正句,另一句是偏句,语法关系是不平等的。偏正复句一般有因果、转折、条件、假设、让步等几种类型。因果复句是偏句表示原因,正句表示结果;转折是偏句叙述一个事实,而正句说出与之相反或部分相反的事实。这两种复句都有一些相应的关联词。普通话因果句最常见的是"因为……所以……",常成对使用,"由于"和"以致"多单用,后者常用于后果不好的情况。"既然……就……"也是一对常用关联词。粤语里有"因为……所以……",其他的较少见。在粤语中转折复句用的是"之但系……",与普通话还是有差别。

三 课文练习

1. 语音练习

匆匆 cōngcōng　　高高 gāogāo　　弯弯曲曲 wānwānqūqū
明明 míngmíng　　年年 niánnián　　平平常常 píngpíngchángcháng
冷冷 lěnglěng　　仅仅 jǐnjǐn　　隐隐约约 yǐnyǐnyuēyuē
渐渐 jiànjiàn　　略略 lüèlüè　　世世代代 shìshìdàidài

拼读下列音节

坚持 jiānchí　　交流 jiāoliú　　基本 jīběn　　监察 jiānchá
批准 pīzhǔn　　恢复 huīfù　　交际 jiāojì　　平安 píng'ān
其他 qítā　　熟悉 shúxī　　情景 qíngjǐng　　回去 huíqù
活跃 huóyuè　　检查 jiǎnchá　　旅途 lǚtú　　减低 jiǎndī
表示 biǎoshì　　健康 jiànkāng　　宁可 nìngkě　　国力 guólì

一丝不苟 yìsībùgǒu　　一言为定 yìyánwéidìng
一举两得 yìjǔliǎngdé　　一窍不通 yíqiàobùtōng
不谋而合 bùmóu'érhé　　不胜其繁 búshèngqífán
不拘一格 bùjūyìgé　　不敢苟同 bùgǎngǒutóng

2. 句型练习

替换练习

（1）有空你就多干点儿，甭怕吃亏。

行	干下去	有我在呢
没问题	好好干	我支持你
有困难	别勉强	让别人干
没空	别干了	有空再干
不行	别逞强	别硬撑着

(2) 小苏虽然长得很漂亮,但太刻薄了。

老宋虽然很能干 萨姨虽然模样儿不中看 侣婶虽然样子凶巴巴的 老桑虽然又抽烟又喝酒 小孙虽然脾气不错	实在太邋遢了 脾气挺好的 都是好人 干活儿挺卖劲儿的 也太懒了

(3) 刘大伯又忙了,不然干吗成天不在家?

柳大爷 劳大叔 龙大婶 陆大哥	输 赢 闲 生气	一脸不高兴 手舞足蹈的 在家打扑克 见了我不打招呼

四　听说欣赏

英国电影《王子复仇记》录音片断

HĀMǓLÉITÈ ZÀI GǓBǍOSHANG GUĀNYÚ SHĒNG YǓ SǏ DE DÚBÁI
哈姆雷特在古堡上关于生与死的独白

　　Shēngcún háishi huǐmiè, zhè shì ge wèntí. Jiūjìng nǎyàngr gèng gāoguì: qù rěnshòu nà kuángbào de mìngyùn wúqíng de cuīcán, háishi tǐngshēn qù fǎnkàng nà wúbiān de fánnǎo？Bǎ tā sǎo yí ge gānjìng？ Qù sǐ qù shuì jiù jiéshù le. Rúguǒ shuìmián néng jiéshù wǒmen xīnlíng de chuāngshāng, hé ròutǐ suǒ chéngshòu de qiānbǎi zhǒng tòngkǔ, nà zhēnshì qiúzhībùdé de tiāndà de hǎoshì. Qù sǐ qù shuì qù shuì …; Yéxǔ huì zuòmèng！Āi, zhè jiù máfan le：jíshǐ bǎituōle zhè chénshì, kě zhè shuìmián li yòu huì zuò xiē shénme mèng ne？Zhēn de xiǎngyixiǎng, jiù shì zhè gùlǜ shǐ rén shòuzhe zhōngshēn de zhémó, shuí gānxīn rěnshòu nà biāntà hé cháonòng, shòu rén yāpò, shòujìn wūmiè hé qīngshì, rěnshòu nà shīliàn de tòngkǔ, fǎtíng de tuōyán, yámén de héngzhēng-bàoliǎn？Mòmowúwén de láolù què āilái duōshǎo língrǔ, dāng tā zhǐyào zìjǐ yòng bǎ jiāndāo jiù néng jiětuō le, shuí yě bù gānxīn shēnyín, liúhàn, tuōzhe zhè cánshēn, kěshì duì sǐhòu yòu gǎnjué dào kǒngjù. Yòu cónglái méiyǒu rènhé rén cóng sǐwáng de guódù li huílai, yīncǐ dòngyáo le … Nìngyuàn rěnshòuzhe rìyè de kǔnàn, ér bú yuàn tóubèn xiàng lìng yì zhǒng kǔnàn. Gùlǜ jiù shǐ wǒmen dōu biànchéngle nuòfū, shǐde nà guǒduàn de běnsè méngshàngle yì céng sīlǜ de cǎnbái de róngyán. Běnlái kěyǐ zuòchū wěidà de shìyè, yóuyú sīlǜ jiù huàwéi wūyǒu le, sàngshīle xíngdòng de nénglì.

第二十四课

一 正音专题 轻声

轻声就是把原来有声调的字念短促,使声调变得模糊。普通话里轻声非常普遍:语气助词、结构助词、动态助词都一定读轻声,如"好吗(hǎoma)"的"吗"、"我的(wǒ de)"的"的"、"走了(zǒule)"的"了"等;方位词、趋向动词和动词补语也读轻声,如"天上(tiānshang)"、"走上(zǒushang)"和"关上(guānshang)"中的"上"等;重叠词、双音节单纯词中的第二个音节也一定读轻声,如"奶奶(nǎinai)"、"说说(shuōshuo)"和"喇叭(lǎba)"这类词中的第二个音节;称谓词、名词后缀、人称代词宾语也常常读轻声,如"小姐(xiǎojie)"的"姐"、"桌子(zhuōzi)"的"子"、"叫他(jiàota)"的"他"等。另外,有一些名词、动词和形容词也有轻声音节,如"东西(dōngxi)"、"买卖(mǎimai)"、"清楚(qīngchu)"等。这一类的轻声,或者是区别词义,如"东西(dōngxi)"区别于"东西南北"的"东西(dōngxī)";或者是区别词类,如"做买卖(mǎimai)"区别于"买卖(mǎimài)人口";或者只是约定俗成的习惯读音,如"清楚"。

轻声的主要发音特征是短促。它的具体音质可能受前面音节的影响,也可能受它本身声调的影响,但如果我们把轻声说得比较短促,这些影响就比较小。

普通话里的轻声既有规律可循的一面,也有约定俗成的一面。本课列出了常用的轻声词语,请注意学习和记忆。

1. 字　例

第一声 ＋ 轻声

妈妈 māma	哥哥 gēge	桌子 zhuōzi	金子 jīnzi
天上 tiānshang	东边 dōngbian	先生 xiānsheng	消息 xiāoxi

第二声 ＋ 轻声

娃娃 wáwa	爷爷 yéye	拿来 nálai	孩子 háizi
馄饨 húntun	读读 dúdu	头发 tóufa	银子 yínzi

第三声 ＋ 轻声

姐姐 jiějie	种子 zhǒngzi	嘴巴 zuǐba	耳朵 ěrduo
眼睛 yǎnjing	已经 yǐjing	打算 dǎsuan	点心 diǎnxin

第四声 ＋ 轻声

爸爸 bàba	愿意 yuànyi	看看 kànkan	地上 dìshang
客气 kèqi	利落 lìluo	算计 suànji	事情 shìqing

2. 拼读下列读音

多少 duōshao	关系 guānxi	清楚 qīngchu	商量 shāngliang
葡萄 pútao	含糊 hánhu	麻烦 máfan	明白 míngbai
脑袋 nǎodai	老子 lǎozi	马虎 mǎhu	暖和 nuǎnhuo
厉害 lìhai	地道 dìdao	太阳 tàiyang	漂亮 piàoliang

3. 说明与训练

普通话里轻声非常普遍，跟语法、词汇有密切的关系。它出现在以下的情况中：

(1) 语气助词

去吧 qù ba	好吗 hǎo ma	说啊 shuō a	他呢 tā ne

(2) 结构助词

我的 wǒde	你的 nǐde	她的 tāde
他们的 tāmende	很好地 hěnhǎode	努力地 nǔlìde
慢慢地 mànmānde	高兴地 gāoxìngde	做得(好) zuòde
说得(好) shuōde	吃得(好) chīde	玩得(好) wánde

以"得"结尾的词：

显得 xiǎnde	使得 shǐde	值得 zhíde	舍得 shěde
记得 jìde	懂得 dǒngde	免得 miǎnde	

(3) 动态助词

走了 zǒule	吃了 chīle	写了 xiěle	看了 kànle
走过 zǒuguo	吃过 chīguo	写过 xiěguo	看过 kànguo
走着 zǒuzhe	吃着 chīzhe	写着 xiězhe	看着 kànzhe

(4) 名词和代词后缀

我们 wǒmen	你们 nǐmen	他们 tāmen	它们 tāmen
桌子 zhuōzi	椅子 yǐzi	儿子 érzi	种子 zhǒngzi
哑巴 yǎba	嘴巴 zuǐba	尾巴 wěiba	泥巴 níba
行家 hángjia	亲家 qìngjia	公家 gōngjia	东家 dōngjia
什么 shénme	怎么 zěnme	多么 duōme	这么 zhème

(5) 方位词

天上 tiānshang	地下 dìxia	前边 qiánbian
后边 hòubian	南面 nánmian	北面 běimian
里头 lǐtou	外头 wàitou	

(6) 趋向动词

拿来 nálai	带去 dàiqu	跳上来 tiàoshanglai

写上 xiěshang　　　拿出来 náchulai　　　带进去 dàijinqu
走下去 zǒu xiaqu　　留下 liúxia

(7) 动词补语
打开 dǎkai　　　关上 guānshang　　　看见 kànjian　　　记住 jìzhu

(8) 称谓语
先生 xiānsheng　　小姐 xiǎojie　　　父亲 fùqin　　　丈夫 zhàngfu
爷爷 yéye　　　　奶奶 nǎinai　　　太太 tàitai　　　叔叔 shūshu

(9) 重叠词语
娃娃 wáwa　　　头头 tóutou　　　星星 xīngxing　　道道儿 dàodaor
说说 shuōshuo　　听听 tīngting　　试试 shìshi　　　问问 wènwen

(10) 人称代词宾语
叫你 jiào ni　　请他 qǐng ta　　帮我 bāng wo　　找它 zhǎo ta

(11) 双音单纯词
玻璃 bōli　　　喉咙 hóulong　　喇叭 lǎba　　　名堂 míngtang
哆嗦 duōsuo　　吩咐 fēnfu　　　糊弄 hùnong　　唠叨 láodao
麻烦 máfan　　利落 lìluo　　　模糊 móhu　　　犹豫 yóuyu

(12) 一些名词
西瓜 xīgua　　　冬瓜 dōnggua　　黄瓜 huānggua　丝瓜 sīgua
客人 kèren　　　爱人 àiren　　　媒人 méiren　　证人 zhèngren
位置 wèizhi　　眼睛 yǎnjing　　脾气 píqi　　　学生 xuésheng
合同 hétong　　窗户 chuānghu　眉毛 méimao　　朋友 péngyou
本事 běnshi　　公道 gōngdao　　岁数 suìshu　　心思 xīnsi

(13) 一些动词
告诉 gàosu　　　招呼 zhāohu　　　喜欢 xǐhuan　　　休息 xiūxi

(14) 一些形容词
老实 lǎoshi　　　热闹 rènao　　　清楚 qīngchu　　　恶心 ěxin
舒服 shūfu　　　凉快 liángkuai　　妥当 tuǒdang　　踏实 tāshi

请注意：下面的词语是否读轻声，意思不一样：

动静 dòngjìng — 动静 dòngjing　　东西 dōngxī — 东西 dōngxi
地下 dìxià — 地下 dìxia　　　　　老子 lǎozǐ — 老子 lǎozi
人家 rénjiā — 人家 rénjia　　　　地方 dìfāng — 地方 dìfang
冷战 lěngzhàn — 冷战 lěngzhan　　心理 xīnlǐ — 心里 xīnli
主义 zhǔyì — 主意 zhǔyi

大意（名词）dàyì — 大意（形容词）dàyi
地道（名词）dìdào — 地道（形容词）dìdao
精神（名词）jīngshén — 精神（形容词）jīngshen
不是（动词）búshì — 不是（名词）búshi
花费（动词）huāfèi — 花费（名词）huāfei
买卖（动词）mǎimài — 买卖（名词）mǎimai
运气（动词）yùnqì — 运气（名词）yùnqi

4. 绕口令

(1) 板凳儿宽　扁担长
BǍN DÈNGR KUĀN BIǍN DAN CHÁNG

biǎn dan cháng　bǎn dèngr　kuān　biǎn　dan méi yǒu bǎn dèngr　kuān　bǎn
扁 担 长 , 板 凳 儿 宽 , 扁 担 没 有 板 凳 儿 宽 , 板凳儿没有扁担长。扁担绑在板凳儿上，板凳儿不让扁担绑在板凳儿上，扁担偏要绑在板凳儿上。

（2）床撞船

河上漂着一条船，船上放着一张床，行到河中撞了船，船翻床落水，落到水里床撞船。

二 句型操练　偏正复句（条件、假设、让步）

1. 基本句型

只要你肯努力，就一定能成功。
只有多听多练，才能讲好普通话。
除非他来，不然我才不去呢！
不管怎样，我也要学下去。
要是你不用心，你就肯定学不好。
如果这是好兆头，那么今年咱就有指望了。
尽管他很忙，他还是开车送了我一程。
即使这衬衣便宜，我也不敢买。
哪怕有天大的困难，他也（都）要上学。

2. 常用词汇

只要…就…zhǐyào...jiù...

只有…才…zhǐyǒu...cái...（唯有…先（至）…）

除非…不然（要不）…chúfēi...bùrán (yàobú)...（除非…唔系…）

不管…也…bùguǎn...yě...（唔理…都…）

要是…就…yàoshi...jiù...（如果…就…）

如果…就…rúguǒ...jiù...（若果…就…）

尽管…还是…jǐnguǎn...háishi...（即管…都…）

即使…也…jíshǐ...yě...（就算…都…）

哪怕…也（都）…nǎpà...yě (dōu)...（就算…都…）

成功 chénggōng

练 liàn

用心 yòngxīn（畀心机）

兆头 zhàotou（意头）

一程 yìchéng

有心 yǒuxīn

花工夫 huā gōngfu（嗮时间）

本事 běnshi（料）

掏钱 tāoqián（畀钱；找数）

塌 tā（冧）

顶着 dǐngzhe（顶住）

盯着 dīngzhe（睇实；睇住）

照干 zhàogàn（照做）

按正理儿 ànzhènglǐr（按正嚟讲）

讨人嫌 tǎorénxián（乞人憎）

得零蛋 dé língdàn（食鸭蛋）

碰钉子 pèng dīngzi（撞板）

考（试）kǎo (shì)

及格 jígé（合格）

遇事不慌 yù shì bù huāng（淡定）

屋檐 wūyán

拉倒 lādǎo（算数）

困 kùn（眼瞓）

下刀子也得上 xiàdāozi yěděishàng（落狗屎都要去）

3. 习惯用语

吃饱了撑得 chībǎole chēngde（食饱得闲）

没治 méizhì（冇得救；冇得医）

不对劲 bú duìjìn（唔对路）
靠不住 kàobuzhù（靠唔住；唔靠得住）
犯得着么 fàndezháo me（值唔值吖）
林子大了,什么鸟儿没有 línzi dà le, shénme niǎor méi yǒu（一样米养百种人）
在人屋檐下,怎敢不低头 zài rén wūyánxià, zěn gǎn bù dītou
咱庙小可容不下大和尚 zán miào xiǎo kě róngbúxià dà héshang

4. 句型替换

(1) 要是你 { 不用功 / 老玩儿 / 不听话 / 不放心 / 老这样 }, 你就 { 肯定考不及格 / 肯定得零蛋 / 得到处碰钉子 / 得多盯着他 / 会讨人嫌 }。

(2) 只要 { 肯用功 / 付出劳动 / 花工夫 / 用心 / 有心 }, 就 { 不怕学不好 / 能养活自个儿 / 可以学好 / 能学下去 / 能学到本事 }。

(3) 除非 { 他在场 / 我掏钱 / 她来喊我 / 他们都在 / 你们都掏钱 }, 不然（要不） { 我去了也白搭 / 咱谁也别买 / 我不去了 / 这会也不用开了 / 这礼物也甭买了 }。

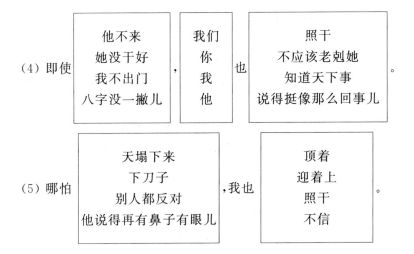

5. 短小课文

提到学本事,即使我说了也可能白说。不过,我不说也白不说,除非人家不让我说。学什么东西,尽管可能是很容易的,你还是得用心学。要是你不用心,你就肯定学不好。按正理儿,你只有多看多练,才能学好学精。困难是常有的事儿,哪怕天塌下来,你也得顶着,不管怎样,你都得学下去。只要你肯用心、肯努力,你就一定能成功。如果你这样做了,你就有指望了。

6. 词语注释

(1) 按正理儿:就是"按道理(说)",粤语说成"按正嚟讲"。
(2) 得零蛋:就是"考零分"。
(3) 困:在南方许多方言里都是"睡觉"的意思,在普通话里基本上只表示"疲乏想睡"之意,即打瞌睡。

7. 语言常识

偏正复句里的条件句是分句提条件,正句显结果,因此分句里多有"只要"、"只有"、"除非"、"不管"、"无论"等词,正句有"就"、"才"、"也"等;

粤语里多用"唯有……先至……"句式。假设句是分句提出假设,正句显结果。普通话口语里多用"要(是)……(就)"、"如果……(就)……"句式,书面语里多用"假如"、"倘若"、"如"、"倘使"等词。粤语里较常用的是"若果"。让步句是分句承认某种事实,做出让步,正句则从相反的角度说出正面意思。普通话多用"尽管"、"纵然"、"哪怕"、"就是"、"即使"等,正句则是"也"、"都"等;粤语常用的是"即管……都……"、"就算……都……"等。大体看来,粤语的相应关联词要少一些,尽管二者口语在许多情形下都可不用关联词。

三 课文练习

1. 语音练习

妈妈 māma	哥哥 gēge	天上星星 tiānshang xīngxing
爷爷 yéye	娃娃 wáwa	飘着云彩 piāozhe yúncai
奶奶 nǎinai	姐姐 jiějie	早上暖和 zǎoshang nuǎnhuo
爸爸 bàba	舅舅 jiùjiu	街上热闹 jiēshang rènao

拼读下列音节

工夫 gōngfu	啰唆 luōsuo	时候 shíhou	朋友 péngyou
反正 fǎnzheng	稳当 wěndang	运气 yùnqi	骆驼 luòtuo
葫芦 húlu	生意 shēngyi	太阳 tàiyang	孙子 sūnzi
等等 děngdeng	是的 shìde	记得 jìde	先生 xiānsheng

2. 句型练习

替换练习

(1) 只有讲卫生，才能少生病。

多试试	知道成不成
用心	能学好
细心	出成绩
冷静	能遇事不慌

(2) 如果时间允许，我就多干一点儿。

条件允许	多去几次
她爸同意	这样办了
你爸妈反对	拉倒了
这是好消息	不用担心了

(3) 尽管天下大雨，他还是按时上班。

天黑路滑	坚持到校
又困又累	把活儿干完了
身体不太好	承担了这活儿
情况复杂	把事情给办了

第二十四课

四　听说欣赏

寓　言

WŪYĀ HÉ ZHŪ DE "LIÀNGJIĚ"
乌鸦和猪的"谅解"

　　Wūyā zài yì kē shùshang, kànjiàn xiàmian yǒu yì zhī húnshēn zhǎngmǎn hēimáo de zhū.
　　"Hāhā! Zhèi ge hēi jiāhuo, duō nánkàn yā!" Wūyā shuō.
　　Zhū xiàng sìchù kànlekàn, fāxiàn shuōhuà de shì wūyā, yě jiù shuō: "Jiǎnghuàde, yuánlái shì yí ge hēi de kělián de xiǎo dōngxi!"
　　"Nǐ shuō shéi? Nǐ yě bú kànkan nǐ zìjǐ!" Wūyā qìfèn de shuō.
　　"Nǐ yě kànkan nǐ zìjǐ ba!" Zhū yě hěn qìfèn.
　　Tāmen zhēngchǎole yízhènr, jiù yídào qù chítáng, zhèngshí shéi gèng hēi de nánkàn. Tāmen cóng shuǐli zhàolezhào zìjǐ, yòu hùxiāng duānxiángle yíxià, shéi yě bù kāikǒu le. Dàn wūyā hūrán gāoxìng qǐlai, shuō: "Qíshí, hēi yǒu shénme bù hǎokàn ne?"
　　"Wǒ yě juéde hēi shì hěn hǎokàn de." Zhū yě kuàilè de shuō.
　　Zhè zhǐshì yì diǎn bǐyù, shìshuō: Wǒmen yīnggāi jǐngtì, bú yào yīnwèi bǐcǐ dōu yǒu tóngyàng de quēdiǎn, jiù hùxiāng yuánliàng, bìngqiě bǎ quēdiǎn dàngzuò yōudiǎn zìchēngzìzàn qǐlai.

Měilì de gūniang jiànguo wànqiān, wéiyǒu nǐ zuì kě'ài! Nǐ xiàng chōngchū zhāoxiá de tàiyáng, wúbǐ de xīnxiān, gūniang a! Nǐ xiàng yú'ér shēnghuó zài zìyóu de shuǐjīng gōngdiàn, gūniang a! Nǐ xiàng yèyīng gēchàng zài zìyóu de qīngcuì de línyuán, gūniang a!

Bǎ nǐ de róngmào bǐzuò xiānhuār, nǐ bǐ xiānhuār gèng xiānyàn! Nǐ shì wǒ xīnshang de dōngbùlā, měitiān bànzhe wǒ chàngchū xīnlihuà. Nǐ de gēshēng qūsànle wǒ de yōuchóu hé bēishāng, gūniang a! Nǐ de ài'qíng gěi wǒ zēngtiānle zhìhuì hé lìliàng, gūniang a!

第二十五课

一 正音专题 儿化

在普通话里,有些名词、量词后面,常加上一个"儿"(ér),或表达一定的修辞效果,或延伸词义,或区别词义,或者改变一个词的词性等。

一个词语后面加了"儿"(ér)这个音,我们就说这个词语"儿化"了。"儿化"后的词语的读音并不就是在该词语的后面多念一个"儿"字。一个词语"儿化"以后,被"儿化"的字的韵母和"ér"都失去了独立性。"er"变成了一个短而弱的卷舌音,附着在前面被儿化的韵母上,形成"儿化韵",被儿化的韵母的读音也因此而改变。如:人们常常在"小孩"后面加上"儿",表示喜爱的色彩,"小孩(xiǎohái)"变成"小孩儿(xiǎoháir)"以后,读音不是 xiǎoháiér,而是 xiǎohár(汉语拼音写做 xiǎoháir)。不同的韵母,儿化后的读音有不同的变化。变化的规律是:

(1) a,o,e,u,ia,ua 等韵母,以及以 -u,-o 结尾的韵母儿化以后,主要元音和韵尾不变,后面加上卷舌动作。如:刀把儿(dāobàr)、一下儿(yíxiàr)、没错儿(méicuòr)等。

(2) i,ü 儿化后,韵母多了〔er〕这个音,如:"小鸡(xiǎojī)"变成"小鸡儿(xiǎojiēr)"(汉语拼音写做 xiǎojīr),"小鱼(xiǎoyú)"变成"小鱼儿(xiǎoyuér)"(汉语拼音写做 xiǎoyúr)。

3. 舌尖音声母和卷舌音声母后面的 -i,即〔ɿ〕和〔ʅ〕,儿化以后都变成〔er〕。如:"字(zì)"变成"字儿(zèr)"(汉语拼音写做 zìr),"小事(xiǎoshì)"变成"小事儿(xiǎoshèr)"(汉语拼音写做 xiǎoshìr)。

4. in,ün,ing 韵母儿化后,-n 或 -ng 脱落,韵母变成主要元音加上〔er〕。如:"劲(jìn)"变成"劲儿(jièr)"(汉语拼音写做 jìnr),"云(yún)"变成"云儿(yuér)"(汉语拼音写做 yúnr),"瓶(píng)"变成"瓶儿

(piér)"(汉语拼音写做 píngr)。

5. 除了 in,un,ing 以外,其他以 -i,-n 或 -ng 结尾的韵母,儿化后,-i,-n,-ng 脱落,韵母变成主要元音加上卷舌动作。如:"小孩(xiǎohái)"变成"小孩儿(xiǎohár)"(汉语拼音写做 xiǎoháir),花园(huāyuán)"变成"花园儿(huāyuár)"(汉语拼音写做 huāyuánr),"板凳(bǎndèng)"变成"板凳儿(bǎndèr)"(汉语拼音写做 bǎndèngr)。

哪些词可以儿化,哪些词不能儿化,在很大程度上是约定俗成的,不能随意"儿化"词语。本课给出了常用的儿化词语,请注意模仿和记忆。

1. 字例(括号里是实际读音)

a,o,e,u 儿化

刀把儿 dāobàr　　号码儿 hàomǎr　　小车儿 xiǎochēr
纸盒儿 zhǐhér　　山坡儿 shānpōr　　粉末儿 fěnmòr
水珠儿 shuǐzhūr　　有数儿 yǒushùr

ia,ua,-o,-u 儿化

一下儿 yíxiàr　　豆芽儿 dòuyár　　小花儿 xiǎohuār
小画儿 xiǎohuàr　　酒窝儿 jiǔwōr　　没错儿 méicuòr
花招儿 huāzhāor　　小鸟儿 xiǎoniǎor　　个头儿 gètóur
网兜儿 wǎngdōur　　煤球儿 méiqiúr　　小牛儿 xiǎoniúr

ɿ,ʅ 儿化

棋子儿 qízǐr (qízěr)　　小刺儿 xiǎocìr (xiǎocèr)
有事儿 yǒushìr (yǒushèr)　　果汁儿 guǒzhīr (guǒzhēr)

i,u 儿化

小鸡儿 xiǎojīr (xiǎojiēr)　　葡萄皮儿 pútaopír (pútaopiér)
小鱼儿 xiǎoyúr (xiǎoyuér)　　有趣儿 yǒuqùr (yǒuquèr)

in, un, ing 儿化

有信儿 yǒuxìnr（yǒuxièr） 　　使劲儿 shǐjìnr（shǐjièr）
花裙儿 huāqúnr（huāquér） 　　云儿 yúnr（yuér）
眼镜儿 yǎnjìngr（yǎnjièr） 　　花瓶儿 huāpíngr（huāpiér）

-i, -n 儿化（不包括 in, un）

小孩儿 xiǎoháir（xiǎohár） 　　一块儿 yíkuàir（yíkuàr）
宝贝儿 bǎobèir（bǎobèr） 　　一会儿 yíhuìr（yíhùr）
豆干儿 dòugānr（dòugār） 　　好玩儿 hǎowánr（hǎowár）
一点儿 yìdiǎnr（yìdiǎr） 　　胶卷儿 jiāojuǎnr（jiāojuǎr）
没门儿 méiménr（méimér） 　　大婶儿 dàshěnr（dàshěr）
冰棍儿 bīnggùn（bīnggùr） 　　没准儿 méizhǔn（méizhǔr）

-ng 儿化（不包括 ing）

香肠儿 xiāngchángr（xiāngchár） 　　小羊儿 xiǎoyángr（xiǎoyár）
蛋黄儿 dànhuángr（dànhuár） 　　小声儿 xiǎoshēngr（xiǎoshēr）
有空儿 yǒukòngr（yǒukòr） 　　小熊儿 xiǎoxióng（xiǎoxiór）

2. 拼读下列读音

饭碗儿 fànwǎnr 　　心眼儿 xīnyǎnr 　　手腕儿 shǒuwànr
一卷儿 yìjuǎnr 　　两串儿 liǎngchuànr 　　三根儿 sāngēnr
四段儿 sìduànr 　　一块儿 yíkuàir 　　一会儿 yìhuìr
一点儿 yìdiǎnr 　　一面儿 yímiànr 　　摆摊儿 bǎitānr
起劲儿 qǐjìnr 　　玩玩儿 wánwanr 　　出错儿 chūcuòr
有趣儿 yǒuqùr 　　有劲儿 yǒujìnr 　　有门儿 yǒuménr
没错儿 méicuòr 　　饺子馅儿 jiǎozixiànr

3. 说明与训练

　　普通话里儿化的现象也非常普遍，它有修辞、区别词义或者表达一定

语法功能的作用。儿化在以下的情况中出现:

(1) 表达喜爱的感情和亲切的态度
花儿 huār　　　　　　　　好玩儿 hǎowánr
老头儿 lǎotóur　　　　　　大婶儿 dàshěnr

(2) 形容细小轻微的事物
小孩儿 xiǎoháir　　　　　　冰棍儿 bīnggùnr
煤球儿 méiqiúr　　　　　　豆芽儿 dòuyár

(3) 延伸词义
水儿 shuǐr — 汁　　　　　　眼儿 yǎnr — 小孔
头儿 tóur — 领导　　　　　信儿 xìnr — 消息

(4) 把不是名词的词转换成名词
盖儿 gàir — 盖(动词)　　　　带儿 dàir — 带(动词)
伴儿 bànr — 伴(动词)　　　　包儿 bāor — 包(动词)
错儿 cuòr — 错(形容词)　　　干儿 gànr — 干(形容词)
黄儿 huángr — 黄(形容词)　　尖儿 jiānr — 尖(形容词)

(5) 可以儿化的词语有名词、量词、动词、形容词。如上面"拼读下面音节"部分所示

要注意下面的词语,儿化与否意思不一样:
半天 bàntiān — 半天儿 bàntiānr　　宝贝 bǎobèi — 宝贝儿 bǎobèir
饭碗 fànwǎn — 饭碗儿 fànwǎnr　　没劲 méijìn — 没劲儿 méijìnr
媳妇 xífù — 媳妇儿 xífùr　　　　　一块 yíkuài — 一块儿 yíkuàir
有信 yǒuxìn — 有信儿 yǒuxìnr　　　没门 méimén — 没门儿 méiménr
头 tóu — 头儿 tóur　　　　　　　　包 bāo — 包儿 bāor

请比较下列可以儿化和不儿化的词语：

皮带 pídài—鞋带儿 xiédàir　　大火 dàhuǒ—大伙儿 dàhuǒr
牙齿 yáchǐ—锯齿儿 jùchǐr　　小肠 xiǎocháng—香肠儿 xiāngchángr
冷水 lěngshuǐ—汽水儿 qìshuǐr　　大声 dāshēng—小声儿 xiǎoshēngr
材料 cáiliào—没料儿 méiliàor　　上面 shàngmian—桌面儿 zhuōmiànr
不错 búcuò — 没错儿 méicuòr　　回味 huíwèi — 甜味儿 tiánwèir

4. 绕口令

(1) 葡萄皮儿 PÚ TAO PÍR

chī pú tao bù bō pú tao pír　pú tao pír dǔ zài sǎng ménr li
吃葡萄不剥葡萄皮儿，葡萄皮儿堵在嗓门儿里
tǔ bù chū　bù chī pú tao bié bō pú tao pír　bù bō pú tao pír　yě néng zuò
吐不出，不吃葡萄别剥葡萄皮儿，不剥葡萄皮儿也能做
chéng pú tao fǔ
成 葡萄脯。

(2) 进了门儿运运气儿 JÌN LE MÉNR YÙN YÙN QÌR

jìn le ménr　dào bēi shuǐr　　hē le liǎng kǒu yùn yùn qìr　　shùn shǒu
进了门儿倒杯水儿，喝了两口运运气儿，顺手
ná qǐ xiǎo chàng běnr　　chàng le yì qǔ yòu yì qǔr　　liàn wán le sǎng zi liàn
拿起小唱本儿，唱了一曲又一曲儿，练完了嗓子练
zuǐ pír　rào kǒu lìngr　　liàn zì yīnr　　hái yǒu dān xiánr　　pái zi qǔr
嘴皮儿，绕口令儿练字音儿，还有单弦儿牌子曲儿，
xiǎo kuài bǎnr　dà gǔ círr　　yòu shuō yòu chàng zhēn dài jìnr
小快板，大鼓词儿，又说又唱真带劲儿。

（3）七个小孩儿来摘果儿
QĪ GE XIǍOHÁIR　LÁI ZHĀI GUǑR

一二三，三二一，一二三四五六七，七个小孩儿来摘果儿，七个花篮儿手中提，七个果子七个样儿，苹果、香蕉、橘子、柿子、李子、栗子、梨儿。

二　句型操练　语气助词

1. 基本句型

他球打得多好啊！
来啊，咱们一起干吧！
没时间了，你快走吧！
去就去呗，谁怕他？
一声不响的，你怎么啦？
你去过桂林吗？
这个问题很简单嘛。
他可了不起呀！
这话对不对呢？
你准备什么时候走哇？
演出开始了，快来哟！
哟，你也来晚了。

2. 常用词汇

啊 a［赞叹、肯定、疑问］
吧 ba［感叹、疑问、请求］
呗 bei［肯定］
啦 la［喜悦、惊奇、气愤、禁止、疑问］
吗 ma［疑问］
嘛 ma［鼓励、肯定、确认］
呢 ne［疑问］
哇 wa［惊异、感叹、肯定、疑问］
呀 ya［惊异、感叹、疑问］
哟 yo［祈使、惊异］
演出 yǎnchū
瓶子 píngzi（樽）
毛病 máobing
两口子 liǎngkǒuzi（两公婆）
命根子 mìnggēnzi（心肝脷）
我那口子 wǒ nèikǒuzi
口气 kǒuqi
着凉 zháoliáng（冻亲）
对付 duìfu（应付）
笑话 xiàohua（笑）
吹 chuī（掟煲）
嫩 nèn
清静 qīngjìng
猜 cāi（估）
瞒 mán
脖子 bózi（颈）
搅和 jiǎohuo（搅搅颤）
教室 jiàoshì（课室）

打架 dǎjià（打交）
固执 gùzhi（硬颈）
吭 kēng（出声）
花样 huāyàng（花臣）
高个儿 gāogèr（高佬）
抬头 táitóu（岳头）
扮相 bànxiàng
唱工 chànggōng（唱技）
脑子 nǎozi（脑）
能干 nénggàn（叻）
气派 qìpai（架势；巴闭）
闺女 guīnü（女仔；女）
车子 chēzi（车）
厉害 lìhai（犀利）
姿势 zīshi（甫士）
舒服 shūfu
好使 hǎoshǐ
豆腐 dòufu
庄稼 zhuāngjia
点心 diǎnxin
点子 diǎnzi（计仔）
胡子 húzi（胡须；须）
辫子 biànzi（辫）
太太 tàitai
院子 yuànzi（院仔）
丈夫 zhàngfu（老公）
倜傥 tìtǎng（潇洒）
慷慨 kāngkǎi
激昂 jī'áng

跟屁虫 gēnpìchóng（跟尾狗）　　　吓 hè（不满）
高亢 gāokàng　　　　　　　　　　哈 hā（得意；满意）
咦 yí（惊异）

3. 习惯用语

不像话(样儿) búxiànghuà(yàngr)（唔似样）
三天两头儿 sāntiān liǎngtóur（成日）
不是那么回事儿 búshì nàme huí shìr（唔系㗎）
跌份儿 diēfènr（冇菲士）
不含糊 bù hánhu（唔乌龙；心水清）
和尚多了没水吃 héshàng duōle méi shuǐ chī（人多煤狗唔脸）
天塌了有高个儿顶着呢 tiāntāle yǒu gāo gèr dǐngzhe ne
抬头不见低头见 tái tóu bú jiàn dī tóu jiàn

4. 句型替换

(1)
```
这瓶子多好看
她毛病可真多
他口气真不小      啊（哪、呀、哇）！
他可是两口子的命根子
这话说得对
```

(2)
```
你不会相信我
这么穿不会着凉
他这人不难对付   吧？
她很能干
```

(3) 咱们一起去
　　你去找个清静地方　吧。
　　让你闺女吃点心
　　再买块豆腐

(4) 笑就笑
　　说就说
　　找就找　呗，
　　吹就吹
　　猜就猜

　　我又不怕人笑
　　他又不是哑巴
　　大不了多花半个小时　。
　　这年头儿谁怕谁
　　你瞒不过我

(5) 你脖子怎么
　　这孩子是咋
　　你是不是又打架　啦？
　　你怎么

(6) 太阳出来
　　他的办公室可气派
　　你别在这儿搅和　啦。
　　小王的点子可多

(7) 你信不信
　　你去不去教室
　　他们是在打架还是吵架　呢？
　　你怎么那么固执
　　她为什么不怕

5. 短小课文

我那口子啊？你还甭说我夸他呢！你见过他演戏吗？没见过对吧？他那副扮相啊，往那儿一站哪：威武英俊，风流倜傥；那唱工啊，往这儿一吼哇：高亢洪亮、慷慨激昂！咦，怎么啦！你干嘛一声不吭啊？我夸得不对吗？嘛！那是你没见过他。他呀，可是我们家的骄傲哇。哈哈！儿子跟屁虫似的跟着他呀，又是看戏又是学戏。这不，几年后又该有一明星上台喽！

6. 词语注释

(1) 普通话的语气助词总共有十多个，本课仅选最常用的十个。这些语气助词的作用都有多种，大体上各有一定适用范围。

(2) 两口子："人"的量词也用"口"，"两口子"就是"夫妻两人"，"子"在这儿纯粹是个词缀，没有实际意义。本课中的"我那口子"也类似这种情况。

(3) 笑话：有名词和动词两种词性，都读成 xiàohua，后字读轻声。名词可加"儿"，说成"笑话儿"。本课中为动词，即耻笑、取笑之意。

(4) 吹：即"吹灯"，引申为恋爱关系破裂，如"他俩最近吹了"。

(5) 搅和：有两个意思：混合，搀杂；扰乱。本课是"扰乱"之意。单字"和"读成 huò，是"搀和、搅拌"之意。

7. 语言常识

语气助词一般用于句末。普通话语气助词一般读成轻声。一种语气可能有几个语气助词来表示，而一个语气助词也可能表示几种语气，这是依其伴随的语调或一定的语境决定的。广州话里也有很丰富的语气助词，据粗略统计，单、双音节的语气助词有近 60 个，比普通话的要多得多。许多在普通话里不需用语气助词的粤语里往往加上语气助词，而且都有不同的声调以及不同的用法，这是需要注意区别的。

三　课文练习

1. 语音练习

歌儿 gēr　　　　　　　　老歌儿 lǎogēr
新歌儿 xīngēr　　　　　　唱首歌儿 chàng shǒu gēr
事儿 shìr　　　　　　　　有事儿 yǒushìr
没事儿 méishìr　　　　　　什么事儿 shěnme shìr
劲儿 jìnr　　　　　　　　松劲儿 sōngjìnr
起劲儿 qǐjìnr　　　　　　加把劲儿 jiābǎjìnr
门儿 ménr　　　　　　　　前门儿 qiánménr
后门儿 hòuménr　　　　　　味儿 wèir
住对门儿 zhù duìménr　　　苦味儿 kǔwèir
辣味儿 làwèir　　　　　　有滋味儿 yǒu zīwèir
猴儿 hóur　　　　　　　　小猴儿 xiǎohóur
小狗儿 xiǎogǒur　　　　　吃土豆儿 chī tǔdòur
空儿 kòngr　　　　　　　　有空儿 yǒukòngr
没空儿 méikòngr　　　　　抽点空儿 chōu diǎn kòngr

拼读下列音节
瓶盖儿 pínggàir　　　　　雨点儿 yǔdiǎnr
一阵儿 yízhènr　　　　　一下儿 yíxiàr
小花儿 xiǎohuār　　　　　眼镜儿 yǎnjìngr
水管儿 shuǐguǎnr　　　　没事儿 méishìr
玩艺儿 wányìr　　　　　　药水儿 yàoshuǐr
一身儿 yìshēnr　　　　　一溜儿 yíliùr
用劲儿 yòngjìnr　　　　　镜框儿 jìngkuàngr
圆圈儿 yuánquānr　　　　橘子汁儿 júzizhīr

2. 句型练习
替换练习

(1) <u>这个问题</u>嘛,很<u>清楚</u>。

她的丈夫	刻薄
我的脑子	不好使
这个姿势	舒服
那个女人	厉害
这种花样	漂亮

(2) 瞧,<u>树长得多高哇</u>!

孩子玩得	好哇
豆腐做得	嫩哪
庄稼长得	好哇
点子出得	棒啊
点心做得	好哇

(3) 你看<u>他姐的眼睛</u>多<u>好看</u>呀!

他的胡子	长
这闺女的辫子	粗
他太太	能干
这院子	清静
她丈夫的车子	气派

四 听说欣赏

歌 曲

ĀLĀMÙHÀN
阿拉木汗
XĪNJIĀNG MÍNGĒ
新疆民歌

Ālāmùhàn shénmeyàng? Shēnduàn bù féi yě bú shòu. Ālāmùhàn shénmeyàng? Shēnduàn bù féi yě bú shòu. Tā de méimao xiàng wānyuè, tā de yāoshēn xiàng miánliǔ. Ālāmùhàn zěnmeyàng? Tā de xiǎozuǐ hěn duōqíng, yǎnjing néng shǐrén fādǒu. Ālāmùhàn shénmeyàng? Shēnduàn bù féi yě bú shòu. Ālāmùhàn shénmeyàng? Shēnduàn bù féi yě bú shòu.

Ālāmùhàn zhùzài nǎli? Tǔlǔfān xī sānbǎiliù. Ālāmùhàn zhùzài nǎli? Tǔlǔfān xī sānbǎiliù. Wèi tā hēiyè méi kēshuì, wèi tā báitiān cháng késou; wèi tā màozhe fēng hé xuě, wèi tā xiédǐ cháng pǎotòu. Ālāmùhàn zhùzài nǎli? Tǔlǔfān xī sānbǎiliù. Ālāmùhàn zhùzài nǎli? Tǔlǔfān xī sānbǎiliù.

附录 1

部分常用姓氏表

A		G	花 huā	寇 kòu	龙 lóng
艾 ài	褚 chǔ		华 huà	匡 kuāng	娄 lóu
安 ān	楚 chǔ	甘 gān	黄 huáng	邝 kuàng	卢 lú
	丛 cóng	高 gāo	皇 huáng		鲁 lǔ
B	崔 cuī	戈 gē	皇甫 huángfǔ	L	陆 lù
白 bái	D	葛 gě	霍 huò	赖 lài	吕 lǚ
班 bān	戴 dài	龚 gōng		兰 lán	栾 luán
包 bāo	邓 dèng	巩 gǒng	J	蓝 lán	罗 luó
鲍 bào	刁 diāo	苟 gǒu	姬 jī	劳 láo	骆 luò
贝 bèi	丁 dīng	顾 gù	纪 jì	雷 léi	
毕 bì	董 dǒng	关 guān	贾 jiǎ	冷 lěng	M
卞 biàn	窦 dòu	管 guǎn	江 jiāng	黎 lí	马 mǎ
	杜 dù	郭 guō	姜 jiāng	李 lǐ	麦 mài
C	F	H	蒋 jiǎng	连 lián	毛 máo
蔡 cài	方 fāng	韩 hán	焦 jiāo	练 liàn	茅 máo
曹 cáo	房 fáng	郝 hǎo	金 jīn	梁 liáng	蒙 méng
岑 cén	冯 féng	何 hé	晋 jìn	廖 liào	孟 mèng
柴 chái	符 fú	赫 hè		林 lín	缪 miào
晁 cháo	甫 fǔ	贺 hè	K	蔺 lìn	穆 mù
陈 chén	傅 fù	洪 hóng	康 kāng	凌 líng	
程 chéng		侯 hóu	柯 kē	刘 liú	N
池 chí		胡 hú	孔 kǒng	留 liú	倪 ní
				柳 liǔ	聂 niè

部分常用姓氏表

宁 nìng	全 quán	唐 táng	夏 xià	鱼 yú
牛 niú		陶 táo	冼 xiǎn	尉迟 yùchí
农 nóng	**R**	滕 téng	项 xiàng	元 yuán
	饶 ráo	田 tián	萧 xiāo	袁 yuán
O	任 rén	童 tóng	谢 xiè	乐 yuè
区 ōu	阮 ruǎn	屠 tú	邢 xíng	云 yún
欧 ōu		涂 tú	熊 xióng	恽 yùn
欧阳 ōu-yáng	**S**		徐 xú	郓 yùn
	萨 sà	**W**	许 xǔ	
P	赛 sài	万 wàn	薛 xuē	**Z**
潘 pān	沙 shā	汪 wāng		曾 zēng
庞 páng	单 shàn	王 wáng	**Y**	查 zhā
裴 péi	尚 shàng	韦 wéi	燕 yān	翟 zhái
彭 péng	邵 shào	魏 wèi	颜 yán	占 zhān
朴 piáo	佘 shé	卫 wèi	阎 yán	詹 zhān
	沈 shěn	温 wēn	严 yán	章 zhāng
Q	盛 shèng	文 wén	杨 yáng	张 zhāng
齐 qí	施 shī	闻 wén	姚 yáo	赵 zhào
祁 qí	石 shí	翁 wēng	叶 yè	甄 zhēn
钱 qián	史 shǐ	巫 wū	易 yì	郑 zhèng
乔 qiáo	舒 shū	乌 wū	殷 yīn	钟 zhōng
秦 qín	司马 sīmǎ	邬 wū	尹 yǐn	周 zhōu
覃 qín	司徒 sītú	吴 wú	应 yīng	诸 zhū
丘 qiū	宋 sòng	武 wǔ	游 yóu	朱 zhū
邱 qiū	苏 sū	伍 wǔ	尤 yóu	祝 zhù
裘 qiú	孙 sūn		于 yú	庄 zhuāng
屈 qū		**X**	虞 yú	宗 zōng
曲 qū	**T**	奚 xī	余 yú	邹 zōu
瞿 qú	谭 tán	郗 xī	俞 yú	左 zuǒ
	汤 tāng			

附录2

部分粤港澳地名表

A

澳门 Àomén

B

白云 Báiyún(穗)
半山区 Bànshān Qū(港)
宝安 Bǎo'ān
北角 Běijiǎo(港)
笔架山 Bǐjià Shān(港)
薄扶林 Bófúlín(港)
博罗 Bóluó

C

鲗鱼涌 Cèyúchōng(港)
柴湾 Cháiwān(港)
常平 Chángpíng
长沙湾 Chángshā Wān(港)
潮安 Cháo'ān
潮阳 Cháoyáng
潮州 Cháozhōu

澄海 Chénghǎi
赤柱 Chìzhù
从化 Cónghuà

D

大澳 Dà'ào(港)
大担 Dàdàn(澳)
大角嘴 Dàjiǎozuǐ(港)
大坑 Dàkēng(港)
大埔 Dàpǔ
大塘 Dàtáng(港)
大屿山 Dàyǔ Shān(澳)
丹霞山 Dānxiá Shān
德庆 Déqìng
电白 Diànbái
鼎湖山 Dǐnghú Shān
东莞 Dōngguǎn
东山 Dōngshān(穗)

E

恩平 Ēnpíng

F

粉岭 Fěnlǐng(港)
封开 Fēngkāi
丰顺 Fēngshùn
佛冈 Fógāng
佛山 Fóshān

G

高明 Gāomíng
高要 Gāoyào
高州 Gāozhōu
观塘 Guāntáng(港)
关闸 Guānzhá(澳)
广宁 Guǎngníng
广州 Guǎngzhōu

H

海安 Hǎi'ān
海丰 Hǎifēng
海珠 Hǎizhū(穗)
和平 Hépíng
何文田 Héwéntián(港)

部分粤港澳地名表

河源 Héyuán
鹤山 Hèshān
黑沙环 Hēishāhuán（澳）
横头墈 Héngtóukān（港）
红墈 Hóngkān（港）
花都 Huādū
化州 Huàzhōu
怀集 Huáijí
黄大仙 Huángdàxiān
　（港）
黄埔 Huángpǔ（穗）
惠东 Huìdōng
惠来 Huìlái
惠阳 Huìyáng
惠州 Huìzhōu
火炭 Huǒtàn（港）

J

鸡颈 Jījǐng（澳）
坚尼地城 Jiānnídì
　Chéng（港）
尖沙咀 Jiānshāzuǐ（港）
将军澳 Jiāngjūn'ào
　（港）
江门 Jiāngmén
蕉岭 Jiāolǐng
揭东 Jiēdōng
揭西 Jiēxī
揭阳 Jiēyáng
九澳 Jiǔ'ào（澳）

九龙 Jiǔlóng（港）
九龙城 Jiǔlóngchéng
　（港）
九龙塘 Jiǔlóngtáng（港）
九龙湾 Jiǔlóngwān（港）

K

开平 Kāipíng
筷子基 Kuàizijī（澳）
葵涌 Kuíchōng（港）

L

蓝田 Lántián（港）
乐昌 Lèchāng
雷州 Léizhōu
鲤鱼门 Lǐyúmén（港）
荔湾 Lìwān（穗）
荔枝角 Lìzhījiǎo（港）
莲花山 Liánhuā Shān
廉江 Liánjiāng
连南 Liánnán
连平 Liánpíng
连山 Liánshān
连州 Liánzhōu
龙川 Lóngchuān
龙岗 Lónggǎng
龙门 Lóngmén
陆丰 Lùfēng
陆河 Lùhé
路环 Lùhuán（澳）

罗定 Luódìng
罗浮山 Luófú Shān
罗湖 Luóhú

M

马场 Mǎchǎng（澳）
马头角 Mǎtóujiǎo（港）
马头围 Mǎtóuwéi（港）
茂名 Màomíng
梅县 Méixiàn
梅州 Méizhōu

N

南澳 Nán'ào
南海 Nánhǎi
南昆山 Náikūn Shān
南湾 Nánwān（澳）
南雄 Nánxióng
内港 Nèigǎng（澳）
牛池湾 Niúchíwān（港）
牛头角 Niútóujiǎo（港）

P

番禺 Pānyú
跑马地 Pǎomǎdì（港）
坪石 Píngshí
平远 Píngyuǎn
普宁 Pǔníng

Q

青衣 Qīngyī（港）

青州 Qīngzhōu(澳)
清水湾 Qīngshuǐwān(港)
清新 Qīngxīn
清远 Qīngyuǎn
曲江 Qǔjiāng
荃湾 Quánwān(港)

R

饶平 Ráopíng
仁化 Rénhuà
乳源 Rǔyuán

S

三家 Sānjiā(澳)
三水 Sānshuǐ
扫杆浦 Sàogǎnpǔ(港)
沙梨头 Shālítóu(澳)
沙田 Shātián(港)
沙头角 Shātóujiǎo(港)
汕头 Shàntóu
汕尾 Shànwěi
上川岛 Shàngchuāndǎo
上环 Shànghuán(港)
上水 Shàngshuǐ(港)
韶关 Sháoguān
深水埗 Shēnshuǐbù(港)
深水湾 Shēnshuǐwān(港)
深圳 Shēnzhèn

石澳 Shí'ào(港)
石排湾 Shípáiwān(澳)
石塘咀 Shítángzuǐ(港)
石峡尾 Shíxiáwěi(港)
始兴 Shǐxīng
顺德 Shùndé
四会 Sìhuì
遂溪 Suìxī

T

台山 Táishān
太古 Tàigǔ(港)
氹仔岛 Tánzǎidǎo(澳)
天河 Tiānhé(穗)
铜锣湾 Tóngluówān(港)
土瓜湾 Tǔguāwān(港)
屯门 Túnmén(港)

W

湾仔 Wānzǎi(港)
旺角 Wàngjiǎo(港)
望厦 Wàngxià(澳)
翁源 Wēngyuán
吴川 Wúchuān
五华 Wǔhuá

X

西贡 Xīgòng(港)
西樵山 Xīqiáo Shān
西湾河 Xīwānhé(港)

西沙 Xīshā(澳)
西营盘 Xīyíngpán(港)
下川岛 Xiàchuāndǎo
下环 Xiàhuán(港)
香港 Xiānggǎng
筲箕湾 Xiāojīwān(港)
新丰 Xīnfēng
新会 Xīnhuì
新口岸 Xīnkǒu'àn(澳)
新蒲岗 Xīnpǔgǎng(港)
新桥 Xīnqiáo(澳)
新兴 Xīnxīng
信宜 Xìnyí
兴宁 Xīngníng
杏花村 Xìnghuācūn(港)
秀茂坪 Xiùmàoping(港)
徐闻 Xúwén

Y

阳春 Yángchūn
阳东 Yángdōng
阳江 Yángjiāng
阳山 Yángshān
阳西 Yángxī
英德 Yīngdé
油麻地 Yóumádì(港)
油塘 Yóutáng(港)
又一村 Yòuyìcūn(港)

郁南 Yùnán
元朗 Yuánlǎng(港)
云浮 Yúnfú

Z

增城 Zēngchéng
渣甸山 Zhādiànshān

(港)
湛江 Zhànjiāng
肇庆 Zhàoqìng
中环 Zhōnghuán(港)
中山 Zhōngshān
周家村 Zhōujiācūn(澳)

珠海 Zhūhǎi
卓家村 Zhuōjiācūn
(澳)
紫金 Zǐjīn
佐敦 Zuǒdūn(港)
佐敦谷 Zuǒdūngǔ(港)

附录 3

听说欣赏材料及汉字文本

第一课

散　文

荷塘月色（节选）

朱自清

　　这几天心里颇不宁静。今晚在院子里坐着乘凉,忽然想起日日走过的荷塘,在这满月的光里,总该另有一番样子吧。月亮渐渐地升高了,墙外马路上孩子们的欢笑,已经听不见了。妻在屋里拍着闰儿,迷迷糊糊地哼着眠歌。我悄悄地披了大衫,带上门出去。

　　沿着荷塘,是一条曲折的小煤屑路,这是一条幽僻的路,白天也少人走,夜晚更加寂寞。荷塘四面,长着许多树,蓊蓊郁郁的。路的一旁,是些杨柳,和一些不知道名字的树。没有月光的晚上,这路上阴森森的,有些怕人。今晚却很好,虽然月光也还是淡淡的。

　　路上只我一个人背着手踱着。这一片天地好像是我的,我也像超出了平常的自己,到了另一世界里。我爱热闹,也爱冷静;爱群居,也爱独处。像今晚上,一个人在这苍茫的月下,什么也可以想,什么也可以不想,便觉是个自由的人。白天里一定要做的事,一定要说的话,现在都可不理,这是独处的妙处,我且受用这无边的荷香月色好了。

第二课

英国电影《简·爱》录音片断
简·爱与罗彻斯特的对话

罗：还没睡呀？
简：没见你平安回来怎么能睡？梅森先生怎么样？
罗：他没事，有医生照顾。
简：昨晚上你说要遇到的危险过去了？
罗：梅森不离开英国，很难保证。但愿越快越好。
简：他不像是一个蓄意要害你的人。
罗：当然不。他害我也可能出于无意。坐下。
简：葛瑞斯普究竟是谁？你为什么要留着她？
罗：我别无办法。
简：怎么会？
罗：你忍耐一会儿，别逼着我回答。我……我现在多么依赖你。……嗐，该怎么办，简？有这样一个例子：有个青年人，他从小就被宠爱坏了，他犯下了一个极大的错误，不是罪恶，是错误。它的后果是可怕的。唯一的逃避是逍遥在外，寻欢作乐。后来，他遇见个女人，一个二十年里他从没见过的高尚女人，他重新找到了生活的机会，可是世故人情阻碍了他。那个女人能无视这些吗？
简：你在说自己，罗彻斯特先生？
罗：是的。
简：每个人以自己的行为向上帝负责，不能要求别人承担自己的命运，更不能要求英格朗姆小姐。
罗：唔，你不觉得我娶了她，她可以使我获得完全的新生？
简：既然你问我，我想不会。
罗：你不喜欢她？说实话。

简：我想她对你不合适。
罗：啊哼,么么自信？那么谁合适？你有没有什么可以推荐？呣嗒,你在这儿已经住惯了？
简：我在这儿很快活。
罗：你舍得离开这儿吗？
简：离开这儿？
罗：结婚以后,我不住这儿。
简：当然,阿泰尔可以上学,我可以另找个事儿。我要进去了,我冷。
罗：简！
简：让我走吧！
罗：等等！
简：让我走！
罗：简！
简：你为什么要跟我讲这些？她跟你与我无关。你以为我穷,不好看,就没有感情吗？我也会的。如果上帝赋予我财富和美貌,我一定要使你难以离开我,就像现在我难以离开你。上帝没有这样。我们的精神是同等的,就如同你跟我经过坟墓将同样地站在上帝面前。
罗：简！
简：让我走吧！
罗：我爱你,我爱你！
简：不,别拿我取笑了！
罗：取笑？我爱你！伯兰奇有什么？我对她不过是她父亲要一块土地的本钱。嫁给我,简,你嫁我。
简：是真的？
罗：哎,你呀,你的怀疑折磨着我,答应吧！答应吧！上帝曾说过:"别让任何人干扰我。"她是我的,我的。

第三课

京剧《甘露寺》选段
劝千岁杀字休出口

[乔玄唱] 劝千岁杀字休出口，老臣与主说从头。刘备本是靖王后，汉帝玄孙一脉流。他有个二弟汉寿亭（呐）侯，青龙偃月神鬼皆愁。白马坡前诛文丑，在古城曾斩过老蔡阳的头。他三弟翼德威风有，丈八蛇矛贯至咽喉。曾破黄巾兵百万，虎牢关前战温侯。当阳桥前一声吼，喝断了桥（哇）梁水倒流。他四弟子龙英雄将，盖世英（呐）雄（呃）冠九州。长坂坡前救阿斗，杀得曹兵个个愁。这一班武将哪国有，还有诸葛用计谋。你杀刘备不要（哇）紧，他弟兄闻知就岂肯罢休？若是领兵来争斗，东吴哪个敢出（哇）头？我扭头回身奏太后，将计就计结鸾俦。

第四课

伊索寓言
乌鸦和狐狸

  上帝赐给乌鸦一块奶酪。乌鸦高高地歇在大树上，它已经准备开始用早餐了，奶酪衔在嘴里，还要琢磨一下儿。

  不幸树下跑过一只狐狸。狐狸闻到奶酪的香味儿，突然停了下来：他看见了奶酪，被奶酪迷住了。

  狡猾的骗子蹑手蹑脚地走近大树，摇着尾巴，一眼不眨地盯着乌鸦，沉住气，那样甜言蜜语地说：

  "亲爱的，好美呵！脖子多美！眼睛多俏！多么丰满的羽毛！多么灵巧的小嘴！讲起话来就像童话一样！想必有天生婉转动人的歌喉！唱吧,亲爱的,别害羞！小妹妹,你是这样美丽,如果唱歌再是能手,那你真够得上鸟中之王哩！"

乌鸦被赞美得飘飘然,高兴得连气都透不过来,听了狐狸的恭维话,就情不自禁地张开喉咙大叫一声。奶酪掉了下来——狡猾的骗子带着它跑了。

歌　曲
在那遥远的地方

在那遥远的地方,有位好姑娘;人们走过了她的帐房都要回头留恋地张望。

她那粉红的笑脸,好像红太阳;她那活泼动人的眼睛好像晚上明媚的月亮。

我愿抛弃那财产,跟她去放羊;每天看着她粉红的笑脸和那美丽金边的衣裳。

我愿做一只小羊,跟在她身旁;我愿她拿着细细的皮鞭,不断轻轻打在我身上。

第五课

法国电影《悲惨世界》录音片断
冉·阿让与米里埃主教的对话

[旁白]冉·阿让后来又逃过两次,当自由终于来到的时候,他已经服了十九年的苦役。

主教:进来！

冉·阿让:晚上好！人家让我来敲您的门,能给点汤喝,给个地方睡吗？

主:行,行,进来吧！

让:我叫冉·阿让,从苦役场来。是,太太,从苦役场来。

主：快过来吧。

让：我从土伦到这儿，一路走了三天了，累极了。

主：把您的东西给我，马古拉太太能给您准备饭。我们马上吃饭，饭吃完了，床也给您铺好了，来。

让：我付您钱，我有钱。

主：我不是老板，钱您留着，以后您还用得着的。

让：您大概是这儿的神父吧？

主：对您没有可隐瞒的。我妹妹芭姬斯玎小姐，管家马古拉太太。给这位先生搬把椅子。

芭姬斯玎：呃！

主：让她去，马古拉太太。

马：嗖，真可恶！

主：没什么关系。最好用银餐具，今天有客人……请坐吧！

[旁白] 银器，这些汤勺和刀叉多么值钱呀！冉·阿让口袋里装着一百零九个法郎，是十九年苦役的报酬……米里埃主教喜欢花儿。他常说美像有用的东西一样，也许更有用。一个人与世无争，就是他认识到，在这个把个人幸福建筑在许多人痛苦上的世界里，有用的东西往往是丑恶的。这位主教在他同行的眼里，就像个陌生人。

马：主教大人！主教大人！装银器的篮子昨天晚上我把它搁在柜子里的，它现在没有了，不知哪儿去了？

主：这不是吗？

马：可篮子是空的，银器刀叉汤勺，不知哪儿去了！

主：这我不知道。

马：准是昨天晚上那个人，那个囚犯。

芭：他已经不在屋里了。刚才我送牛奶去床上没人！

马：幸亏蜡台在我屋里，谢天谢地。

士兵甲：走！快点走！快走！主教大人，看他口袋里装的是什么。我们把他叫住，检查他的证件，抄他的身，发现了这些东西。我们知道，他在您这儿住过，呃，天哪，呃，我们把他扣住了。

主：他说什么了……没有？

士兵乙：没说。

主：您怎么不说是我送给您的？您还把蜡台忘了。我把蜡台也送给您了，干吗不拿走？马古拉太太，去把蜡台拿来给他。快点儿！去！

士兵甲：您是真的送给他的吗？

主：当然啦！

士兵甲：那么我们把他放了？

主：当然，把东西还给他。

士兵甲：遵命，主教大人！

让：怎么？他是主教，不是神父吗？

士兵乙：不是，是这儿的主教。拿着！

主：谢谢，马古拉太太。你们是不是去喝杯酒？

士兵乙：欸，我们不推辞，主教大人。

主：你先带他们去。

马：好，来吧。

主：我就来，谢谢。

[旁白] 冉·阿让整天漂泊流浪，他脑海里思潮翻滚。留在他记忆里的是被人歧视、欺骗、辱骂。他为那些挨饿的孩子去偷面包，结果被饱食终日的法官带上了镣铐。苦役场主教的祈祷带来的是悲惨，而现在出现了这样一个以德报怨的人，在人像狼一样生活的世界里，做个善良的人有什么意义？一些人想发财，另一些人就得自卫，应该怎么去生活，应该怎么去生活？

第六课

高山猩猩

危鲁加火山群位于饱经忧患的非洲大陆的心脏地带，海拔 4500 米。

在西边的活动火山群中,有一座高耸入云的山峰,叫尼坎卢峰。这里原来覆盖着茂密的森林,但是在过去的几千年里,森林的面积已经缩小。在人迹罕至的火山上居住着一群世界上稀有的大型濒危哺乳动物——高山猩猩。它们从高高的火山上俯视着下面山谷里的动静。

火山上一头二十二岁、背部长着一片白毛、名叫恩登古茨的猩猩继承它的父亲的位置,成了本家族的领头猩猩。

恩登古茨背上长着一片醒目的白毛,这是猩猩成熟的标志。在这一群猩猩里,其他的猩猩全身的毛都是黑色的。

恩登古茨的头顶上隆起了一个鼓包,它的额部强有力的肌肉群就连在这个鼓包上。

猩猩一天要用三分之一的时间觅食,一个成年雄猩猩一天要吃大约十八公斤植物性食物。它们在林子里吃五十多种不同的植物。不过,像这种岩状菌,人偶尔也会吃。

第七课

法国电影《巴黎圣母院》录音片断
刚果瓦闯入乞丐王国

[旁白]流浪诗人刚果瓦是一个一贫如洗的青年人,他为寻找过夜的栖身之处来到了贫民窟。没想到,这里是乞丐王克鲁巴的领地,是乞丐们的奇迹王朝。

众乞丐:哈哈哈……!
男乞丐甲:瞧,一个赎罪的!
男乞丐乙:这家伙烧死不合适,用绳子吊死最好。
刚果瓦:这是哪儿啊?
男乞丐甲:是奇迹王朝。
刚:啊,我也不问了,我信。刚才,呃,有人偷了我的帽子。
男乞丐乙:偷吗?呵!这家伙来这儿抱怨帽子被偷了!

众乞丐:哈哈哈……!
男乞丐甲:只怪上帝给你的道德太多了!
刚:道德太多?不敢当。不过,我从来没有害过人。
男乞丐甲:不许吹牛!你犯忌了。你来我们黑话王国不讲黑话!
男乞丐丙:他是闯进来的!
克鲁巴:你是急着来找死!
刚:这么说,你们打算把我处死?
克:哈哈哈!绅士套在绞索上的那副嘴脸,我们应该多看看,那才真叫体面呀!你是干哪行的?
刚:啊,我,我是诗人。
克:哦?哈!就是拿人家的事讲给人家听,还向人家要钱的人。一套上绞索,不管你是国王还是诗人,伸出的舌头跟贼一个样。可是你放心,在吊死之前,也要审判你,一律平等!
女乞丐们:哈哈哈……!
克:哦,一个人要处死了,不幸的人。好吧,我的小猫,既要审判就得伸张正义,我们的正义国王路易十一是不会羡慕的。
女乞丐甲:国王的正义就是监狱之奥妙。他自己知道。哈哈哈……!
克:国王的监狱太小了,它搁不下我,来吧,小乖乖,正义会改变我的观念。
女乞丐们:哈哈哈……!
男乞丐乙:安德烈,这下看你的啦。
刚:我……我是无罪的。
男乞丐丁:像羔羊一样,无罪的羔羊做烤羊腿儿最好!
众乞丐:哈哈哈……!
克:哦,我想起来了,是你,是那个诗人,著名宗教剧的作者。
刚:对,就是我,就是《圣母的审判》的作者,我……我是比埃·刚果瓦。
克:因为早晨演了你的戏,晚上就不能吊死你吗?
众乞丐:哈哈哈……!
男乞丐丙:这叫你反感?你们这些市民就会小题大作。如果你是乞丐……

刚：可是，我很愿意做乞丐，如果可能的话。

克：你会干什么？你杀过人吗？

刚：可惜没有。不过，早知有今天，我也许会试一试。

众：哈哈哈……！

克：他倒是很有志气，把他绞死非常合适。看你的，安德烈！给他尽最后的义务吧！

男乞丐丁：等一等！这儿有个规矩，得问问有没有女人要他。有人要，就不上绞架。

男乞丐甲：什么啊！抢我嘴里的面包吗？

众：哈哈哈……！

克：你放心，绝不会饿着你的。高兴啦？你这倒霉蛋！这下你的运气来啦。要么跟乞丐配对儿，要么跟绞索攀亲。

刚：反正都够要命。不过我还是有点偏爱——

克：讨个老婆！注意，女人都过来！你们有哪位想要这个男人的？注意，莎罗娜、伊丽莎白、玛丽姬发尔，注意！伊莎伯地亚莉，你们一个一个过来，过来看看，一个没用的人，谁想要？

莎：太单薄，一捏就碎了。

伊：夜里他也许很温存，但我过了荒唐的岁数了，我想要个能养活我的人。

玛：我真想要他，你会妒忌的。

伊：那切两半，一人一半！

莎：命不好呀，想什么偏偏得不到。

克：伙计，你真倒霉啊！没有人要吗？一下、两下、三下……拍板上绞架。

爱斯米拉达：等一等！

刚：爱斯米拉达？

爱：你们要吊死他？

克：是啊。你总不会让他做丈夫？

众：哈哈哈……！

爱：我要他。

克：不可能，开玩笑吗？

爱：不，有人要死，你们就高兴。我不。

男乙丐丙：也许她爱他。

爱：要是把你绞死，我才高兴呢！

众：哈哈哈……！

克：准备举行仪式！

　　〔乞丐们拿出一个瓦罐，递给刚果瓦〕

爱：摔在地上。

　　〔刚果瓦摔在地上，瓦罐裂成四块〕

克：四块！兄弟，她是你妻子，他是你丈夫，为期四年。去吧！

第八课

捷克电影《非凡的埃玛》录音片断
埃玛与维克多的对话

埃：你怎么不到车站来接我？3月以后你没写过信？你有新欢了？我看这样也好，免得赌钱把我输给别人……这是什么？

维：辞职信。请你同意吧！

埃：她多大了？漂亮吗？

维：我决定要走了。

埃：你是说着玩儿吧？

维：是真的。

埃：不，维克多，我不再离开你。你跟我去美国。我们天天在一起。

维：当个随从？让人家叫我德斯廷先生？不，埃玛，我不愿意伺候你。

埃：好吧，我不再出国了。我跟你呆在一起。

维：我可不要你为了我牺牲你自己。

埃：那你想怎么样？说吧！我一定照办，照你的办。

维：你不能放弃你的艺术，我不能当你身边的点缀。我要家、妻子、孩子。
埃：圆满的家庭。你有这权利，我应该给你。你有没有想过，我也有权利？我天天过着孤孤单单的生活，这你想得到吗？只有这样才能攀登艺术高峰。亲爱的，我不能享受一个普通女人应该享受的幸福，怎么能有孩子呢？一年只有两个月跟你在一起，让我们好好在一起。
维：以后怎么办？
埃：好吧好吧，我们以后慢慢儿说吧。我只有跟你在一起才感到幸福、自由。只要跟你在一起，我生老病死都不怕。现在我要你，现在我要你。好了，别折磨我了，别折磨我了。维克多，你来，抱着我，维克多，维克多！
维：我不能像你，不通人情！
埃：你不要说了，别想这些了。
维：我不需要这样的爱。
埃：维克多，噢……维克多，我什么都可以给你，找个女人，成个家，我养活她们！
维：再会！
埃：维克多！

歌　曲

游击队歌
贺绿汀

　　我们都是神枪手，每一颗子弹消灭一个敌人。我们都是飞行军，哪怕那山高水又深。在密密的树林里，到处都安排同志们的宿营地，在高高的山冈上，有我们无数的好兄弟。没有吃，没有穿，自有那敌人送上前。没有枪，没有炮，敌人给我们造。我们生长在这里，每一寸土地都是我们自己的，无论谁要强占去，我们就和他拼到底。

第九课

相 声

戏剧与方言(选段)

侯宝林 郭启儒

甲:做一个相声演员呐,可不容易。

乙:怎么?

甲:起码的条件儿,得会说话。

乙:这个条件儿倒很容易啊,谁不会说话呀?

甲:那"说话"跟说话不同呀。

乙:怎么?

甲:人家一般人说话只要把内容表达出来,让对方领会了就行了。

乙:哦。那说相声儿的呢?

甲:相声它是个艺术形式,就是得用艺术语言。

乙:哦!

甲:这艺术语言跟一般人说话它就有很大的不同。

乙:是啊。

甲:唔。相声的语言呐,它必须得精练。你看我们表演说的是北京话。

乙:是啊。

甲:我们说的北京话不是一般的北京话,是精练的北京话,是经过了提炼呐,经过了艺术加工。

乙:相声台词儿啊,就是语言精练。

甲:哎,相声语言特点呢,就是短小精干而逻辑性强。

乙:对。

甲:你看我们说这北京话,外埠观众他也听得懂。这是怎么回事儿?是经过了艺术加工了。不像一般北京人说话那么啰嗦,什么名词副词代词助词语气词感叹词用得那么多,啰哩啰嗦一大堆。

乙：那么您给举个例子，用那啰嗦的北京话怎么说？

甲：啰嗦北京话？

乙：嗯。

甲：那比如说吧：哥俩儿住在一个院儿里，一个在东房住，一个在西房住，夜间都睡觉了。忽然间那房门一响，这屋发觉了，两个人一问一答。说来这点儿事几个字就能解决，要用那个老北京话来说就啰哩啰嗦。

乙：哦？是啊。怎么说？

甲：比如说夜间了，都睡觉了。忽然间那屋门一响，这屋发觉了："哟嗬！"

乙：哟嗬？

甲：先来个感叹词。

乙：您瞧这事。

甲：哟嗬！那屋咣啷一下子门响，黑更半夜这是谁出来了，一声不言语怪吓人的？

乙：哦，这一大套啊！

甲：是。回答也这么啰嗦："啊！是我您呐。哥哥您还没歇着呢。我出来撒泡尿，没外人，您歇着您，倒甭害怕您！"

乙：这位比他还啰嗦！

甲：这位还关照他呢。

乙：还要说什么？

甲："黑更半夜的穿点衣裳，要不然你冻着可不是闹着玩儿的，明儿一发烧就得感冒了。"他说："不要紧的，哥哥我披着衣裳呢，撒了尿我赶紧就回去。您歇着您的吧，有什么话咱明儿见吧您。"

乙：这够多少字了！

甲：三百多字！要用精练的北京话说这点儿事情，分成四句话用十六个字就能解决问题。

乙：噢！一句话用四个字？那怎么说呢？

甲：那屋门一响这儿发觉了，一问："这是谁呀？"四个字。回答也四个："是我您呐。""你干吗去？""我撒泡尿。"

乙：哎，这就省事多了。

甲：您听这省事啊？还有比这省事的。

乙:哪儿的话?
甲:山东话。山东人要说这点儿事情,同是四句话,用十二个字就解决了。
乙:十二个字? 噢,三个字一句了。怎么说呢?
甲:山东话。那屋门一响,这儿发觉一问:"这是谁?"
乙:三个字。
甲:回答也三个。"这是我。""上哪去?""上便所儿。"
乙:这个更省事啦!
甲:不,还有比这更省事的。
乙:哪儿的话呀?
甲:上海话。
乙:上海?
甲:上海人说话呀,八个字就够了。
乙:噢,两个字一句呀?
甲:哎!
乙:噢。那怎么说呢?
甲:那屋门一响,这儿发觉了一问:"啥人?""我呀。""啥去?""撒水。"
乙:这有点儿意思,那省事多喽!
甲:不,还有比这省事的。
乙:还有比这省事的? 哪儿的话呀?
甲:河南话。
乙:河南。
甲:哎。河南人说话,说这点儿事情,四个字就解决。
乙:呃,一个字一句? 那怎么说呀?
甲:那门儿一响,这儿一发觉,问:"谁?""我。""做?""尿。"

第十课

美国电影《魂断蓝桥》录音片断
罗伊·克鲁宁与玛拉的对话

玛:你好!
罗:你好!
玛:你来看我,太好啦!
罗:别这么说。
玛:你,你没走?
罗:海下有水雷,放假四十八小时。
玛:这真太好啦!
罗:是的,有整整两天。你知道,我一夜都在想你,睡也睡不着。
玛:你终于学会记住我了?
罗:是啊!刚刚学会。玛拉,今天我们干什么?
玛:嗯……我,我……
罗:现在由不得你这样了。
玛:这样?
罗:这样犹豫,你不能再犹豫了!
玛:不能?
罗:不能!
玛:那我应该怎么样呢?
罗:去跟我结婚!
玛:啊!罗伊,你疯了吧?
罗:疯狂是美好的感觉!
玛:罗伊,你理智点儿!
罗:我才不呢!
玛:可你还不了解我!

罗:会了解的,用我一生来了解。
玛:哦,罗伊,现在在打仗,因为你快要离开了,因为你必须在两天内度过你整个儿一生。
罗:我们去结婚吧!除了你,别人,我都不要!
玛:你怎么这样肯定?
罗:亲爱的,别支支吾吾了!别再问了!别再犹豫了!就这样定了,知道吗?这样肯定了,知道吗?这样决定了!知道吗?去跟我结婚吧!知道吗?
玛:是,亲爱的。

第十一课

古　诗

泊秦淮

[唐]杜牧

烟笼寒水月笼沙,夜泊秦淮近酒家。商女不知亡国恨,隔江犹唱后庭花。

天净沙·秋思

[元]马致远

枯藤老树昏鸦。小桥流水人家。古道西风瘦马。夕阳西下,断肠人在天涯。

歌　曲

香格里拉

这美丽的香格里拉,这可爱的香格里拉,我深深地爱上了它!我爱上了它!

你看这山限水涯,你看这红墙绿瓦,仿佛是妆点着神话,妆点着神话!你见这柳丝参差,你看这花枝低桠,分明是一幅彩色的画!啊!还有那温暖的春风,更像是一袭轻纱,我们就在它的笼罩下,我们歌唱,我们欢笑,啊啦啦,哈哈哈!

这美丽的香格里拉,这可爱的香格里拉,我深深地爱上了它,是我理想的家,香格里拉!

第十二课

歌　曲
明天你是否依然爱我

　　午夜的收音机轻轻传来一首歌,那是你我都已熟悉的旋律,在你遗忘的时候我依然还记得。明天你是否依然爱我?我早已经了解追逐爱情的规则,虽然不能爱你却又不知该如何。相信总会有一天你一定会离去,但明天你是否依然爱我?所有的故事只能有一首主题歌,我知道你最后的选择。所有的爱情只能有一个结果,我深深知道那绝对不是我。既然曾经爱过又何必真正拥有你?即使离别也不会有多大难过。午夜的旋律一直重复着那首歌,明天你是否依然爱我?

第十三课

新　闻
简短新闻三则
(一)

　　新华社伦敦消息:英国探险家约翰·布拉什弗斯内尔最近在伦敦说,他所领导的一个探险队在尼泊尔西部靠近喜玛拉雅山的森林中发现了两只亚洲最大的象。最大的一只身高11英尺3英寸,比1882年在斯里兰卡发现的那只大象还高两英寸。另一只身高10英尺6英寸。

(二)

新华社消息:长江上一艘新型豪华游轮"长江明珠"号最近从重庆首航武汉成功。"长江明珠"号是长江上新型超豪华游轮,此船设有总统套间、特等间和标准间、双人间,可载客一百五十六人。

(三)

新华社消息:据沙特阿拉伯《中东报》报道,统计资料表明,茶和咖啡一样已经成为海湾地区居民的主要饮料,年人均消费茶叶四公斤。印度已经采取各种措施,开辟多种渠道,扩大茶叶出口,同中国和斯里兰卡竞争。

第十四课

诗 歌
假如生活欺骗了你
［俄］普希金

假如生活欺骗了你,不要悲伤,不要心急,阴郁的日子需要镇静,相信吧,那愉快的日子即将来临。心永远憧憬着未来,现在却常是阴沉,一切都是瞬息,一切都会过去,而那过去了的,就会变成亲切的怀恋。

古 诗
满江红
［宋］岳飞

怒发冲冠,凭栏处,潇潇雨歇。抬望眼,仰天长啸,壮怀激烈。三十功名尘与土,八千里路云和月,莫等闲,白了少年头,空悲切!

靖康耻,犹未雪;臣子恨,何时灭?驾长车,踏破贺兰山缺。壮志饥餐胡虏肉,笑谈渴饮匈奴血。待从头,收拾旧山河,朝天阙。

听说欣赏材料及汉字文本

第十五课

古　诗
十一月四日风雨大作
（宋）陆游

僵卧孤村不自哀,尚思为国戍轮台。夜阑卧听风吹雨,铁马冰河入梦来。

歌　曲
蔷薇花

满园蔷薇处处栽,只要一夜东风,满园朵朵花开;和风阵阵吹来,春光透过园外,满园春色关不住,蔷薇处处花儿开,春色撩人人欲醉,蝴蝶翩翩将花采,好花盛开几何时? 莫待花落空悲怀!
满园蔷薇处处开,若是一夜狂风,好花飞落尘埃。

第十六课

歌　曲
只要你过得比我好

不知道你现在好不好,是不是也一样没有烦恼? 像个孩子似的神情忘不掉,你的笑对我一生很重要。这些年你过得好不好? 偶尔是不是也感觉有些老? 像个大人般的恋爱,有时候心情会很糟。只要你过得比我好,什么事都难不倒。只要你过得比我好,所有的快乐在你身边围绕。只要你过得比我好,什么事也难不倒,一直到老!

现代京剧《红灯记》选段
浑身是胆雄赳赳

[李玉和] 临行喝妈一碗酒,浑身是胆雄赳赳。鸠山设宴和我交"朋友",千杯万盏会应酬。时令不好风雪来得骤,妈要把冷暖时刻记心头。小铁梅出门卖货看气候,来往"账目"要记熟。困倦时留神门户防野狗,烦闷时等候喜鹊唱枝头。家中的事儿你奔走,要与奶奶分忧愁。

第十七课

古　诗
浪淘沙
[南唐]李煜

帘外雨潺潺,春意阑珊,罗衾不耐五更寒。梦里不知身是客,一晌贪欢。独自莫凭阑,无限江山,别时容易见时难。流水落花春去也,天上人间!

无　题
[唐]李商隐

相见时难别亦难,东风无力百花残。春蚕到死丝方尽,蜡炬成灰泪始干。晓镜但愁云鬓改,夜吟应觉月光寒。蓬山此去无多路,青鸟殷勤为探看。

饮　酒(其五)
[晋]陶渊明

结庐在人境,而无车马喧。问君何能尔,心远地自偏。采菊东篱下,悠然见南山。山气日夕佳,飞鸟相与还。此中有真意,欲辩已忘言。

京 剧
苏三起解

[苏三] 低头离了洪洞县,将身来在大街前。未曾开言我心好惨,过往的君子听我言。哪一位去往南京转,与我那三郎把信传。言说苏三把命断,来生变犬马我当报还。

第十八课

歌 曲
黄河颂
光未然

我站在高山之巅,望黄河滚滚,奔向东南。金涛澎湃,掀起万丈狂澜;浊流婉转,结成九曲连环。从昆仑山下奔向黄海之边,把中原大地劈成南北两面。

啊!黄河!你是我们民族的摇篮,五千年的古国文化,从你这儿发源。多少英雄的故事,从你的周遭扮演。

啊!黄河!你伟大坚强!像一个巨人出现在亚洲平原之上,用你那英雄的体魄,做成我们民族的屏障。

啊!黄河!你一泻万丈,浩浩荡荡,向南北两岸伸出千万条铁的臂膀。我们民族的伟大精神,将要在你的保育下发扬滋长。我们祖国的英雄儿女,将要学习你的榜样。像你一样的伟大坚强!像你一样的伟大坚强!

第十九课

古　诗
夜宿山寺
［唐］李白

危楼高百尺,手可摘星辰。不敢高声语,恐惊天上人。

浣溪沙
［宋］辛弃疾

父老争言雨水匀,眉头不似去年颦。殷勤谢却甑中尘,啼鸟有时能劝客。小桃无赖已撩人,梨花也作白头新。

歌　曲
牧　歌
内蒙古民歌

蓝蓝的天空上飘着那白云,白云的下面盖着雪白的羊群。羊群好像是斑斑那白银,撒在草原上多么爱煞人。

第二十课

现代京剧《沙家浜》选段
智斗

刁德一:这个女人不寻常!

阿庆嫂:刁德一有什么鬼心肠?
胡传葵:这小刁一点面子也不讲!
阿:这草包倒是一堵挡风的墙。
刁:她态度不卑又不亢。
阿:他神情不阴又不阳。
胡:刁德一搞的什么鬼花样?
阿:他们到底是姓蒋还是姓汪?
刁:我待要旁敲侧击将她访。
阿:我必须察颜观色把他防。
刁:适才听得司令讲,阿庆嫂真是不寻常。我佩服你沉着机灵有胆量,竟敢在鬼子面前耍花枪。若无有抗日救国的好思想,焉能够舍己救人不慌张!
阿:参谋长,休要谬夸奖,舍己救人不敢当。开茶馆盼兴旺,江湖义气第一桩。司令常来又常往,我有心背靠大树好乘凉。也是司令洪福广,方能遇难又呈祥。
刁:新四军久在沙家浜,这棵大树有阴凉,你与他们常来往,想必是安排照应更周详!
阿:垒起七星灶,铜壶煮三江。摆开八仙桌,招待十六方。来的都是客,全凭嘴一张。相逢开口笑,过后不思量,人一走,茶就凉,有什么周详不周详!

古　诗

静夜思

[唐]李白

床前明月光,疑是地上霜,举头望明月,低头思故乡。

第二十一课

杂　文
立　论
鲁迅

我梦见自己正在小学校的讲堂上预备作文,向老师请教立论的方法。
"难!"老师从眼镜圈外斜射出眼光来,看着我,说:"我告诉你一件事——
"一家人家生了一个男孩儿,合家高兴透顶了。满月的时候,抱出来给客人看——大概自然是想得点好兆头。
"一个说:'这孩子将来要发财的。'他于是得到一番感谢。
"一个说:'这孩子将来要做官的。'他于是收回几句恭维。
"一个说:'这孩子将来要死的。'他于是得到一顿大家合力的痛打。
"说要死的必然,说富贵的许谎。但说谎的得好报,说必然的遭打。你……"
"我愿意既不谎人,也不遭打。那么,老师,我得怎么说呢?"
"那么,你得说:'啊呀!这孩子啊!你瞧,多么……啊唷!哈哈!嗬嗬!嗬,嗬嗬嗬嗬!'"

歌　曲
草原之夜
田歌

美丽的夜色多沉静,草原上只留下我的琴声,想给远方的姑娘写封信,哎,可惜没有邮递员来传情。
等到千里雪消融,等到草原上送来春风,可克达拉改变了模样,哎,姑娘就会来伴我的琴声。

哞哞哞哞,哞哞哞哞哞,哞哞哞哞,哞哞哞哞,姑娘就会来伴我的琴声。

第二十二课

歌　曲
南屏晚钟

　　我匆匆地走入森林中,森林它一丛丛。我找不到它的行踪,只看到那树摇风。
　　我匆匆地走入森林中,森林它一丛丛。我找不到它的行踪,只听得那南屏钟。南屏晚钟,随风飘送,它好像是敲呀敲在我心坎中。南屏晚钟,随风飘送,它好像是催呀催醒我相思梦,它催醒了我的相思梦。相思有什么用?我走出了丛丛森林,又看到了夕阳红。

古　诗
题西林壁
[宋]苏轼

　　横看成岭侧成峰,远近高低各不同。不识庐山真面目,只缘身在此山中。

第二十三课

英国电影《王子复仇记》录音片断
哈姆雷特在古堡上关于生与死的独白

　　生存还是毁灭,这是个问题。究竟哪样儿更高贵:去忍受那狂暴的命运无情的摧残,还是挺身去反抗那无边的烦恼?把它扫一个干净?去死去睡就结束了。如果睡眠能结束我们心灵的创伤,和肉体所承受的千百种痛苦,那真是求之不得的天大的好事。去死去睡去睡……;也许会做梦!嗳,这就麻烦了:即使摆脱了这尘世,可这睡眠里又会做些什么梦呢?真的想一想,就是这顾虑使人受着终身的折磨,谁甘心忍受那鞭挞和嘲弄、受人压迫、受尽污蔑和轻视,忍受那失恋的痛苦、法庭的拖延、衙门的横征暴敛?默默无闻地劳碌却挨来多少凌辱,当他只要自己用把尖刀就能解脱了,谁也不甘心呻吟、流汗、拖着这残身,可是对死后又感觉到恐惧。又从来没有任何人从死亡的国度里回来,因此动摇了……宁愿忍受着日夜的苦难,而不愿投奔向另一种苦难。顾虑就使我们都变成了懦夫,使得那果断的本色蒙上了一层思虑的惨白的容颜。本来可以做出伟大的事业,由于思虑就化为乌有了,丧失了行动的能力。

第二十四课

寓　言
乌鸦和猪的"谅解"

　　乌鸦在一棵树上,看见下面有一只浑身长满黑毛的猪。
　　"哈哈!这个黑家伙,多难看呀!"乌鸦说。
　　猪向四处看了看,发现说话的是乌鸦,也就说:"讲话的,原来是一个黑得可怜的小东西!"
　　"你说谁?你也不看看你自己!"乌鸦气愤地说。
　　"你也看看你自己吧!"猪也很气愤。
　　它们争吵了一阵,就一道去池塘,证实谁更黑得难看。它们从水里照了照自己,又互相端详了一下,谁也不开口了。但乌鸦忽然高兴起来,说:"其实,黑有什么不好看呢?"
　　"我也觉得黑是很好看的。"猪也快乐地说。
　　这只是一点比喻,是说:我们应该警惕,不要因为彼此都有同样的缺点,就互相原谅,并且把缺点当做优点自称自赞起来。

歌　曲
美丽的姑娘
哈萨克民歌

美丽的姑娘见过万千,唯有你最可爱!你像冲出朝霞的太阳,无比地新鲜,姑娘啊!你像鱼儿生活在自由的水晶宫殿,姑娘啊!你像夜莺歌唱在自由的青翠的林园,姑娘啊!

把你的容貌比做鲜花,你比鲜花更鲜艳!你是我心上的冬不拉,每天伴着我唱出心里话。你的歌声驱散了我的忧愁和悲伤,姑娘啊!你的爱情给我增添了智慧和力量,姑娘啊!

第二十五课

歌　曲
阿拉木汗
新疆民歌

阿拉木汗什么样?身段不肥也不瘦。阿拉木汗什么样?身段不肥也不瘦。她的眉毛像弯月,她的腰身像绵柳。阿拉木汗怎么样?她的小嘴很多情,眼睛能使人发抖。阿拉木汗什么样?身段不肥也不瘦。阿拉木汗什么样?身段不肥也不瘦。

阿拉木汗住在哪里?吐鲁番西三百六。阿拉木汗住在哪里,吐鲁番西三百六。为她黑夜没瞌睡,为她白天常咳嗽;为她冒着风和雪,为她鞋底常跑透。阿拉木汗住在哪里?吐鲁番西三百六,阿拉木汗住在哪里?吐鲁番西三百六。

附录 4

主要参考文献

曹满洋:广东人学普通话(广东人民出版社,1985.广州)
陈慧英:实用广州话词典(汉语大词典出版社,1994.上海)
高然等:交际广州话九百句(广东嘉应音像出版社,2003.梅州)
李新魁等:广州方言研究(广东人民出版社,1995.广州)
李新魁等:广州人学讲普通话(语文出版社,1988.北京)
李行健:现代汉语谚语规范词典(长春出版社,2001.长春)
林杏光:汉语五百句(陕西人民出版社 1980.西安)
刘月华等:实用现代汉语语法(外语教学与研究出版社,1983.北京)
刘照雄:普通话水平测试大纲(吉林人民出版社,1994.长春)
吕叔湘:现代汉语八百词(商务印书馆,1994.北京)
饶秉才:广州音字典(广东人民出版社,1983.广州)
王自强:现代汉语虚词用法小词典(上海辞书出版社,1984.上海)
余培英:绕口令学普通话(广东省语言影音出版公司,1993.广州)
袁家骅等:汉语方言概要(文字改革出版社,1983.第二版.北京)
张洵如:北京话轻声词汇(中华书局,1957.上海)
中国社会科学院语言研究所词典编辑室:现代汉语词典(商务印书馆,
　　2005.北京)
朱道明:普通话教程(华中师大出版社,1990.武汉)